职业教育汽车类专业"互联网+"创新教材

汽车发动机构造与维修

主　编　李晓光　张利强

副主编　刘海春　白宗杰

参　编　方诗男　韩晓英　陈　培　刘　斌　李朝阳

主　审　路进乐

机械工业出版社

本书根据汽车维修行业职业需求、岗位要求以及"1+X"技能等级证书鉴定标准组织教材内容，采用"行动导向、任务引领、学做结合、理实一体"的原则进行教学任务设计，突出体现了以学生为主体，并在教材内容中有机融入了"课程思政"，实现了课程思政与技能培养的有机融合。

　　本书主要内容包括：发动机吊卸和拆解，曲柄连杆机构维修，配气机构维修，汽油机燃料供给系统维修，柴油机燃料供给系统维修，冷却系统维修，润滑系统维修，发动机总装、磨合与验收，共八个学习项目。

　　本书可作为中等职业学校汽车类专业教材，也可供汽车维修行业人员参考。

　　为方便教学，本书配有电子课件和课后习题答案，凡选用本书作为授课教材的教师均可登录 www.cmpedu.com 以教师身份注册、免费下载。

图书在版编目（CIP）数据

汽车发动机构造与维修/李晓光，张利强主编. —北京：机械工业出版社，2021.8（2024.2重印）

职业教育汽车类专业"互联网+"创新教材

ISBN 978-7-111-68322-3

Ⅰ.①汽… Ⅱ.①李… ②张… Ⅲ.①汽车-发动机-构造-中等专业学校-教材②汽车-发动机-车辆修理-中等专业学校-教材 Ⅳ.①U472.43

中国版本图书馆 CIP 数据核字（2021）第 096242 号

机械工业出版社（北京市百万庄大街22号　邮政编码100037）
策划编辑：曹新宇　责任编辑：曹新宇
责任校对：肖　琳　封面设计：马精明
责任印制：单爱军
北京虎彩文化传播有限公司印刷
2024 年 2 月第 1 版第 3 次印刷
210mm×285mm・17 印张・367 千字
标准书号：ISBN 978-7-111-68322-3
定价：54.00 元

电话服务　　　　　　　　网络服务
客服电话：010-88361066　机 工 官 网：www.cmpbook.com
　　　　　010-88379833　机 工 官 博：weibo.com/cmp1952
　　　　　010-68326294　金 书 网：www.golden-book.com
封底无防伪标均为盗版　机工教育服务网：www.cmpedu.com

前　言

为全面落实国务院印发的《国家职业教育改革实施方案》（职教20条），深入贯彻党的教育方针，本书在编写过程中，坚持把立德树人贯穿到教学过程的各个环节，注重思政教育的熏陶与传输，将"课程思政"与"技能培养"有机融合，培养学生安全意识、环保意识、团队协作能力和精益求精的工匠精神；同时积极落实"三全育人"的理念，深化产教融合、校企合作，通过校企合作，引入真实情景案例，激发学生兴趣，提升学习氛围。

编者紧跟时代的发展，及时将新技术、新工艺、新规范纳入教材内容，强化学生实习实训内容，并配套开发信息化资源，适应了"信息化＋职业教育"的发展需求；突出体现以岗位工作任务为依据，以汽车维修人员必备的操作能力和基本素质为主线组织教材内容。主要内容包括：发动机吊卸和拆解，曲柄连杆机构维修，配气机构维修，汽油机燃料供给系统维修，柴油机燃料供给系统维修，冷却系统维修，润滑系统维修，发动机总装、磨合与验收共八个学习项目。

本书由李晓光、张利强任主编，由方诗男编写项目一，李晓光编写项目二、项目三，张利强编写项目四、项目五，韩晓英和白宗杰编写项目六，陈培和刘斌编写项目七，刘海春和李朝阳编写项目八，路进乐担任主审。

由于编者水平有限，书中难免有不妥之处，敬请读者批评指正。

编　者

二维码索引

名　称	二维码	所在页码	名　称	二维码	所在页码
四冲程汽油机工作过程		11	孔式喷油器工作原理		171
气缸垫		34	空气阀开启		211
气缸体上平面平面度测量		37	蒸气阀开启		211
活塞环泵油作用		50	水泵工作原理		216
直列六缸发动机曲拐布置		61	蜡式节温器工作原理		218
配气相位图		81	外齿轮式机油泵工作原理		235
手工铰削气门座		93	内齿轮式机油泵工作原理		235
液压挺柱工作过程		121	旁通阀工作原理		242

目　录

项目一 发动机吊卸和拆解

📋 项目描述

　　一辆日产轿车在行车过程中出现冒黑烟、加速无力、怠速不稳、油耗增加等现象,进厂经检测后确定需进行发动机大修,首要工作是对发动机总成进行吊卸和拆解。

📊 项目分析

　　作为一名修理工,如何完成发动机吊卸和拆解呢?首先要识别发动机编号和认识发动机结构组成,查阅发动机维修手册,制定发动机从汽车上的吊卸作业步骤,吊卸发动机总成,然后拆解发动机。

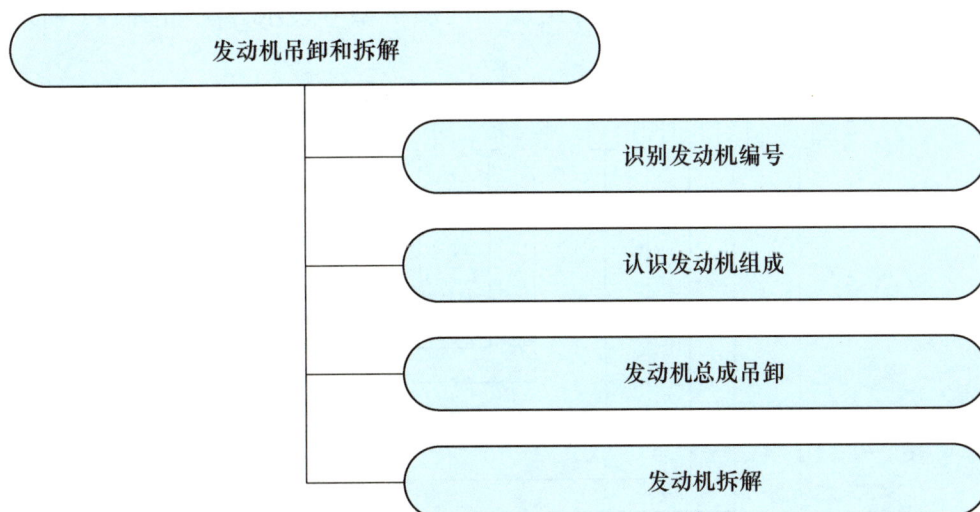

```
发动机吊卸和拆解 ─┬─ 识别发动机编号
                 ├─ 认识发动机组成
                 ├─ 发动机总成吊卸
                 └─ 发动机拆解
```

任务一 识别发动机编号

任务目标

1. 知识目标

理解发动机编号规则及各部分符号的含义；通过发动机编号确定发动机的结构特征。

2. 技能目标

能找到发动机的铭牌；能指认发动机编号，描述编号含义。

3. 思政目标

能安全、规范地操作；能与小组成员团结协作；能积极整理、清洁工位，具有劳动意识。

任务准备

2008 年我国审定颁布了《内燃机产品名称和型号编制规则》（GB/T 725—2008），该标准规定了发动机型号由四部分组成，内燃机型号表示方法如图 1-1 所示。

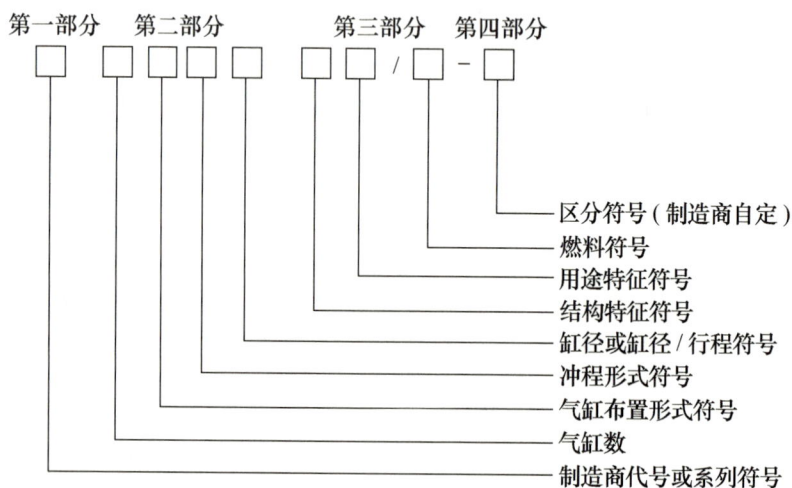

图 1-1　内燃机型号表示方法

第一部分：由制造商代号或系列符号组成。本部分代号由制造商根据需要选择相应 1～3 位字母表示，见表 1-1。

第二部分：由气缸数、气缸布置形式符号、冲程形式符号和缸径或缸径/行程符号组成。

1）气缸数用 1～2 位数字表示。

2）气缸布置形式符号表示见表1-1。

表1-1　汽车制造商和气缸布置形式符号

制造商代号	含　义	气缸布置形式符号	含　义
CA	代表第一汽车制造厂	无符号	多缸直列及单缸
EQ	代表第二汽车制造厂	V	V形
BJ	代表北京汽车制造厂	P	卧式
TJ	代表天津汽车制造厂	H	H形
NJ	代表南京汽车制造厂	X	X形

3）冲程形式为四冲程时符号省略，两冲程用E表示。

4）缸径符号一般用缸径或缸径/行程数表示，也可用发动机排量或功率数表示。其单位由制造商自定。

☆小　知　识

《内燃机产品名称和型号编制规则》（GB/T 725—2008）于2008年6月3日发布，2009年1月1日实施，替代GB/T 725—1991。

第三部分：由结构特征符号、用途特征符号和燃料符号组成。结构特征和用途特征符号见表1-2。内燃机常用燃料符号见表1-3。

第四部分：区分符号。同系列产品需要区分时，允许制造商选用适当符号表示。第三部分与第四部分可用"−"分隔。

表1-2　结构特征和用途特征符号

符　号	用途特征	符　号	结构特征
无符号	通用型及固定动力（或制造商自定）	无符号	冷却液冷却
T	拖拉机	F	风冷
M	摩托车	N	凝气冷却
G	工程机械	S	十字头式
Q	汽车	Z	增压
J	铁路机车	ZL	增压中冷
D	发电机组	DZ	可倒转
C	船用主机、右机基本型		
CZ	船用主机、左机基本型		
Y	农用三轮车（或其他农用车）		
L	林业机械		

表1-3　内燃机常用燃料符号

符　号	燃料名称	符　号	燃料名称
无符号	柴油	M	煤气
P	汽油	S	柴油/天然气双燃料
T	天然气（煤层气）	SCZ	柴油/沼气双燃料
CNG	压缩天然气	M	甲醇
LNG	液化天然气	E	乙醇
LGP	液化石油气	DME	乙二醇
Z	沼气	FME	生物柴油
W	煤矿瓦斯		

注1：一般用1~3个拼音字母表示燃料，亦可用成熟的英文缩写字母表示。

注2：其他燃料允许制造商用1~3个字母表示。

任务计划

通过查阅资料，分组讨论，制订检测维修计划。

工具及设备准备	柴油发动机1台、汽油发动机1台、二冲程发动机1台		
操作流程	检修项目	步　骤	操作要领

任务实施

一、指认发动机铭牌

找到发动机铭牌，记录发动机型号。发动机铭牌如图1-2所示。

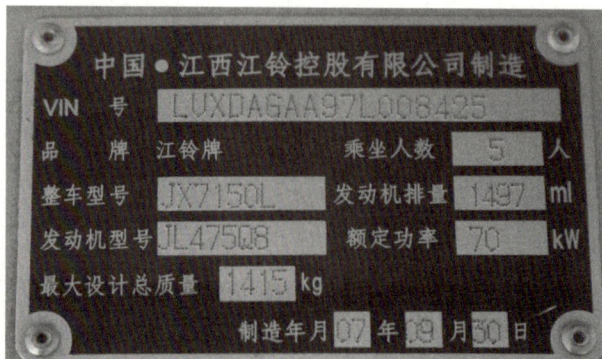

图1-2　发动机铭牌

发动机铭牌在发动机上的位置：_____，发动机型号记录：_____。

二、指认发动机型号

1. 指认柴油机型号

某柴油发动机型号如下，填写发动机型号含义。

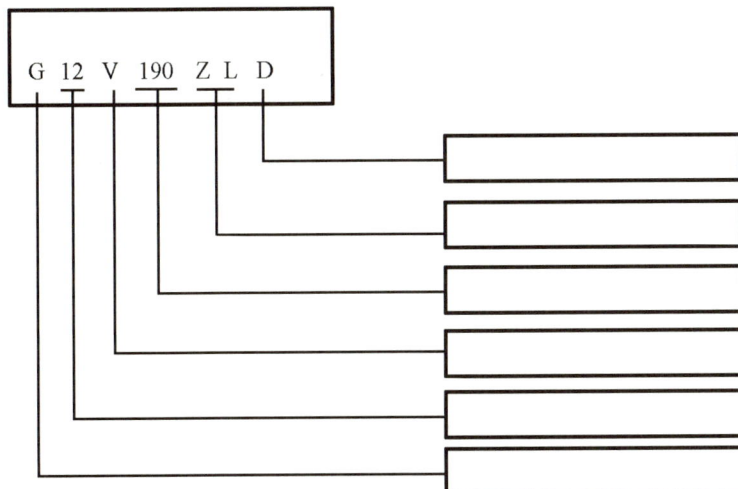

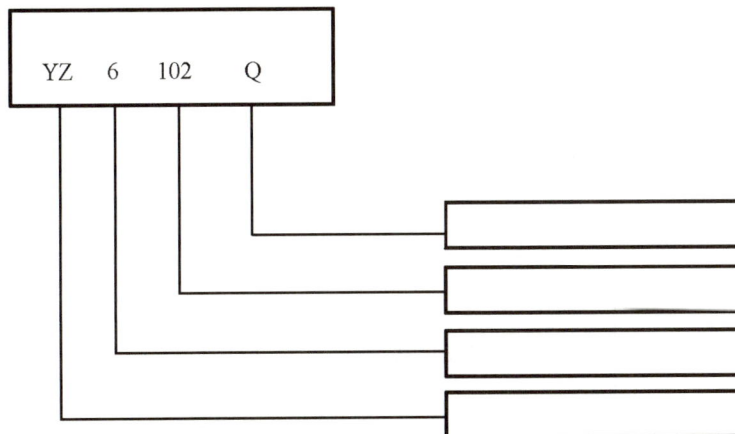

```
G  12  V  190  Z  L  D
```

```
YZ    6    102    Q
```

2. 指认汽油机型号

某汽油发动机型号如下，填写型号含义。

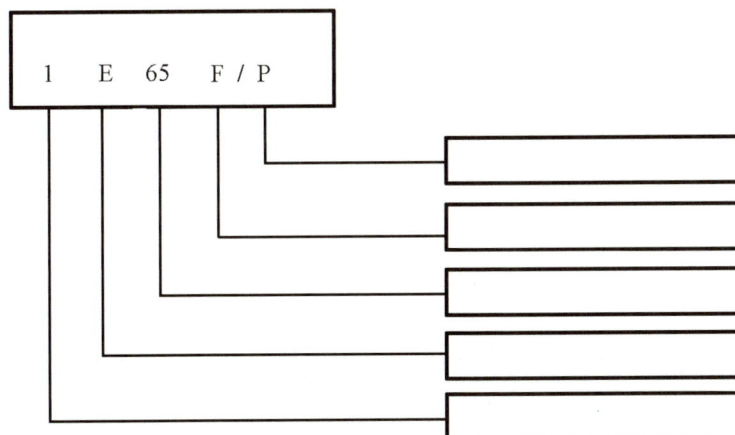

```
1   E   65   F / P
```

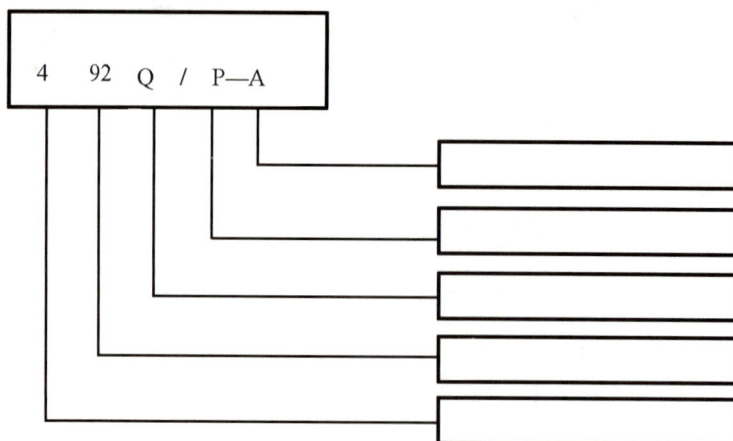

```
4    92    Q  /  P—A
```

任务测评

按任务测评表进行任务测评。

任务测评表

评 价 项 目		评 价 标 准	配　分	得　分
专业知识	40分	能描述柴油发动机型号	10	
		能描述汽油发动机型号	10	
		能描述二冲程发动机型号	10	
		能根据发动机型号说出发动机特征	10	
任务完成情况	40分	任务完成的情况	15	
		任务完成的质量	15	
		在小组完成任务过程中所起的作用	10	
职业素养	20分	能安全、规范地操作	10	
		能与小组成员团结协作	5	
		能积极整理、清洁工位	5	
综合评议				

任务二　认识发动机组成

任务目标

1. 知识目标

掌握发动机的组成；了解发动机的分类；理解发动机常用的名词术语；掌握发动机的工作过程。

2. 技能目标

能识别柴油机结构组成；能识别汽油机结构组成。

3. 思政目标

能安全、规范地操作；能与小组成员团结协作；能积极整理、清洁工位，具有劳动意识。

任务准备

发动机是把燃料燃烧的热能转化为机械能的内燃机。汽车上的发动机如图 1-3 所示。

图 1-3 发动机外形

一、发动机的组成

发动机是由多个机构和系统组成的结构复杂的机器。发动机的结构形式有很多，但各类发动机通常都是由曲柄连杆机构、配气机构、燃料供给系统、冷却系统、润滑系统、点火系统和起动系统组成的，见表 1-4。汽油机由两大机构和五大系统组成，柴油机没有点火系统。

表 1-4 发动机的基本组成

组 成		主要零部件	功 用
两大机构	曲柄连杆机构	机体组（气缸盖、气缸体、气缸垫等）、活塞连杆组（活塞、活塞环、连杆等）、曲轴飞轮组（曲轴、飞轮等）	提供燃料燃烧场所，将燃烧的热能通过活塞往复直线运动转变为曲轴的旋转运动而对外输出动力
	配气机构	气门组（进气门、排气门、气门座、气门弹簧等）、气门传动组（凸轮轴、挺柱、推杆、摇臂等）	按照发动机每一气缸内所做的工作循环和工作顺序的要求，定时开启和关闭各气缸的进、排气门，使新鲜空气及时进入气缸、废气及时从气缸排出

（续）

组　成		主要零部件	功　用
五大系统	燃料供给系统	燃油箱、燃油泵、燃油滤清器、油管和喷油器等	根据发动机各种工况的要求，配制混合气供给气缸，使之在临近压缩终了时点火燃烧而膨胀做功
	冷却系统	节温器、水泵、散热器和风扇等	将受热零件吸收的部分热量及时散发出去，保证发动机在最适宜的温度状态下工作
	润滑系统	机油、机油泵、机油滤清器、机油尺和油底壳等	在发动机工作时，连续不断地把数量足够、温度适当的洁净机油输送到全部传动件的摩擦表面，实现润滑
	点火系统	蓄电池、发电机、点火开关、点火线圈、点火模块和火花塞等	按照各缸点火次序，适时、准确、可靠地供给火花塞足够高能量的高压电，使火花塞产生足够的火花，点燃可燃混合气
	起动系统	蓄电池、点火开关、起动继电器和起动机等	使静止的发动机起动并自行运转

二、发动机的分类

1. 按燃料分类

按所用燃料的不同，发动机可分为汽油发动机、柴油发动机和其他燃料发动机（混合动力、蓄电池、氢燃料）。

2. 按气缸排列形式分类

按气缸排列形式的不同，发动机可分为直列发动机、V型发动机和水平对置发动机等。

3. 按气缸数分类

按气缸数的不同，汽车发动机可分为单缸机和多缸机。有两个或两个以上气缸的发动机称为多缸发动机，如双缸、三缸、四缸、五缸、六缸、八缸、十二缸、十六缸等都是多缸发动机。现代汽车多采用四缸、六缸和八缸发动机。

4. 按活塞运动方式分类

按活塞运动方式的不同，发动机可分为往复活塞式和转子式发动机。现代汽车多采用往复活塞式发动机。

5. 按冷却方式分类

按冷却方式的不同，汽车发动机可分为水冷式和风冷式两种。以水或冷却液作为冷却介质的称为水冷式发动机，以空气作为冷却介质的称为风冷式发动机。水冷式发动机冷却均匀，工作可靠，冷却效果好，所以现代汽车绝大多数采用水冷式发动机。

6. 按冲程数分类

按一个工作循环所需的行程数不同，可分为四冲程发动机和二冲程发动机。活塞上下往复四个行程完成一个工作循环的发动机称为四冲程发动机，活塞上下往复两个行程完成一个工作循环的发动机称为二冲程发动机。现代汽车多采用四冲程发动机。

7. 按燃料供应方式分类

按燃料供应方式的不同，可分为化油器式和电子控制燃油喷射发动机。现代轿车上广泛采用电子控制燃油喷射发动机。

8. 按进气方式分类

按进气方式的不同，汽车发动机可分为增压和非增压两类。若进气是在接近大气状态下进行的，则为非增压发动机或自然吸气式发动机；若利用增压器将进气压力增高，进气密度增大，则为增压发动机。

三、基本术语

1. 工作循环

活塞式内燃机的工作循环是由进气、压缩、做功和排气四个工作过程组成的封闭过程。周而复始地进行这些过程，内燃机才能持续地做功。

2. 上、下止点

活塞顶离曲轴回转中心最远处为上止点，活塞顶离曲轴回转中心最近处为下止点。在上、下止点处，活塞的运动速度为零，如图 1-4 所示。

3. 活塞行程

上、下止点间的距离 S 称为活塞行程。曲轴的回转半径 R 称为曲柄半径。显然，曲轴每回转一周，活塞移动两个活塞行程。对于气缸中心线通过曲轴回转中心的内燃机，其 $S = 2R$，如图 1-5 所示。

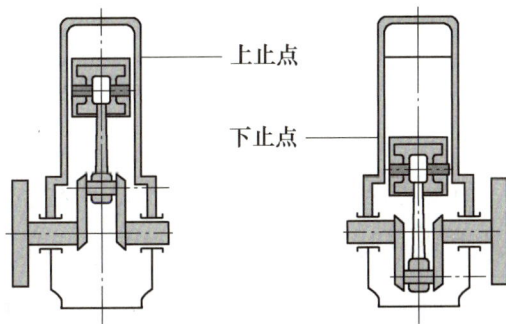

图 1-4　上止点和下止点

4. 气缸工作容积

上、下止点间所包容的气缸容积称为气缸工作容积，如图 1-6 所示。

5. 发动机排量

发动机所有气缸工作容积的总和称为发动机排量，如图 1-7 所示。

6. 燃烧室容积

活塞位于上止点时，活塞顶面以上气缸盖底面以下所形成的空间称为燃烧室，其容积称为燃烧室容积，也叫作压缩容积，如图 1-8 所示。

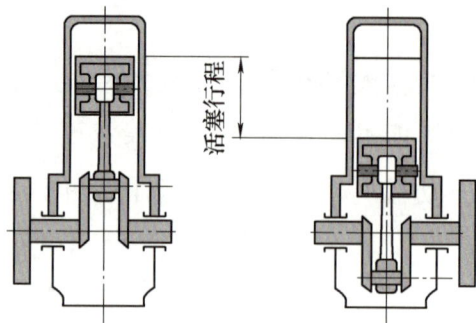

图 1-5　活塞行程

图 1-6　工作容积

● 排量 = 工作容积×气缸数

图 1-7　发动机排量

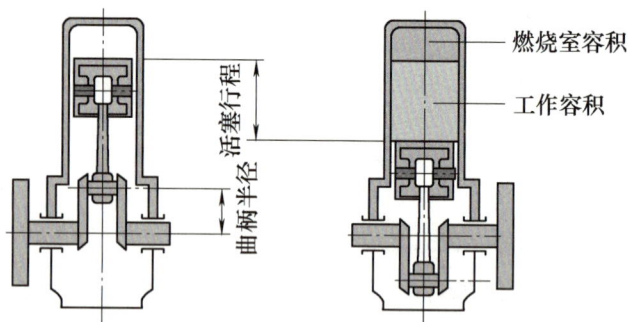

图 1-8　燃烧室容积

7. 气缸总容积

气缸工作容积与燃烧室容积之和称为气缸总容积，如图 1-9 所示。

8. 压缩比

气缸总容积与燃烧室容积之比称为压缩比 ε。压缩比的大小表示活塞由下止点运动到上止点时，气缸内的气体被压缩的程度。压缩比越大，压缩终了时气缸内的气体压力和温度就越高，如图 1-10 所示。柴油机的压缩比一般为 16 ~ 22，汽油机的压缩比一般为 8 ~ 12，柴油机压缩比大，压燃，汽油机压缩比小，点燃。

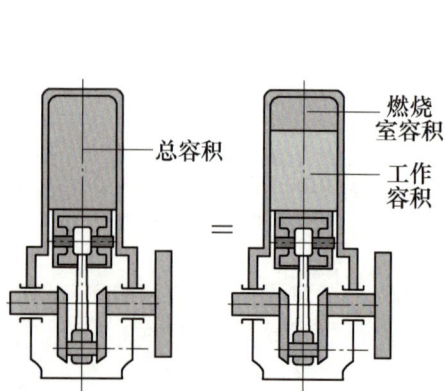

图 1-9　气缸总容积

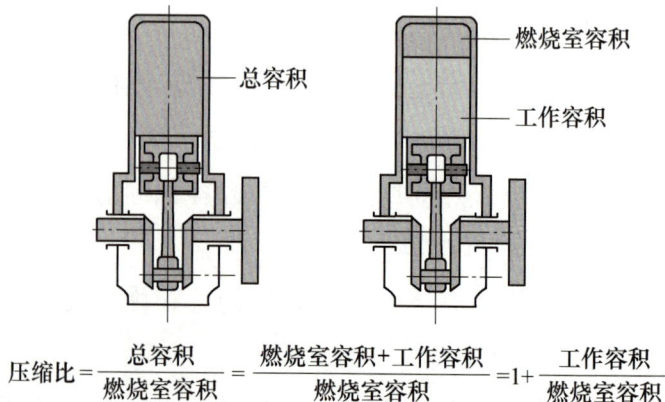

$$压缩比 = \frac{总容积}{燃烧室容积} = \frac{燃烧室容积 + 工作容积}{燃烧室容积} = 1 + \frac{工作容积}{燃烧室容积}$$

图 1-10　压缩比

9. 工况

发动机在某一时刻的运行状况简称工况，以该时刻发动机输出的有效功率和曲轴转速表示。曲轴转速即为发动机转速。

四、四冲程汽油机的工作过程

发动机每一次将热能转变为机械能都必须经过进气、压缩、做功和排气一系列连续过程，称为一个工作循环。

对于往复活塞式发动机，凡曲轴转两圈，活塞往复四个行程完成一个工作循环的发动机称为四冲程发动机；凡曲轴转一圈，活塞往复两个行程完成一个工作循环的发动机称为二冲程发动机。现代汽车广泛采用四冲程发动机。

在轿车上常采用的四冲程汽油发动机，由两个机构和五个系统组成，即曲柄连杆机构、配气机构、燃料供给系统、冷却系统、润滑系统、点火系统和起动系统。

四冲程汽油机的工作过程如图 1-11 所示。

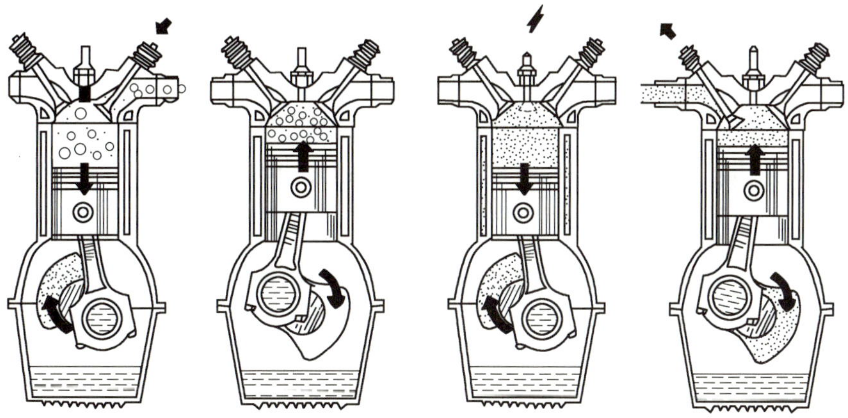

图 1-11　四冲程汽油机的工作过程
a）进气行程　b）压缩行程　c）做功行程　d）排气行程

四冲程汽油机工作过程

1. 进气行程

在进气行程中，进气门打开，排气门关闭，转动的曲轴带动活塞从上止点向下止点运动，气缸内容积增大，压力降低而形成真空，将可燃混合气吸入气缸。由于进气系统的阻力，进气终了时气缸内气体的压力略低于大气压，约为 0.075～0.09MPa，温度为 370～400K。

2. 压缩行程

为了使吸入气缸内的混合气迅速燃烧，放出更多的热量而使发动机发出大的功率，必须在混合气燃烧前对其进行压缩，使其容积变小，温度升高。为此，在进气终了时便立即进入压缩行程。在此行程中，进、排气门均关闭，曲轴推动活塞定时由下止点向上止点移动一个行程。

压缩终了时，活塞到达上止点，混合气被压入活塞上方燃烧室中。此时，混合气压力高达0.6~1.2MPa，温度可达600~700K。

3. 做功行程

在压缩行程接近终了时，火花塞产生电火花点燃混合气，此时进、排气门仍关闭。由于混合气的迅速燃烧，使缸内气体的温度和压力迅速升高，最高压力可达5~9MPa，最高温度可达2200~2800K。在高温、高压气体的作用力推动下，活塞向下止点运动，活塞的下移通过连杆使曲轴旋转运动，产生转矩而做功。发动机至此完成了一次将热能转变为机械能的过程。

4. 排气行程

当做功行程接近终了时排气门打开，进气门仍关闭，因废气压力高于大气压而自动排出，此外，当活塞越过下止点上移时，还靠活塞的推挤作用强制排气。活塞到上止点附近时，排气行程结束。

五、四冲程柴油机的工作过程

在客车和货车上常采用四冲程柴油发动机，它由两个机构和四个系统组成，即曲柄连杆机构、配气机构、燃料供给系统、冷却系统、润滑系统和起动系统。

四冲程柴油机（压燃式发动机）使用的燃料是柴油。柴油的黏度比汽油大，不易蒸发，而其自燃温度却比汽油低，故柴油机可燃混合气的形成及点火方式都与汽油机不同，工作过程如图1-12所示。

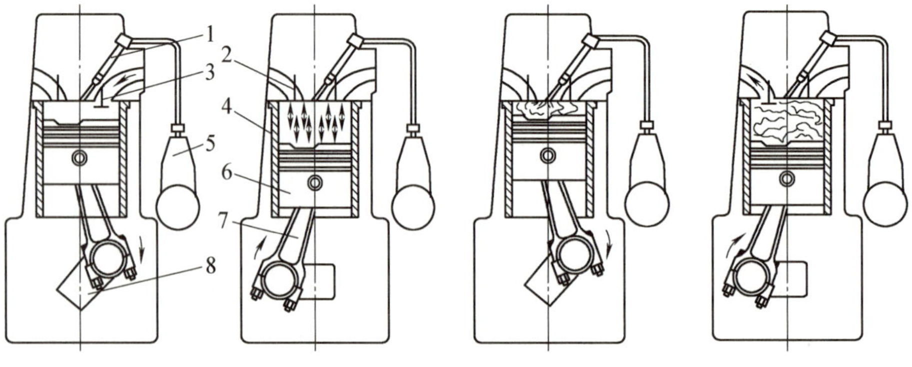

图1-12　四冲程柴油机工作过程

a）进气行程　b）压缩行程　c）做功行程　d）排气行程

1—喷油器　2—排气门　3—进气门　4—气缸　5—喷油泵　6—活塞　7—连杆　8—曲轴

1. 进气行程

活塞由上止点向下止点运动，排气门关闭，进气门打开，新鲜空气吸入气缸。当活塞越过下止点后进气门关闭，进入压缩行程。

柴油机不同于汽油机的是进入气缸的不是可燃混合气，而是纯空气。

2. 压缩行程

活塞由下止点向上止点运动，进气门和排气门都关闭。柴油机压缩的是纯空气，且由于柴油机压缩比高，压缩终了的温度和压力都比汽油机高，压力可达 3～5MPa，温度可达 800～1000K。

3. 做功行程

做功行程与汽油机有很大不同，在柴油机压缩行程末，喷油泵将高压柴油经喷油器呈雾状喷入气缸内的高温空气中，迅速汽化并与空气形成混合气，由于此时气缸内的温度远高于柴油的自燃温度（约为 500K），柴油便立即自行着火燃烧，且此后一段时间内边喷油边燃烧，气缸内压力、温度急剧升高，推动活塞下行做功。

4. 排气行程

柴油机排气行程与汽油机基本相同。排气终了时气缸内压力为 0.105～0.125MPa，温度为 800～1000K。

四冲程发动机的工作特点如下：

1）每一个发动机工作循环，曲轴转两周（720°），每一个行程曲轴转半周（180°），进气行程时进气门开启，排气行程时排气门开启，其余两个行程进、排气门均关闭。

2）四个行程中，只有做功行程产生动力，其他三个行程是为做功行程做准备工作的辅助行程。

3）在发动机运转的第一循环时，必须有外力使曲轴旋转完成进气、压缩行程，着火后，完成做功行程，并依靠曲轴和飞轮储存的能量完成后面的行程，以后的工作循环发动机无须外力就可自行完成。

柴油机与汽油机的不同之处如下：

1）汽油机的混合气是在气缸外部的化油器中形成的，而柴油机的混合气是在气缸内部形成的。柴油机在进气行程时，吸入气缸内的是纯空气。

2）在压缩终了时，汽油机靠火花塞强制点火，而柴油机靠自燃。

六、二冲程汽油机的工作过程

活塞在气缸内往复运动两个行程（相当于曲轴旋转一周）完成一个工作循环的发动机，称为二冲程发动机，如图 1-13 所示。

1. 第一冲程

活塞在曲轴的带动下，由下止点向上止点运动，当活塞上行到将换气口、排气口关闭时，已进入气缸的混合气被压缩，直到活塞运动到上止点，压缩行程便结束。

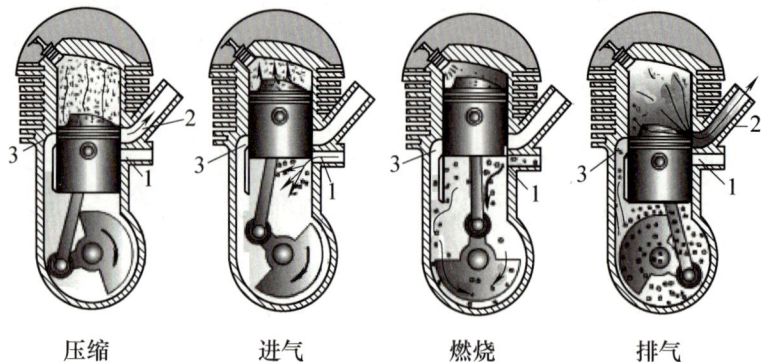

图 1-13　二冲程汽油机的工作过程

1—进气口　2—排气口　3—换气口

随着活塞上行，曲轴箱容积增大，形成一定的真空度。当活塞上行到进气口露出时，新鲜混合气被吸入曲轴箱内。

2. 第二冲程

当活塞上行到接近上止点时，火花塞产生电火花，点燃气缸内的可燃混合气，混合气着火燃烧产生高温、高压，在气压的作用下，活塞由上止点向下止点运动，带动曲轴旋转向外输出功率。

当活塞下移到将进气口堵死时，随着活塞继续下移，曲轴箱内的新鲜混合气被预压。

当活塞下行到排气口露出时，燃烧后的废气在自身压力下经排气口排出气缸，紧接着换气口开启，曲轴箱内被预压的混合气经换气口进入气缸。这一过程称为"换气过程"，它一直延续到下一个行程活塞上行到将换气口、排气口关闭为止。

由上述可知，第一行程：活塞上方进行换气、压缩，活塞下方进气；第二行程：活塞上方进行做功、换气，活塞下方混合气被预压，换气过程纵跨两个行程。

任务计划

通过查阅资料，分组讨论，制订任务计划。

工具及设备准备	柴油发动机 1 台、汽油发动机 1 台、发动机模型 1 台		
操作流程	检修项目	步　骤	操作要领

任务实施

一、观察汽油发动机的总体组成

记录汽油发动机的组成：_____

_____

汽油发动机工作过程：_____

_____

二、观察柴油发动机的总体组成

记录柴油发动机的组成：_____

_____

柴油发动机工作过程：_____

_____

三、观察汽油发动机和柴油发动机的区别

发动机种类	结 构 区 别	工作过程区别	使用燃料区别
汽油发动机			
柴油发动机			

任务测评

按任务测评表进行任务测评。

任务测评表

评 价 项 目		评 价 标 准	配　分	得　分
专业知识	40分	能解释发动机名词术语	10	
		能描述汽油发动机工作过程	10	
		能描述柴油发动机工作过程	10	
		能区别发动机分类	10	
任务完成情况	40分	任务完成的情况	15	
		任务完成的质量	15	
		在小组完成任务过程中所起的作用	10	
职业素养	20分	能安全、规范地操作	10	
		能与小组成员团结协作	5	
		能积极整理、清洁工位	5	
综合评议				

任务三　发动机总成吊卸

任务目标

1. 知识目标

了解发动机吊卸常用工具设备的使用方法；熟悉发动机吊卸的方法和步骤。

2. 技能目标

能看懂维修手册，并根据维修手册制订吊卸方案；能从汽车上正确吊卸发动机总成。

3. 思政目标

能安全、规范地操作；能与小组成员团结协作；能积极整理、清洁工位，具有劳动意识。

任务准备

吊卸发动机的专用工具主要包括液压吊车、液压千斤顶和举升机。

1. 液压吊车

液压吊车用来完成机器的拆卸、安装和移动等任务，起重臂由内外两根方形钢管套装在一起组成，通过调节内管在外管中的长度可以改变起重臂的长度。通过压动手柄可以提升起重臂的高度，拧松油压开关可以放下起重臂，如图 1-14 所示。吊车和吊起的机器可以在地面上移动来运送机器。

液压吊车的使用注意事项如下：

（1）检查状态　在使用之前应检查吊机的连接是否可靠。

（2）安装吊钩　将吊钩安全地安装到被吊装物上。

（3）连接被吊物　将吊机的吊钩与被吊物上的吊钩连接牢固。

（4）吊起被吊物　由操作者压动吊机上的液压千斤顶，将物体吊离连接部位。

（5）推动吊车　推动吊车将被吊物移到指定位置。

（6）放下吊臂　由两名辅助人员将物体稳住，然后缓慢地放下。

（7）拆除连接　将吊架上的连接钩安全地拆除。

图 1-14　手动液压吊车

2. 液压千斤顶

千斤顶是利用液压传动举升重物的装置，是一种最常用、最简单的举升设备，如图 1-15 所示。

液压千斤顶使用时，先把油压开关拧紧，然后将千斤顶的顶柱对正要顶起的部位，接着压动手柄，工作物即会逐渐升起。要落下工作物时，可将千斤顶的油压开关慢慢旋开，使工作物逐渐下降。

图 1-15 手动卧式液压千斤顶

液压千斤顶的使用注意事项如下：

1）顶起汽车前，应先用三角木楔将汽车着地车轮前后塞住，防止汽车在顶起过程中滑动。

2）在松软地面上使用千斤顶顶起汽车时，应在千斤顶底座下加垫面积较大的厚木板，防止千斤顶下沉或歪斜。

3）顶起汽车后，应用铁凳支垫汽车，确保车下操作人员安全。

4）液压千斤顶不可作为永久支承设备，如需长时间支承，应在重物下方增加支承部分，以保证液压千斤顶不受损坏。

5）在液压千斤顶升物作业时，要选择合适的千斤顶，一般选择千斤顶的起重能力大于重物重力的 1.5 倍。为了便于取出，选用千斤顶的最小高度应与重物底部施力处的空间相适应。

3. 举升机

汽车举升机是指汽车维修行业用于汽车举升的汽保设备。举升机在汽车维修养护中发挥着至关重要的作用，无论整车大修，还是小修保养，都离不开它。举升机分为柱式和剪式两种，图 1-16 所示为两柱液压举升机。

举升机使用注意事项如下：

1）使用前应清除举升机附近妨碍作业的器具及杂物，并检查操纵手柄、安全保险装置、钢丝绳等是否正常。

2）待升举的车辆驶入后，应将举升机支承架块调整移动对正该型车辆规定的可承力部位。支承时应保持车辆的相对平衡后才能按上升按钮。

3）举升机应由一个人操作，升、降

图 1-16 两柱液压举升机

前都应向在场人员发出信号，升举时人员应离开车辆，升举到需要的高度时，必须插入保险销，确认安全可靠后才可进行车底作业。

4）有人作业时严禁升降举升机。

5）作业完毕应切断电源，清除杂物，打扫举升机周围场地，以保持整洁。

6）定期（半年）排除举升机储油缸积水，并检查油量，应认真按润滑面的要求进行注油。

7）严格执行限载规定。发现举升机有异常现象，应立即停车，派专职修理人员排除故障。

任务计划

通过查阅资料，分组讨论，制订检测维修计划。

工具及设备准备	日产轿车，拆装工具、举升机、吊车，工具车、零件车		
操作流程	检修项目	步骤	操作要领

任务实施

一、发动机吊卸前检查

首先观察发动机的外部构造，初步了解发动机的零部件安装关系及构造特点，转动曲轴，了解各运动部件的运动规律和特点。其次，必须进行外部清洗，清除发动机外部的油污，以保证拆卸场地的清洁，避免拆卸过程中零部件受脏污，杂物落入机器内部。

二、发动机吊卸作业

1）汽车举升。

2）拆下电器附件。

3）放干净冷却液和机油。

4）拆下发动机周围的连接装置。

5）拆下发动机各附件。

6）吊出发动机。

☆小　提　示

从车辆下方将发动机和变速驱动桥作为一个整体拆下。

任务测评

按任务测评表进行任务测评。

任务测评表

评价项目		评价标准	配　分	得　分
专业知识	40分	能说出常用吊卸设备名称	10	
		能描述常用吊卸设备用途	10	
		能说出吊卸设备使用注意事项	10	
		能说出吊卸设备使用方法	10	
任务完成情况	40分	任务完成的情况	15	
		任务完成的质量	15	
		在小组完成任务过程中所起的作用	10	
职业素养	20分	能安全、规范地操作	10	
		能与小组成员团结协作	5	
		能积极整理、清洁工位	5	
综合评议				

任务四　发动机拆解

任务目标

1. 知识目标

熟悉发动机常用拆解工具、量具和设备；掌握发动机拆解的方法和步骤。

2. 技能目标

能看懂维修手册，根据维修手册制订发动机拆解方案；能正确拆解发动机。

3. 思政目标

能安全、规范地操作；能与小组成员团结协作；能积极整理、清洁工位，具有劳动意识。

任务准备

一、常用工具

拆解发动机常用的工具有扭力扳手、套筒扳手和呆扳手。

1. 扭力扳手

扭力扳手用于拧紧对拧紧力矩有严格要求的螺纹件，通常需要与套筒扳手配合使用，使用时可直接显示出所施加的拧紧力矩。常用的扭力扳手如图 1-17 所示。

2. 套筒扳手

套筒扳手一般由不同规格的套筒、加长杆和各种手柄等组成，如图 1-18 所示。

3. 呆扳手

呆扳手主要用来拧松或拧紧螺栓或螺母，常用呆扳手的类型如图 1-19 所示。

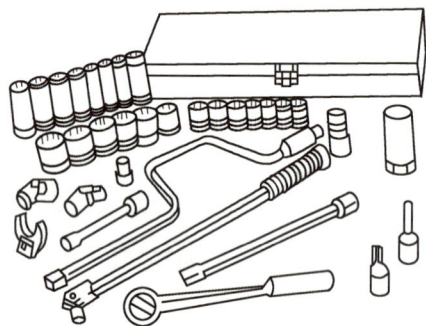

图 1-17　常用的扭力扳手

图 1-18　套筒扳手

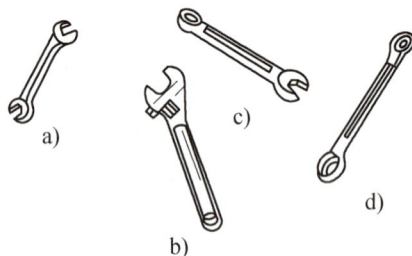

图 1-19　常用呆扳手的类型
a）呆板手　b）活扳手　c）两用扳手　d）梅花扳手

二、常用量具

拆解发动机常用的量具主要有刀口尺、塞尺、游标卡尺、外径千分尺和百分表等。

1. 刀口尺

刀口尺是主要由镁铝合金与钢制作的量具，主要用于以光隙法进行直线度测量和平面度测量，也可与量块一起用于检验平面精度。

2. 塞尺

塞尺又称为厚薄规、测微片或测隙规，是用于检验间隙的测量器具之一，一般塞尺的刻度范围在 0.01 ~ 3.0mm 之间，如图 1-20 所示。

3. 游标卡尺

游标卡尺是汽车维修中常用测量长度的量具，可直接用来测量精度较高的零件，

图 1-20　塞尺

可测量零件的长度、内径、外径以及深度等，如图 1-21 所示。游标卡尺常用的分度值有 0.02mm、0.05mm、0.10mm 3 种，测量尺寸时应按零件测量精度的要求来选用游标卡尺。

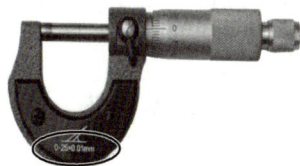

图 1-21　游标卡尺

1—紧固螺钉　2—激光刻度　3—尺身　4—深度条　5—推手

4. 外径千分尺

外径千分尺又称为螺旋测微器、分厘卡，是一种精度较高的量具，精度可到 0.01mm，主要用来测量精度要求较高的零件，如图 1-22 所示。

5. 百分表

百分表是一种精度较高的比较量具，它只能测出相对值，不能测出绝对值，主要用于测量零件的尺寸、形状和位置误差（如圆度、跳动）等，也可用于校正零件的安装位置以及测量零件的内径等，如图 1-23 所示。

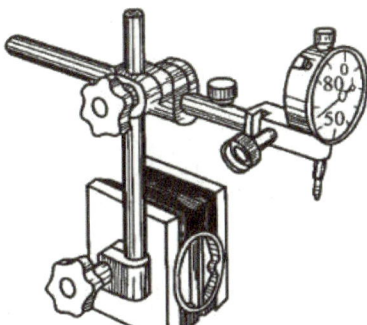

图 1-22　外径千分尺

图 1-23　百分表

任务计划

通过查阅资料，分组讨论，制订检测维修计划。

工具及设备准备	日产发动机，拆装工具，工具车、零件车		
操作流程	检 修 项 目	步　　骤	操 作 要 领

任务实施

一、发动机附件的拆卸

1. **发动机左侧附件拆卸**（面向发动机前方）

1）拆下各传感器的连接线。

2）拆下进气连接软管。

3）拆下喷油器总成。

拆下燃油总管压板（用12mm套筒扳手），注意不要损坏橡胶垫。

拆下燃油总管，注意喷油器下边的密封胶垫不得损坏，并拔下真空管。

4）拆下节气门拉索及拉索管，用14mm呆扳手拆下两端螺母。取下拉索管，再用10mm套筒扳手拆下拉索固定板。

5）拆洗进气歧管上端螺栓，用12mm套筒，以50N·m的扭力按照先两边后中间的顺序，将所有螺母拆下并放好。

6）拆下进气总管连接软管。

7）拆下进气总管下端支承板，怠速、快怠速控制阀，拿下进气管总成。

8）轻轻取下进气口垫，不许折断或损坏。

9）用12mm梅花扳手拆下节温器与水管连接螺栓3个，拆下进水管固定螺栓2个。

10）用12mm梅花扳手拆洗机油滤清器座。松开连接软管卡子，拿下进水管。

2. **发动机前面附件拆卸**

拆下发动机前端支架，拆下发电机、助力泵、空调支承架。

3. **发动机右侧附件拆卸**

拆卸排气管。先拆废气再循环系统及油气分离器。拆下排气管隔热罩M10螺栓5个，松开排气管紧固螺栓8个，注意拆时按照先两边后中间、对角交叉的顺序将所有螺栓拆下，取下排气管，轻轻将排气管垫取下，不得损坏。

二、发动机本体的拆卸

1. 拆卸气门室罩盖

螺栓要全部松开后再取下气门室罩盖，并注意螺栓下有胶垫。

2. 观察第 1 缸上止点记号

摇转曲轴，使曲轴记号对齐正时记号时为第 1 缸上止点。

3. 拆下链条张紧器

先拧下链条张紧器固定螺母，然后拆下链条张紧器。

4. 拆卸凸轮轴

拆下凸轮轴润滑油管，取下凸轮轴轴承盖，注意先松两端再中间，取下进、排气凸轮轴。

5. 取下摇臂和垫块

将摇臂按顺序取下，摆放好，将气门垫块小心取下放好，记准带凹槽气门垫块的安装位置。

6. 拆卸气缸盖

用专用 10mm 内六角扳手拆下气缸盖螺栓，共 10 个。拆卸时应按对角线方向交叉进行，并由外向内分 2～3 次松开气缸盖螺栓，取下气缸盖和气缸垫。

7. 拆卸油底壳

将发动机在翻转架上转 180°，用 10mm 套筒扳手，均匀松开并取下油底壳螺栓。拆下机油集滤器及护板。

8. 拆卸活塞连杆组

将发动机平置，把第 1 缸转至下止点，拧下连杆螺栓的螺母，取下连杆轴承盖，用木棒将活塞连杆轻轻从缸体上方推出（由一人在缸体上方一侧接着活塞连杆）。观察连杆下瓦盖上的记号，并按缸号顺序摆放。

其余各缸活塞连杆组拆卸方法与此相同。注意活塞顶的圆点应向前，连杆大端一侧有缸号。拆下的活塞连杆和连杆瓦盖及螺栓按顺序摆放整齐。

9. 曲轴带轮的拆卸

用 27mm 套筒扳手松开带轮紧固螺栓（注意将曲轴固定好），然后用顶拔器拉下带轮。

10. 拆下齿轮室盖

观察齿轮室盖上的正时记号，拧下齿轮室盖螺栓，并取下齿轮室盖。

11. 拆下链条

拆下链条，观察链条上的正时链节，有一个黄色链节和两个黑色链节，并核对曲轴正时链轮上的记号。拧下托链板上面 4 个内六角螺栓，取下托链板。

12. 曲轴的拆卸

按先两边后中间的顺序松开主轴承螺栓，用17mm套筒分2～3次拧松主轴承螺栓，并按顺序、方向摆放整齐，抬下曲轴，小心取下第3道主轴承两侧的两片止动垫片。

13. 拆下机体上的其他零件

发动机拆装注意事项

1）拆装前按要求进行分组，按照小组编号进入相应的实习场地，进入实习现场后各小组成员应按发动机分解和装配工艺的要求进行操作，实训中不要随意走动，以免影响安全和其他小组工作。

2）拆装中应严格遵守各项规章制度，注意安全。

3）为了保证拆装训练的规范性和实习教具（发动机）的使用寿命，拆装过程中应严格按照分解和装配工艺规程以及技术要求进行拆装，并按要求将拆下的零部件摆放在规定的位置，严禁不规范的操作行为。

4）拆装过程中同学之间应相互配合，规范操作，各小组应确定每位成员的具体工作任务（如解读工艺流程、拆装操作、传递工具、零件摆放等），以提高拆装实训的学习效果。

5）拆装结束后，各小组应对所用的工量具进行清点，配合指导教师检查装配任务完成的情况，检查无误后清扫实习场地。

任务测评

按任务测评表进行任务测评。

任务测评表

评价项目		评价标准	配 分	得 分
专业知识	40分	能说出常用工具名称	10	
		能描述常用工具用途	10	
		能说出常用工具使用注意事项	10	
		能说出常用工具使用方法	10	
任务完成情况	40分	任务完成的情况	15	
		任务完成的质量	15	
		在小组完成任务过程中所起的作用	10	
职业素养	20分	能安全、规范地操作	10	
		能与小组成员团结协作	5	
		能积极整理、清洁工位	5	
综合评议				

项 目 回 顾

本项目介绍了发动机的编号、发动机的总体构造和发动机的工作过程，以及发动机总成从汽车上吊卸的作业以及发动机的拆解作业，通过使用汽车常用维修工具和设备、查阅相关维修手册，培养学生团结合作、一丝不苟、认真细心、安全规范及"6S"的职业素养。

项 目 练 习

一、选择题

1. 发动机的有效转矩与曲轴角速度的乘积称为（　　　）。

    A. 指示功率　　　　B. 有效功率　　　　C. 最大转矩　　　　D. 最大功率

2. 上、下止点间所包容的气缸容积称为（　　　）。

    A. 燃烧室容积　　　B. 工作容积　　　　C. 总容积　　　　D. 以上都正确

3. 柴油发动机没有（　　　）系统。

    A. 点火　　　　　　B. 起动　　　　　　C. 润滑　　　　　　D. 燃油供给

4. 发动机工作过程中（　　　）行程气缸内压力最高。

    A. 吸气　　　　　　B. 压缩　　　　　　C. 做功　　　　　　D. 排气

5. 柴油机吸入气缸的是（　　　）。

    A. 可燃混合气　　　B. 油蒸气　　　　　C. 纯空气　　　　　D. 氧气

6. 二冲程发动机一个工作循环曲轴转（　　　）圈。

    A. 1　　　　　　　　B. 2　　　　　　　　C. 3　　　　　　　　D. 4

7. 1E65F 发动机的气缸数目是（　　　）。

    A. 1　　　　　　　　B. 2　　　　　　　　C. 5　　　　　　　　D. 6

8. 发动机在单位时间对外输出的有效功称为（　　　）。

    A. 有效功率　　　　B. 总功率　　　　　C. 最大功率　　　　D. 最大转矩

二、判断题

1. 由于柴油机的压缩比大于汽油机的压缩比，因此在压缩终了时的压力及燃烧后产生的气体压力比汽油机压力高。　　　　　　　　　　　　　　　　　　　　　　　　　（　　　）

2. 多缸发动机各气缸的总容积之和，称为发动机排量。　　　　　　　　　　（　　　）

3. 发动机的燃油消耗率越小，经济性越好。　　　　　　　　　　　　　　　（　　　）

4. 发动机总容积越大，它的功率也就越大。　　　　　　　　　　　　　　　（　　　）

5. 活塞行程是曲柄旋转半径的 2 倍。　　　　　　　　　　　　　　　　　　（　　　）

6. 经济车速是指很慢的行驶速度。　　　　　　　　　　　　　　　　　　　（　　　）

7. 将发动机总成从车上整体拆下时应先将油路泄压。　　　　　　（　　）

8. 有人作业时严禁升降举升器。　　　　　　　　　　　　　　　（　　）

9. 压缩比越大，压缩终了时气缸内的气体压力和温度就越高。　　（　　）

10. 在压缩终了时，汽油机靠火花塞强制点火，而柴油机靠自燃。　（　　）

11. 发动机外特性代表了发动机所具有的最高动力性能。　　　　　（　　）

三、思考题

1. 简述四冲程汽油机的工作过程。

2. 四冲程汽油机和柴油机在总体结构上有哪些相同点和不同点？

3. 柴油机与汽油机在可燃混合气形成方式和点火方式上有何不同？它们所用的压缩比为何不一样？

4. 汽油机与柴油机各有哪些优缺点？为什么柴油机在汽车上得到越来越普遍的应用？

5. 为什么柴油车对道路阻力变化的适应性比汽油车差？

6. 发动机的动力性能指标有哪些？各代表什么含义？

7. 什么是发动机排量？

8. 装配发动机之前，为什么要预润滑？

9. 发动机的污染有哪些方面？

10. 发动机拆装的一般步骤是什么？

四、技能点

1. 通过发动机型号能够说出发动机的结构特点。

2. 准确说出四冲程发动机的工作过程。

3. 指认拆解的发动机的各组成部分。

4. 正确操作举升机。

5. 认识并正确使用通用工具。

6. 能够独立查阅维修手册。

项目二　曲柄连杆机构维修

项目描述

一辆日产轿车在行车过程中出现冒黑烟、加速无力、怠速不稳、油耗增加等现象，进厂经检测后确定需进行发动机大修，发动机经吊卸和拆解后，要对曲柄连杆机构进行维修。

项目分析

作为一名修理工，如何完成曲柄连杆机构的维修呢？首先分析曲柄连杆机构的结构组成，曲柄连杆机构包括机体组、活塞连杆组和曲轴飞轮组三部分。按照维修手册要求，对曲柄连杆机构的每部分进行拆解、检测和维修，恢复其技术状态。

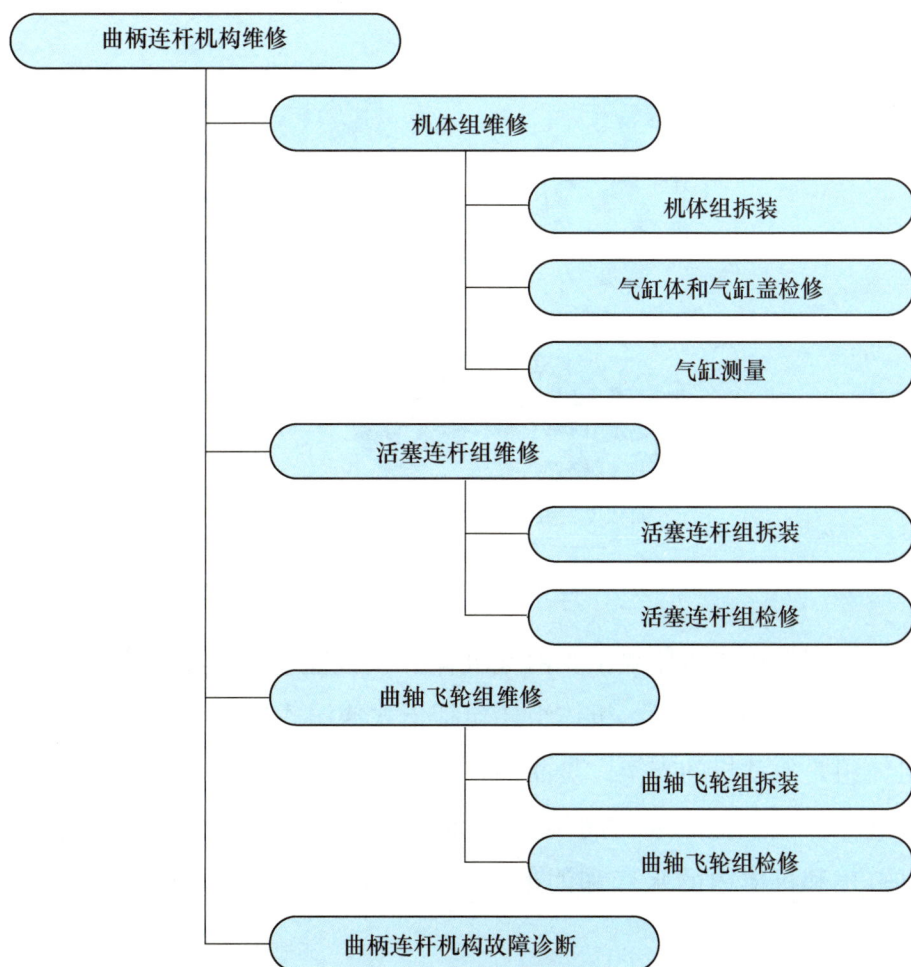

```
曲柄连杆机构维修
    ├─ 机体组维修
    │       ├─ 机体组拆装
    │       ├─ 气缸体和气缸盖检修
    │       └─ 气缸测量
    ├─ 活塞连杆组维修
    │       ├─ 活塞连杆组拆装
    │       └─ 活塞连杆组检修
    ├─ 曲轴飞轮组维修
    │       ├─ 曲轴飞轮组拆装
    │       └─ 曲轴飞轮组检修
    └─ 曲柄连杆机构故障诊断
```

任务一　机体组拆装

任务目标

1. 知识目标

熟悉机体组的组成；掌握机体组的拆装方法。

2. 技能目标

能根据维修手册制订机体组拆装步骤；指认机体组各部分的名称，描述各部分功用。

3. 思政目标

能安全、规范地操作；能与小组成员团结协作；能积极整理、清洁工位，具有劳动意识。

任务准备

曲柄连杆机构由机体组、活塞连杆组和曲轴飞轮组三部分组成，如图 2-1 所示。

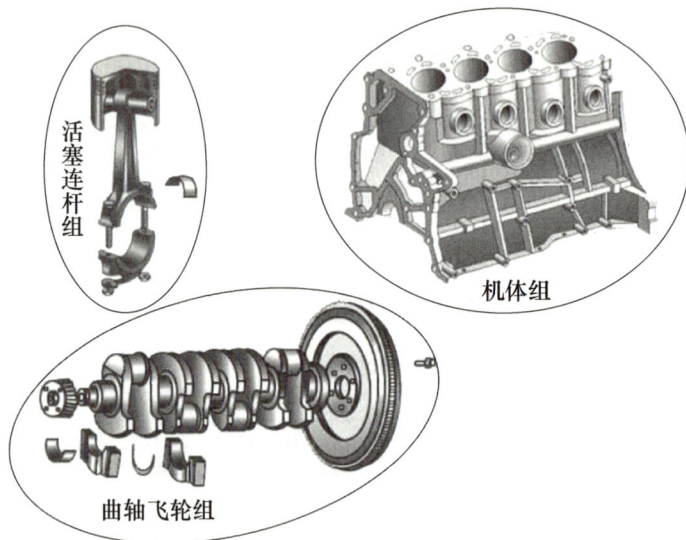

图 2-1　曲柄连杆机构的组成

现代汽车发动机机体组主要由气缸体、气缸盖、气门室罩盖、气缸垫和油底壳等组成。镶气缸套的发动机，机体组还包括干式或湿式气缸套，如图 2-2 所示。

机体组是发动机的支架，是曲柄连杆机构、配气机构和发动机各系统主要零部件的装配基体。气缸盖用来封闭气缸顶部，并与活塞顶和气缸壁一起形成燃烧室。另外，气缸盖和机体内的水套和油道以及油底壳又分别是冷却系统和润滑系统的组成部分。

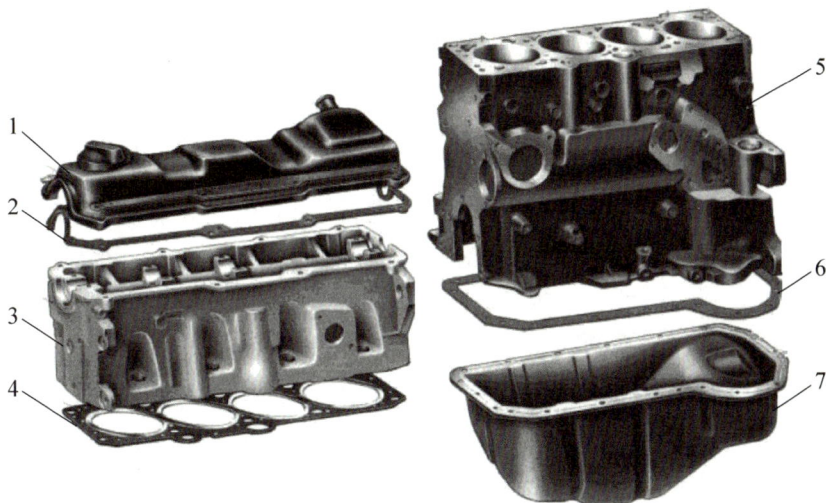

图 2-2　机体组的组成

1—气门室罩盖　2、6—衬垫　3—气缸盖　4—气缸垫　5—气缸体　7—油底壳

1）气缸体的上半部有引导活塞进行往复运动的圆筒，称为气缸。

2）气缸体的下半部分有安装曲轴用的上曲轴箱。

3）气缸上有承孔、油道、水道。

4）气缸体的上、下表面是气缸体维修的基准。

5）前后两个平面加工，以安装正时齿轮盖和飞轮壳。

任务计划

通过查阅资料，分组讨论，制订检测维修计划。

工具及设备准备	SR20 发动机，拆装工具，维修手册、工具车、零件车		
操作流程	检修项目	步　骤	操 作 要 领

任务实施

1. 机体组拆装

1）拆下气门室罩盖，注意螺栓要全部松开后再取下，并注意螺栓下有胶垫。

2）摇转曲轴，当曲轴记号对齐正时记号时为第 1 缸上止点。

3）拆下链条张紧器。

4）拆下凸轮轴润滑油管，卸下凸轮轴轴承盖，注意先松两端的再松中间的，取下进、排气凸轮轴。

5）将摇臂按顺序取下，摆放好，将气门垫块小心取下放好，记准带凹槽气门垫块的安装位置。

6）用专用10mm内六角扳手拆下气缸盖螺栓，共10个。拆卸时应按对角线方向交叉进行，并由外向内分2～3次松开气缸盖螺栓，取下气缸盖和气缸垫。

7）油底壳的拆卸。将发动机在翻转架上转180°，用10mm套筒扳手，均匀松开并取下油底壳螺栓。

8）按相反顺序装配机体组。

2. 机体组识别

观察拆卸后的机体组，记录各部分名称，如图2-3所示。

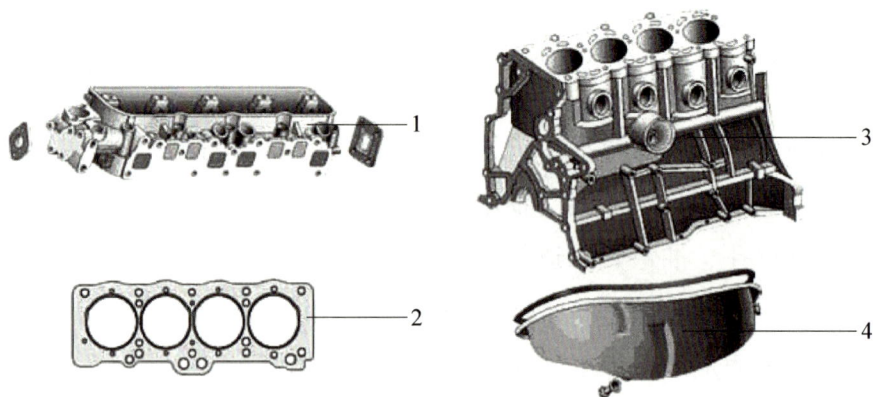

图2-3 拆卸后的机体组

序　　号	记录部件名称	描　述　功　用
1		
2		
3		
4		

任务测评

按任务测评表进行任务测评。

任务测评表

评价项目		评价标准	配　　分	得　　分
专业知识	40分	能描述曲柄连杆机构组成	10	
		能说出机体组组成	10	
		能描述气缸盖用途	10	
		能描述气缸体用途	10	

（续）

评 价 项 目		评 价 标 准	配　分	得　分
任务完成情况	40分	任务完成的情况	15	
		任务完成的质量	15	
		在小组完成任务过程中所起的作用	10	
职业素养	20分	能安全、规范地操作	10	
		能与小组成员团结协作	5	
		能积极整理、清洁工位	5	
综合评议				

任务二　气缸体和气缸盖检修

任务目标

1. 知识目标

掌握气缸体、气缸盖的结构；掌握气缸体、气缸盖的检修方法和技术要求。

2. 技能目标

能根据维修手册制订气缸体和气缸盖的检修步骤；能正确检测气缸体和气缸盖，确定修理方法，维修气缸体、气缸盖。

3. 思政目标

能安全、规范地操作；能与小组成员团结协作；能积极整理、清洁工位，具有劳动意识。

任务准备

一、气缸体

1. 气缸体的构造

气缸体与上曲轴箱常铸成一体。气缸体上部有一个或数个为活塞在其中运动做导向的圆柱形空腔，称为气缸，下部为支承曲轴的曲轴箱，如图2-4所示。

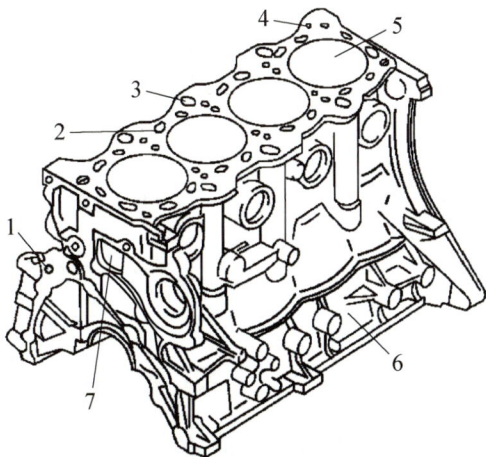

图2-4　气缸体

1、4—机油道　2、7—水套　3—油气通路
5—气缸　6—上曲轴箱

（1）工作条件和材料　气缸体承受较大的机械负荷和较复杂的热负荷，所以要求

气缸体具有足够的强度、刚度和良好的耐热性及耐蚀性。根据其工作条件和结构特点，一般采用灰铸铁、球墨铸铁或合金铸铁制成。有些发动机为了减轻重量，采用铝合金。

（2）气缸的排列形式　发动机气缸排列一般有直列式、水平对置式、V形和W形四种结构形式，如图2-5所示。

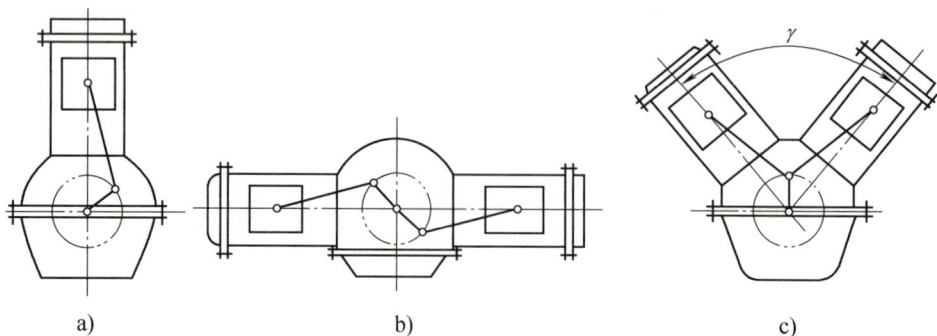

图2-5　气缸排列形式

a）直列式　b）水平对置式　c）V形

2. 曲轴箱的形式

曲轴箱的主要功用是保护和安装曲轴，曲轴箱有三种结构形式，如图2-6所示。

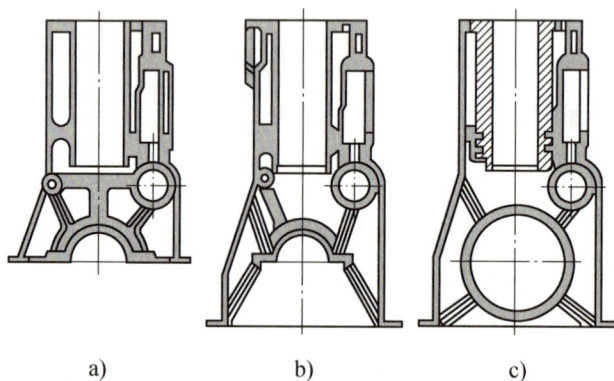

图2-6　曲轴箱的形式

a）一般式　b）龙门式　c）隧道式

二、气缸与气缸套

缸体材料一般用优质灰铸铁或铝合金。为了提高气缸的耐磨性，有时在铸铁中加入少量的合金元素，如镍、钼、铬、磷等，还有的采用表面淬火、镀铬等。图2-7所示为整体式气缸。

大多数发动机使用气缸套，气缸套有干式和湿式两种。

1. 干式气缸套

干式气缸套外壁不直接与冷却液接触，而和气缸体的缸套安装孔的壁面直接接触，壁厚较薄，一般为 1～3mm。其强度和刚度较好，内、外表面都需要进行精加工，拆装不方便，散热不良，如图 2-8 所示。

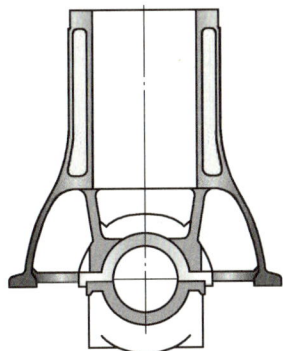

合金铸铁机体　　　铝合金机体

图 2-7　整体式气缸　　　　　图 2-8　干式气缸套

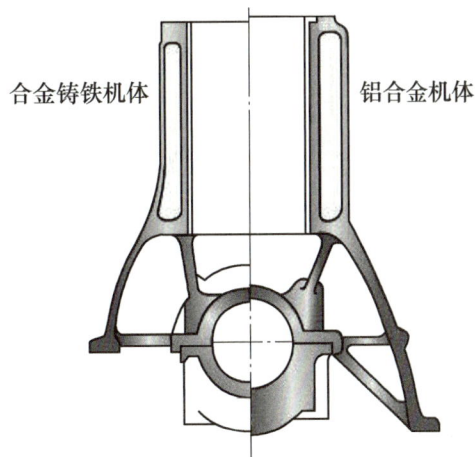

2. 湿式气缸套

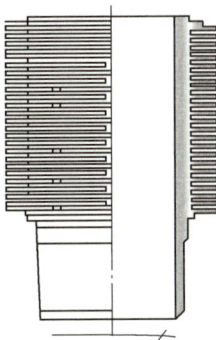

湿式气缸套外壁直接与冷却液接触，如图 2-9 所示，仅在上、下各有一圆环地带和气缸体接触，壁厚一般为 5～9mm。这种气缸套使气缸散热良好，冷却均匀，加工容易，拆装方便，但强度、刚度不如干式气缸套，容易漏水。湿式气缸套下部用 1～3 道耐热、耐油的橡胶密封圈进行密封，防止冷却液泄漏。湿式气缸套上部的密封是利用气缸套装入机体后，气缸套顶面高出机体顶面 0.05～0.15mm。

有些小功率发动机采用风冷散热方式，风冷气缸的外壁铸有散热片，以增加散热面积，增强散热能力，如图 2-10 所示。

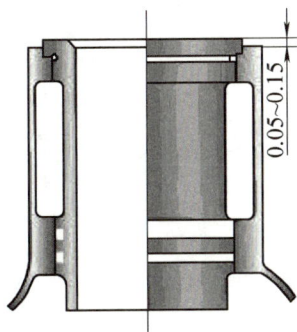

图 2-9　湿式气缸套　　　　　图 2-10　风冷气缸体

三、气缸盖

气缸盖用来封闭气缸上部，与活塞顶部和气缸壁一起组成燃烧室。气缸盖工作在高温、高压条件下，一般采用灰铸铁、合金铸铁、铸铝等材料制造。

气缸盖是结构复杂的箱形零件。其上加工有进、排气门座孔，气门导管孔，火花塞安装孔（汽油机）或喷油器安装孔（柴油机）。在气缸盖内还铸有水套、进排气道和燃烧室或燃烧室的一部分。若凸轮轴安装在气缸盖上，则气缸盖上还加工有凸轮轴承孔或凸轮轴轴承座及其润滑油道。

水冷发动机的气缸盖有整体式、分块式和单体式三种结构形式。在多缸发动机中，全部气缸共用一个气缸盖的，则称该气缸盖为整体式气缸盖；若每两缸一盖或三缸一盖，则该气缸盖为分块式气缸盖；若每缸一盖，则为单体式气缸盖，如图 2-11 所示。风冷发动机均为单体式气缸盖。

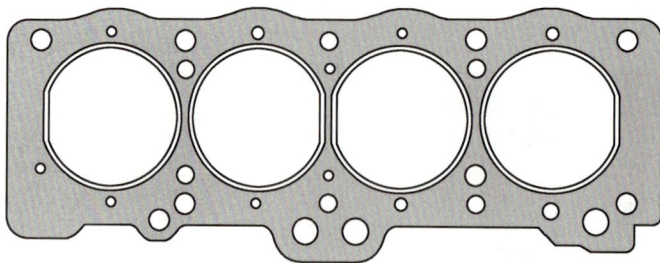

a)   b)

图 2-11　气缸盖

a）单体式气缸盖　b）整体式气缸盖

四、气缸垫

气缸垫安装在气缸盖和气缸体之间，功用是保证气缸体和气缸盖的密封，防止漏水、漏气，如图 2-12 所示。

图 2-12　气缸垫

气缸垫在使用中接触高温、高压气体和冷却液，很容易被烧蚀，特别是缸口卷边周围。因此要求气缸垫要耐热、耐蚀，具有足够的强度，有一定的弹性和导热性。

五、油底壳

油底壳又叫作下曲轴箱，如图 2-13 所示，其主要功用是储存机油并封闭曲轴箱。

34

由于油底壳受力不大，一般用薄钢板冲压而成。

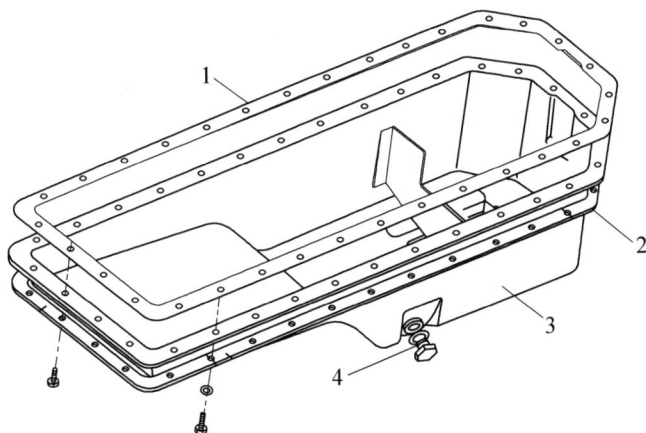

图 2-13　油底壳

1—衬垫（密封垫）　2—加强板　3—油底壳　4—放油塞

任务计划

通过查阅资料，分组讨论，制订检测维修计划。

工具及设备准备	SR20 发动机气缸体和气缸盖，检测平台、刀口尺、塞尺，工具车、零件车、油盆、毛刷、棉丝		
操作流程	检修项目	步　骤	操作要领

任务实施

一、气缸盖检修

1. 裂纹检修

气缸盖产生裂纹一般是由于设计制造中的缺陷、冷却液结冰或意外事故造成的，气缸盖裂纹多发生在冷却液套薄壁处或气门座处。产生裂纹后会导致漏气、漏水、漏油，影响发动机的正常工作。通常采用目测和水压试验来检查，一旦检查出裂纹可视情况进行焊修、胶粘等，必要时进行更换。

☆小 提 示

● 加工量大小的规定：气缸盖磨削或铣削量一般不应超过0.30mm。

● 加工量太大的危害：缸盖变薄，燃烧室容积变小，会引起发动机爆燃，工作不正常。

2. 变形检修

缸盖变形是指气缸盖与气缸体的接合平面的平面度误差超限。缸盖变形的原因一般是热处理不当、缸盖螺栓拧紧力矩不均或放置不当等引起的。

检查缸盖下平面的平面度误差时，可在图2-14所示的六个方向上放置平尺，并用塞尺测量平尺与缸盖下平面之间的间隙，测得的最大值即为缸盖下平面的平面度误差。将测量结果记录在表2-1中。

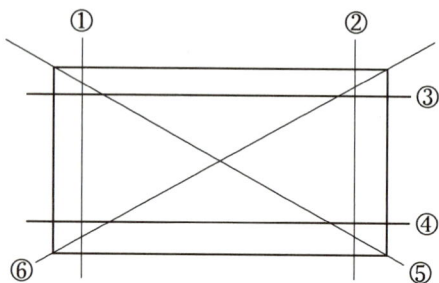

图2-14　气缸盖平面度测量部位

表2-1　检测结果记录

位置号	测量点1	测量点2	测量点3	测量点4	测量点5	平面度
纵向①						
纵向②						
横向③						
横向④						
对角线⑤						
对角线⑥						
结果判定						

注：测量值如果由于小于0.03mm而测不出来，表内值可以填写小于0.03mm。

一般气缸盖的平面度极限偏差为0.10mm。根据测量结果，确定是否修理，修理方法一般为对翘曲平面进行磨削或铣削加工，或者更换。

3. 积炭检修

气缸盖上燃烧室积炭过多，会使燃烧室容积变小，改变发动机的压缩比。若发现燃烧室积炭过多，应采用机械方法或化学方法进行清理。

二、气缸体检修

气缸体的主要损伤形式有裂纹、磨损和变形等。

1. 裂纹检修

气缸体裂纹检测和气缸盖检测方法相同。

2. 磨损

气缸体的磨损主要发生在气缸、气缸套承孔、曲轴轴承孔等部位。其中气缸的磨损程度是衡量发动机是否需要大修的依据之一。气缸体磨损的检测采用量具进行测量。

3. 气缸体变形检修

气缸体变形的检测和气缸盖变形的检测方法相同。

气缸体上平面平面度的测量如图 2-15 所示。将测量结果记录在表 2-2 中。

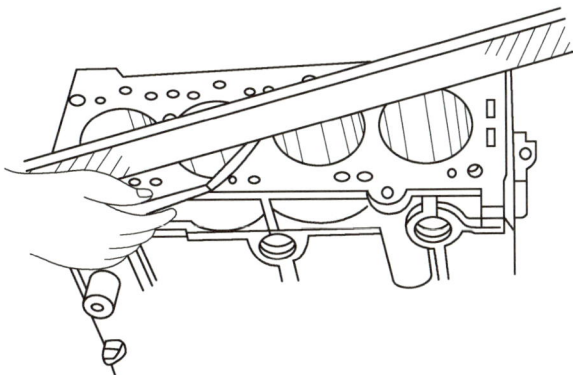

图 2-15　气缸体上平面平面度的测量

气缸体上平面平面度测量

表 2-2　检测结果记录

位置号	测量点 1	测量点 2	测量点 3	测量点 4	测量点 5	平面度
纵向①						
纵向②						
横向③						
横向④						
对角线⑤						
对角线⑥						
结果判定						

三、气缸垫检查与更换

气缸垫的常见故障是烧蚀击穿，主要原因是气缸盖与气缸体的接合平面不平、气缸盖螺栓的拧紧力矩不足等。气缸垫损坏后只需更换，不需修理。

气缸垫安装时，应注意将卷边朝向易修整的平面或硬平面。如气缸体和气缸盖同为铸铁时，卷边应朝向气缸盖（易修整）；气缸盖为铝合金、气缸体为铸铁时，卷边应朝向气缸体（硬平面）。

任务测评

按任务测评表进行任务测评。

任务测评表

评价项目		评 价 标 准	配　分	得　分
专业知识	40分	能描述气缸体结构	10	
		能描述气缸盖结构	10	
		能描述油底壳结构	10	
		能说出气缸套种类	10	
任务完成情况	40分	任务完成的情况	15	
		任务完成的质量	15	
		在小组完成任务过程中所起的作用	10	
职业素养	20分	能安全、规范地操作	10	
		能与小组成员团结协作	5	
		能积极整理、清洁工位	5	
综合评议				

任务三　气缸测量

任务目标

1. 知识目标

熟悉气缸的磨损特点；掌握气缸测量方法；掌握圆度、圆柱度、气缸磨损量计算和分析。

2. 技能目标

能根据维修手册制订气缸测量的步骤；能正确测量气缸，确定气缸的修理方法。

3. 思政目标

能安全、规范地操作；能与小组成员团结协作；能积极整理、清洁工位，具有劳动意识。

任务准备

一、量缸表

量缸表主要用来测量孔的内径，如气缸直径、轴承孔直径等，量缸表的结构如

图 2-16 所示。

二、气缸磨损特点

发动机在工作过程中，气缸表面在活塞环运动的区域内形成不均匀的磨损。沿气缸的高度方向，磨损一般是上大下小，形成锥形，导致气缸的圆柱度误差。磨损的最大部位一般是当活塞在上止点位置时第一道活塞环相对应的气缸壁。活塞环未接触的上口，几乎没有磨损，而与磨损部位形成一明显的台阶，俗称"缸肩"。在个别情况下，气缸可能出现中部磨损最大，类似"腰鼓"形，如图 2-17 所示。

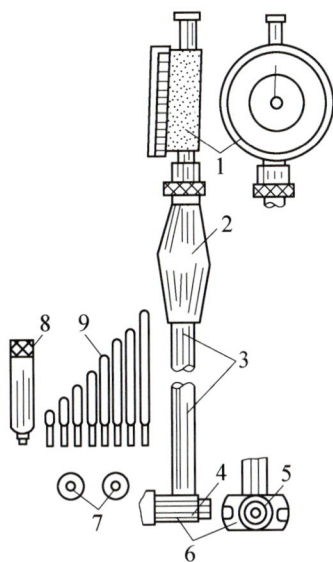

图 2-16　量缸表的结构

1—百分表　2—绝缘套　3—表杆　4—接杆座
5—活动测头　6—支承架　7—固定螺母
8—加长接杆　9—接杆

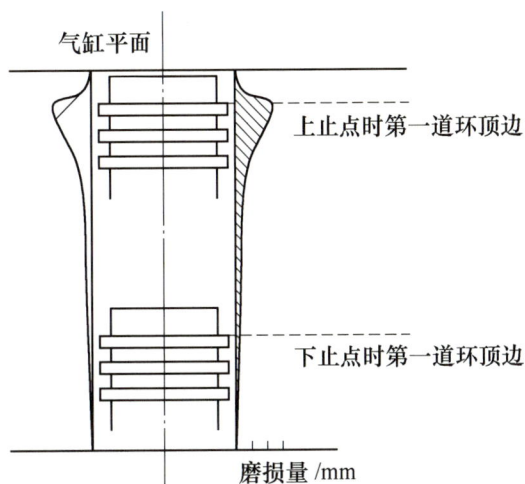

图 2-17　气缸磨损呈锥形

气缸沿圆周方向磨损也是不均匀的，形成不规则的椭圆形，导致气缸的圆度误差。气缸沿圆周方向的磨损量随车型、结构及使用条件的不同而有所不同，但一般最大径向磨损区往往接近于进气门对面。

对于多缸发动机来说，气缸与气缸之间磨损也是不均匀的，一般首尾两缸磨损量较大。

三、气缸修理方法

1. 气缸的镗削

气缸的修理就是按照修理尺寸法或镶套修复法，通过镗削或磨削加工使气缸达到原来的技术要求。

（1）确定气缸的修理尺寸和镗削量　根据气缸的磨损情况和原厂规定的修理尺寸等级，确定其修理尺寸。

（2）镗削设备和定心基准　目前常用的镗削设备有固定式和移动式镗缸机两种。其中固定式比移动式的加工精度要高。气缸镗削的定心基准有同心法和偏心法两种。

（3）气缸的磨削　气缸磨削的目的是去除镗削刀痕，减小表面粗糙度值，提高加工质量。气缸磨削一般使用固定式珩磨机。磨削时，应严格控制磨头的转速和往复速度。

2. 气缸的镶套

无修理尺寸的气缸，或气缸虽有修理尺寸，但磨损后的尺寸已经接近或超过最后一级修理尺寸时，可用镶套法进行修理。

对无气缸套的气缸进行镶套前，必须先加工承孔，承孔内径与缸套外径采用过盈配合。

对镶有干式气缸套的气缸体，应用压力机压出旧缸套，并检查承孔与待换缸套过盈量是否符合要求。

对镶有湿式气缸套的气缸体，更换气缸套时，只需拆旧换新，不需对承孔进行加工。

任务计划

通过查阅资料，分组讨论，制订检测维修计划。

工具及设备准备	SR20 发动机气缸，游标卡尺、千分尺、量缸表，工作台、棉丝		
操作流程	检修项目	步　骤	操作要领

任务实施

一、测量前检查

1）清洁气缸。

2）观察气缸磨损情况。

记录气缸的磨损情况：＿＿＿＿＿＿＿＿＿＿＿＿＿＿＿＿＿＿＿＿＿＿

＿＿＿＿＿＿＿＿＿＿＿＿＿＿＿＿＿＿＿＿＿＿＿＿＿＿＿＿＿＿＿＿＿。

二、气缸测量

1）用游标卡尺测量气缸内径。

2）选择合适测杆并安装量缸表。

3）用外径千分尺对量缸表校零。

4）测量气缸。

气缸测量部位如图 2-18 所示。

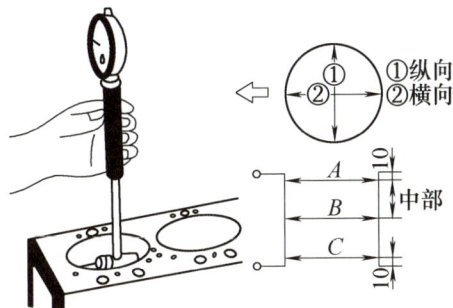

图 2-18　气缸测量部位

三、记录数据

将测量结果记入表 2-3 中，并计算气缸的圆度、圆柱度和修理等级。

表 2-3　气缸测量记录表

	1 缸			2 缸			3 缸			4 缸		
	上	中	下	上	中	下	上	中	下	上	中	下
横向												
纵向												
圆度												
圆柱度												
修理等级												

四、确定是否修理

一般气缸圆度极限偏差为 0.050 ~ 0.063mm，圆柱度极限偏差为 0.165 ~ 0.250mm。根据结果确定修理方法：_____。

任务测评

按任务测评表进行任务测评。

任务测评表

评 价 项 目		评 价 标 准	配　分	得　分
专业知识	40分	能描述气缸磨损特点	10	
		能说出量缸表结构	10	
		能说出气缸修理方法	10	
		能说出气缸的磨损部位	10	
任务完成情况	40分	任务完成的情况	15	
		任务完成的质量	15	
		在小组完成任务过程中所起的作用	10	
职业素养	20分	能安全、规范地操作	10	
		能与小组成员团结协作	5	
		能积极整理、清洁工位	5	
综合评议				

任务四　活塞连杆组拆装

任务目标

1. 知识目标

熟悉活塞连杆组的结构组成；掌握活塞连杆组各部分的工作过程；掌握活塞连杆组的拆装方法。

2. 技能目标

能根据维修手册制订活塞连杆组的拆装步骤；能指认活塞连杆组各部分名称，描述各部分功用。

3. 思政目标

能安全、规范地操作；能与小组成员团结协作；能积极整理、清洁工位，具有劳动意识。

任务准备

一、活塞连杆组的作用

活塞连杆组的作用是将活塞运动产生的直线运动转换为旋转运动，并通过曲轴输出。活塞连杆组的结构如图 2-19 所示。

二、活塞的构造

1. 活塞的功用

活塞与气缸盖、气缸壁共同组成燃烧室，承受气缸中气体的压力，并将此压力通过活塞销和连杆传给曲轴。

2. 工作条件和材料

活塞的不同部分会受到交变的拉伸、压缩和弯曲载荷，并且由于活塞各部分的温度极不均匀，将在活塞内部产生一定的热应力。所以要求活塞应有足够的刚度和强度，质量尽可能的小，导热性好，要有足够的耐热、耐磨性，温度变化时，尺寸和形状的变化要小。汽车发动机广泛采用的是铝合金材料，有的柴油机上也采用高级铸铁或耐热钢制造。

3. 活塞的结构

活塞可分为顶部、头部和裙部 3 个部分，如图 2-20 所示。

（1）活塞顶部 活塞顶部是燃烧室的组成部分，用来承受气体压力。汽油机活塞顶部多采用图 2-21 所示的几种形式。

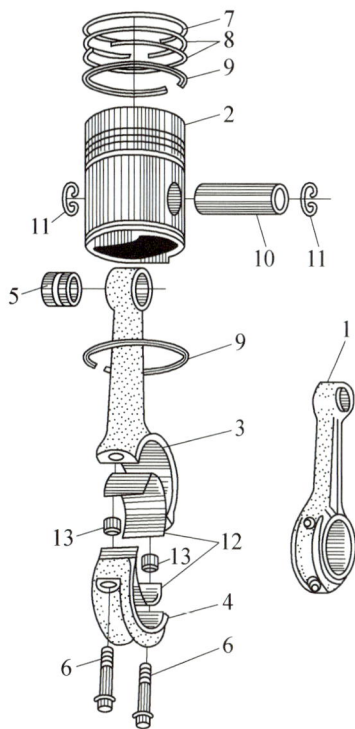

图 2-19 活塞连杆组的结构

1—连杆组 2—活塞 3—连杆 4—连杆盖
5—连杆衬套 6—连杆螺栓 7—第一道气环
8—第二、三道气环 9—油环 10—活塞销
11—卡环 12—连杆瓦 13—定位套筒

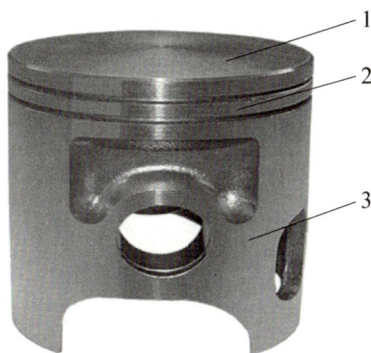

图 2-20 活塞的基本结构
1—顶部 2—头部 3—裙部

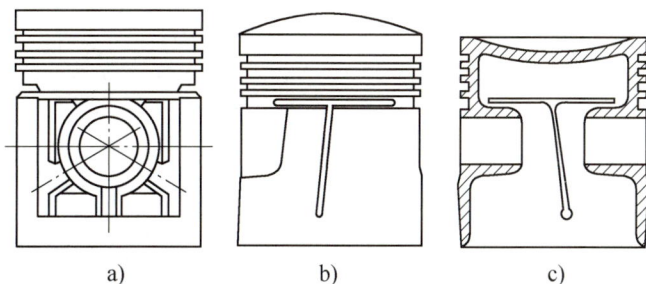

图 2-21 活塞顶部形状
a）平顶 b）凸顶 c）凹顶

（2）活塞头部 活塞头部是最下边一道活塞环槽以上的部分，主要用来安装活塞环，以实现对气缸的密封，同时将活塞顶所吸收的热量通过活塞环传给气缸壁。

（3）活塞裙部 自油环槽以下的部分称为活塞裙部，其作用是为活塞在气缸内做往复运动导向和承受侧压力。

在常温下，活塞裙部截面形状呈椭圆形，轴向呈上小下大的锥形，如图 2-22 所示。

有的活塞在裙部受侧压力小的一面，还开有横槽和竖槽，如图 2-23 所示。

图 2-22　活塞裙部形状

图 2-23　开槽活塞

活塞销座位于活塞裙部的上部，加工有座孔，用以安装活塞销。一般活塞销轴线位于活塞中心线的平面内，活塞越过上止点改变运动方向时，由于侧压力瞬时换向，使活塞与缸壁的接触面突然由一侧平移到另一侧，产生敲击声。有些发动机将活塞销座轴线向做功行程中受侧压力较大的一面偏移。

活塞销位置布置形式如图 2-24 所示。

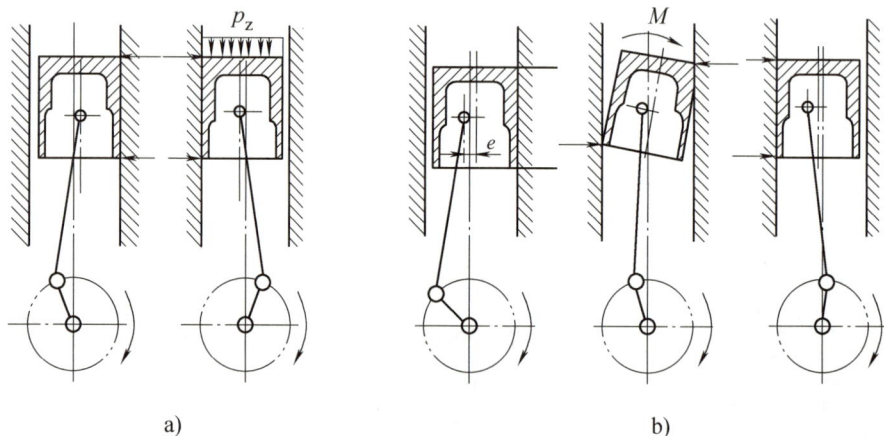

图 2-24　活塞销位置布置形式

a）活塞销对称布置　b）活塞销偏移布置

三、活塞环的构造

1. 活塞环的种类

活塞环按其功用可分为油环和气环两类，如图 2-25 所示。

2. 活塞环的功用

气环的功用是保证气缸壁与活塞之间的密封，防止气缸中的气体窜入曲轴箱；同时还将活塞头部的热量传给气缸，再由冷却液或空气带走。另外，还起到刮油和布油的作用。油环的作用是将气缸壁上多余的机油刮回油底壳，并在气缸壁上均匀布油。

3. 活塞环的间隙

发动机工作时，活塞及活塞环都会发生热膨胀。活塞环在气缸内应有开口间隙，与环槽间应有侧隙和背隙，如图 2-26 所示。

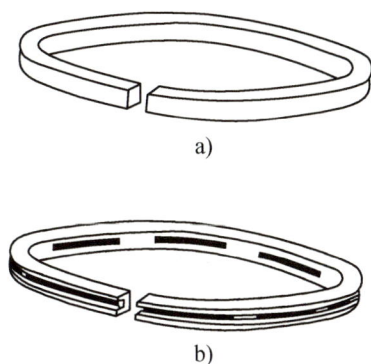

图 2-25 活塞环

a）气环 b）油环

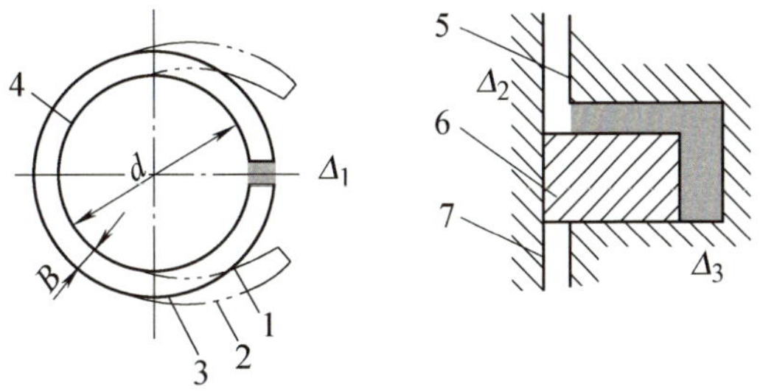

图 2-26 活塞环的间隙

1、2—活塞环工作状态 3—工作面 4—内表面

5—活塞 6—活塞环 7—气缸 Δ_1—端隙

Δ_2—侧隙 Δ_3—背隙 d—内径 B—宽度

4. 气环

气环安装在活塞头部的气环槽内，一般有 2~3 道，各道气环的截面形状不同，所以，气环安装时必须按顺序进行，为了保证气缸密封，各道气环的开口应错开。

5. 油环

油环安装在活塞头部的油环槽内。目前汽车发动机上采用的油环有两种结构形式：整体式和组合式，如图 2-27 所示。

四、活塞销

1. 活塞销的功用

活塞销的功用是连接活塞与连杆小头，将活塞承受的气体作用力传给连杆。活塞销的形状如图 2-28 所示。

2. 连接方式

活塞销与活塞销座孔和连杆小头的连接方式有全浮式和半浮式两种。

（1）全浮式 活塞销能在连杆衬套和活塞销座孔中自由转动，增大了实际接触面积，减少了磨损并使磨损均匀。

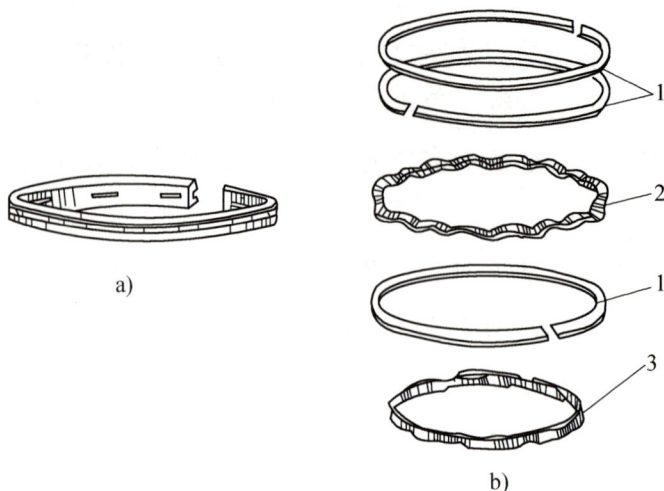

图 2-27　油环

a）整体式　b）组合式

1—刮油钢片　2—轴向衬环　3—径向衬环

（2）半浮式　半浮式就是活塞销与活塞销座孔或连杆小头，一处固定，另一处浮动，如图 2-29 所示。

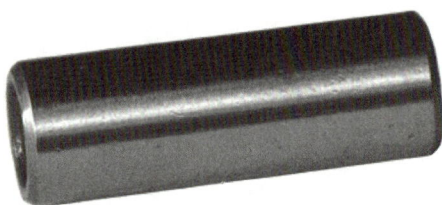

图 2-28　活塞销的形状

图 2-29　活塞销的连接方式

a）全浮式　b）半浮式

1—连杆衬套　2—活塞销　3—连杆

4—活塞销卡环　5—紧固螺栓

五、连杆的构造

1. 连杆的功用

连杆的功用是将活塞承受的气体压力传给曲轴，使活塞的往复直线运动变为曲轴的旋转运动。

2. 连杆的结构

连杆由小头、杆身和大头三部分组成，如图 2-30 所示。

柴油机的负荷较大，连杆的受力也大，连杆大头的尺寸往往超过气缸直径。为了使连杆大头能通过气缸，便于拆装，一般都采用斜切口。斜切口的连杆常用的定位方法有止口定位、套筒定位、锯齿定位和定位销定位等，如图2-31所示。

3. 连杆螺栓及其锁止

连杆螺栓是一个要承受很大冲击性载荷的重要零件，当其发生损坏时，将给发动机带来极其严重的后果。因此一般采用韧性较高的优质合金钢或优质碳素钢锻制或冷镦成形。

六、连杆轴承

连杆轴承也称为连杆轴瓦（俗称小瓦），如图2-32所示。连杆轴承装在连杆大头的孔内，用以保护连杆轴颈及连杆大头孔。现代发动机所用的连杆轴承是由钢背和减磨层组成的分开式薄壁轴承。

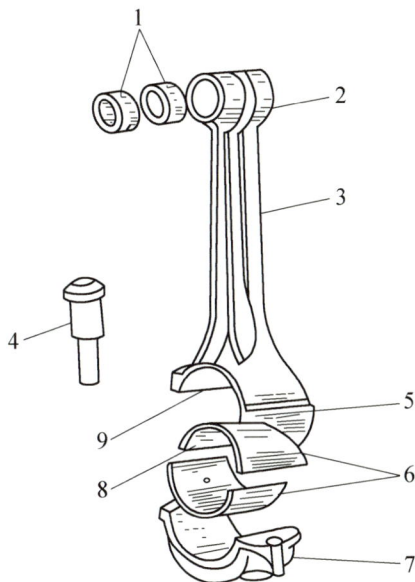

图 2-30　连杆的构造

1—连杆衬套　2—连杆小头　3—杆身　4—连杆螺栓　5—连杆大头　6—连杆轴瓦　7—连杆盖　8—轴瓦上的凸键　9—凹槽

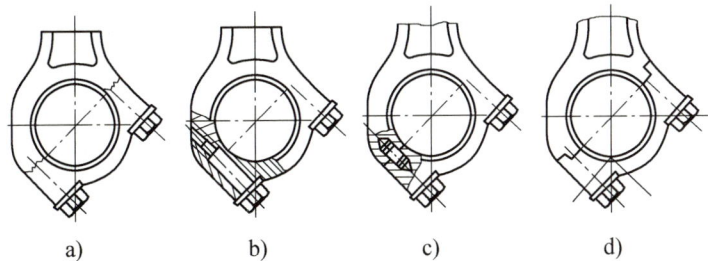

图 2-31　斜切口连杆大头的定位方式

a）锯齿定位　b）套筒定位　c）定位销定位　d）止口定位

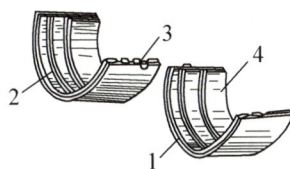

图 2-32　连杆轴承

1—瓦背　2—油槽　3—定位凸起　4—轴瓦合金

任务计划

通过查阅资料，分组讨论，制订检测维修计划。

工具及设备准备	SR20发动机活塞连杆，拆装工具、活塞环拆装器，工具车、零件车、棉丝		
操作流程	检修项目	步　骤	操 作 要 领

🔧 任务实施 ⚙

一、识别活塞连杆组

指认图 2-33 所示的活塞连杆组，识别各零件，描述各零件功用，填写记录表。

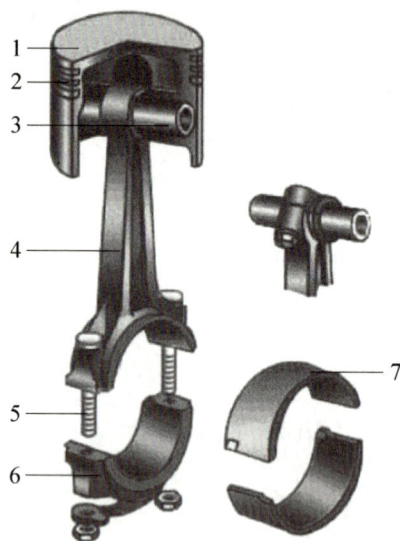

图 2-33　活塞连杆组

序　　号	记录部件名称	描　述　功　用
1		
2		
3		
4		
5		
6		
7		

二、活塞连杆组总成的拆卸与安装

1）将发动机平置。

2）观察连杆盖记号。观察并记准连杆盖上的记号，以便拆下各缸活塞后按缸号顺序摆放。

3）拆下连杆盖。转动曲轴，将第 1、4 缸连杆盖取下。

4）取下活塞连杆组。慢慢转动曲轴，当连杆轴颈离开连杆时，用木棒将活塞连杆轻轻从缸体上方推出（由一人在缸体上方一侧接着活塞连杆）。

5）拆卸其余活塞连杆组。

6）按与拆卸相反的顺序安装活塞连杆组总成。安装时注意涂抹机油。

三、分解活塞连杆组

1）拆下活塞环。用活塞环拆装钳拆下活塞环（气环、油环）。

2）拆下活塞销。用尖嘴钳拆下活塞销两端的锁环，然后用锤子和专用棒打出活塞销，使活塞与连杆分离。

3）拆下连杆轴瓦。拆下连杆大头的螺栓、螺母，取下连杆盖，并将连杆盖、连杆轴瓦依次放好。

注意事项

1）拧松螺栓的顺序为从两边到中间，分 2~3 次拧松。

2）注意观察安装标记：活塞顶部的凹坑（圆点）朝前。

3）拆下的活塞连杆组，要按记号顺序摆放。

4）装活塞前要抹机油。

5）必须用专用工具安装活塞连杆组。

6）拧紧螺栓的顺序为从中间到两边，分 2~3 次拧紧，且拧紧力矩为 30N·m。

7）收拾工具并擦拭干净。

任务拓展

【活塞环的断面及作用原理】

1. 气环的密封机理

活塞环在自由状态下，其外圆直径略大于缸径，所以装入气缸后，气环就产生一定的弹力 F_1 与缸壁压紧，形成所谓的第一密封面，如图 2-34 所示。此外，窜入活塞环背隙的气体，将产生背压力 F_2，使环对缸壁进一步压紧，加强了第一、二密封面的密封。

2. 活塞环的泵油作用

由于侧隙和背隙的存在，当发动机工作时，活塞环便产生了泵油作用。其原理是：活塞下行时，环靠在环槽的上方，环从缸壁上刮下来的机油窜入环槽的下方，

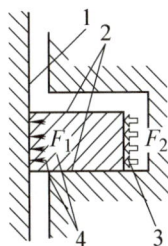

图 2-34 活塞环的密封机理

1—第一密封面 2—第二密封面
3—背压力 4—活塞环自身弹力

如图2-35a所示；当活塞上行时，环又靠在环槽的下方，同时将油挤压到环槽上方，如图2-35b所示。

3. 气环的断面形状

为了加强密封，加速磨合，减少泵油作用及改善润滑，除了合理选择材料及加工工艺外，在结构上还采用了许多不同断面形状的气环，主要有矩形环、锥形环、梯形环、桶面环和扭曲环，如图2-36所示。

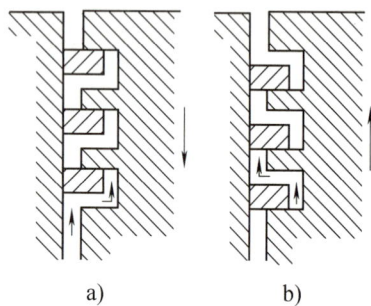

图 2-35　活塞环泵油作用

a) 活塞下行　b) 活塞上行

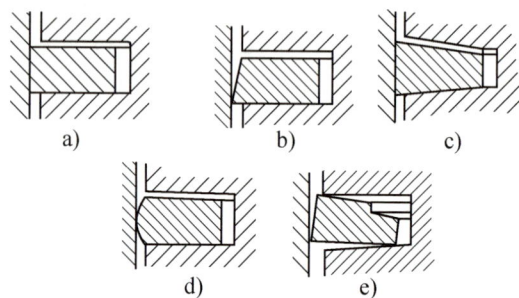

图 2-36　气环的断面形状

a) 矩形环　b) 锥形环　c) 梯形环

d) 桶面环　e) 扭曲环

任务测评

按任务测评表进行任务测评。

任务测评表

评 价 项 目		评 价 标 准	配　　分	得　　分
专业知识	40分	能描述活塞结构	10	
		能描述活塞环种类	10	
		能描述连杆结构	10	
		能说出活塞销连接方式	10	
任务完成情况	40分	任务完成的情况	15	
		任务完成的质量	15	
		在小组完成任务过程中所起的作用	10	
职业素养	20分	能安全、规范地操作	10	
		能与小组成员团结协作	5	
		能积极整理、清洁工位	5	
综合评议				

任务五　活塞连杆组检修

任务目标

1. 知识目标

熟悉活塞连杆组零件的耗损特点和原因；掌握活塞连杆组零件的检修方法。

2. 技能目标

能根据维修手册制订活塞连杆组零件的检修步骤；能正确检修活塞连杆组零件，确定修理方法。

3. 思政目标

能安全、规范地操作；能与小组成员团结协作；能积极整理、清洁工位，具有劳动意识。

任务准备

一、活塞的磨损

1. 活塞的正常耗损

活塞的磨损主要是活塞环槽的磨损、活塞裙部的磨损和活塞销座孔的磨损等。

活塞头部的磨损很小，是由于在工作中活塞裙部的导向和活塞环的支承作用，活塞头部与气缸壁极少接触的缘故。活塞环槽的磨损较大，以第一道环槽的磨损最为严重，各环槽由上而下逐渐减轻。其原因是燃烧室高压燃气作用及活塞高速往复运动，使活塞环对环槽的冲击增大。活塞裙部的磨损较小，通常只在侧压力较大的右侧发生轻微的磨损和擦伤。活塞销座孔的磨损，工作时活塞受气体压力和往复惯性力的作用，使活塞销座孔产生上下方向较大而水平方向较小的椭圆形磨损。

2. 活塞的异常损坏

活塞的异常损坏主要是活塞刮伤、顶部烧蚀和脱顶等。

活塞刮伤主要是由于活塞与气缸壁的配合间隙过小，使润滑条件变差，以及气缸内壁严重不清洁，有较多和较大的机械杂质进入摩擦表面而引起的。活塞顶的烧蚀则是发动机长期超负荷或爆燃条件下工作的结果。活塞脱顶，其原因是活塞环的开口间隙过小或活塞环与环槽底无背隙，当发动机连续在高温、高负荷下工作时，活塞环开口间隙被顶死，与缸壁之间发生粘卡；而活塞裙部受到连杆的拖动，使活塞在头部与裙部之间拉断。

活塞敲缸和活塞销松旷未能及时排除，也有可能造成活塞的异常损坏。

二、活塞的选配

当气缸的磨损超过规定值及活塞发生异常损坏时，必须对气缸进行修复，并且要根据气缸的修理尺寸选配活塞。选配活塞时要注意以下几点：

1）按气缸的修理尺寸选用同一修理尺寸和同一分组尺寸的活塞。

2）活塞是成套选配的，同一台发动机必须选用同一厂牌的活塞，以保证其材料和性能的一致性。

3）在选配的成组活塞中，其尺寸差一般为 0.01~0.15mm，质量差为 4~8g，销座孔的涂色标记应相同。

三、活塞环的选配

活塞环选配时，以气缸的修理尺寸为依据，同一台发动机应选用与气缸和活塞修理尺寸等级相同的活塞环。

四、活塞销的选配

1. 活塞销的耗损

在发动机正常工作时，活塞销座和连杆衬套之间存在微小的间隙。因此活塞销可以在销座和连杆衬套内自由转动，使得活塞销的径向磨损比较均匀，磨损速率也较低。

2. 活塞销的选配

发动机大修时，一般应选择标准尺寸的活塞销，以便为小修留有余地。

选配活塞销的原则是：同一台发动机应选用同一厂牌、同一修理尺寸的成组活塞销；活塞销表面应无任何锈蚀和斑点；表面粗糙度值 Ra 不大于 0.2μm，圆柱度误差不大于 0.0025mm，质量差在 10g 范围内。

五、连杆的变形

随着连杆使用时间的延长，或者发动机操作不当，连杆容易出现变形。连杆的变形主要有弯曲和扭曲两种形式。检测变形情况后，视具体情况决定校正或更换。

任务计划

通过查阅资料，分组讨论，制订检测维修计划。

工具及设备准备	SR20 发动机活塞连杆组零件，千分尺、塞尺、游标卡尺、连杆变形检查仪、连杆弯曲校正仪，工具车、零件车、棉丝、工作台		
操作流程	检修项目	步　骤	操作要领

任务实施

一、活塞磨损的测量

1）清洁并观察活塞的磨损情况。

2）用外径千分尺测量活塞裙部下端的直径，如图 2-37 所示。

3）记录所测数据。

4）与维修手册的数据比较，看是否合格。

活塞裙部直径测量记录：＿＿＿＿＿＿＿＿＿＿＿

二、活塞环的检验

1. 活塞环的弹力检验

活塞环的弹力是指活塞环端隙为零时作用在活塞环上的径向力。

检验记录：＿＿＿＿＿＿＿＿＿＿＿

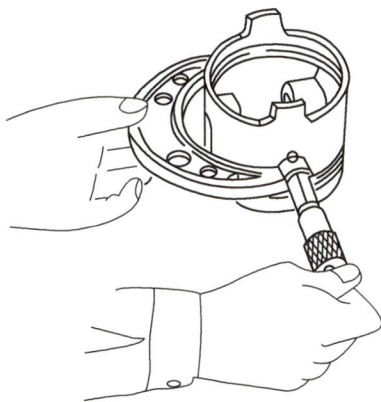

图 2-37　活塞裙部下端直径测量

2. 活塞环的漏光度检验

活塞环的漏光度检验的主要目的是检测环的外圆表面与缸壁的接触和密封程度。

常用的活塞漏光度的简易检查方法是：活塞环置于气缸内，用倒置的活塞将其推平，用一直径略小于活塞环外径的圆形板盖在环的上侧，在气缸下部放置灯光，从气缸上部观察活塞与气缸壁的缝隙，确定其漏光情况，如图 2-38 所示。

检验记录：＿＿＿＿＿＿＿＿＿＿＿

对活塞环漏光度的技术要求是：在活塞环端口左 30° 范围内不应有漏光点；在同一个活塞环上的漏光不得多于两处，每处漏光弧长所对应的圆心角不得超过 45°；漏光的缝隙应不大于 0.03mm。

3. 活塞环开口间隙的检查

检验端隙时，将活塞环置入气缸套内，并用倒置活塞的顶部将环推入气缸内其相应的上止点，然后用塞尺测量，如图 2-39 所示。

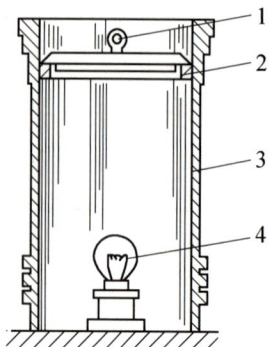

图 2-38　活塞环漏光度检查　　　　图 2-39　检查活塞环开口间隙

1—遮光板　2—活塞环　3—气缸　4—灯泡

检测记录：_____

4. 活塞环侧隙的检查

活塞环侧隙用塞尺检测，如图 2-40 所示。

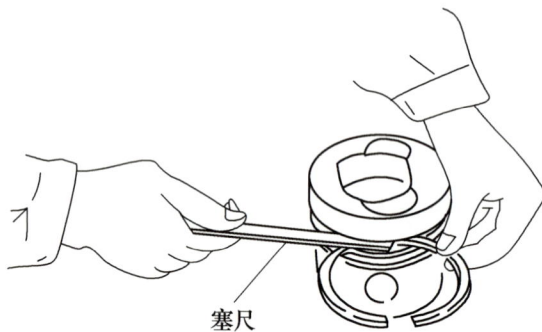

图 2-40　侧隙检查

检测记录：_____

把以上所测数据与维修手册进行比较，看是否合格。

5. 活塞环背隙检查

用游标卡尺测量活塞环槽的深度值和活塞环的厚度，深度与厚度的差值为背隙。

检测记录：_____

三、连杆的检测

1. 连杆变形的检验

连杆变形的检验在连杆校验仪上进行，如图 2-41 所示。

检验记录：弯曲度_____，扭曲度_____

2. 连杆扭曲校正

连杆扭曲校正用扭曲校正仪进行，如图 2-42 所示。

图 2-41 连杆校验仪

1—调整螺钉 2—菱形支承轴 3—量规
4—检验平板 5—锁紧支承轴板杆

图 2-42 连杆扭曲校正

3. 连杆弯曲校正

连杆弯曲校正用弯曲校正仪进行，如图 2-43 所示。

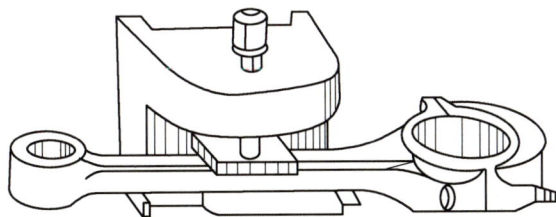

图 2-43 连杆弯曲校正

任务拓展

【发动机常见故障原因】

1. 发动机拉缸

发动机拉缸指气缸壁内出现微观的金属黏附、剥落、熔移和撕裂现象，活塞或活塞环把缸壁（或活塞表面）拉毛或拉成沟槽。

发生拉缸的原因如下：

1）气缸维修后表面的几何形状没有达到规定的要求。

2）活塞配缸间隙不当。

3）活塞环开口间隙过小。

4）机油质量不佳。

5）发动机冷却不良，经常处于过热状态。

6）活塞环折断。

7）活塞销卡环脱落。

8）活塞偏缸，早期磨损严重致使拉伤气缸。

2. 发动机窜气

引起发动机窜气的原因如下：

1）活塞环对口、折断或腐蚀，工作失效。

2）活塞环开口间隙、侧隙及背隙过大。

3）机械杂质进入缸内。

4）活塞销与活塞装配过紧，造成活塞变形。

5）操作不当：超负荷急加速工作，磨合期未执行减载（25%），限速规定行驶时加速冲坡，冬季起步前后轰车，突然加大节气门升度，高速运转，冬季冷却液温度低于40℃时起步。

6）缸盖螺栓没有按标准力矩拧紧，缸垫密封不良。

7）气门与气门座不密封。

8）冷却系统严重缺冷却液，温度急剧升高。

9）空气滤清器安装不正确或滤芯破损，大量的灰尘杂质吸入气缸引起磨损，导致气缸密封不严。

3. 活塞烧顶

活塞烧顶的主要原因如下：

1）所使用的汽油不符合要求，辛烷值太低，抗爆性差，容易产生爆燃。

2）车辆使用调整不当，主要是点火提前角过大，点火与燃油燃烧时的火焰传播速度不相符合，它是引起爆燃燃烧的关键。

3）发动机超负荷运行，工作温度过高，如爬长坡或长时间超负荷运转，活塞做功与气缸接触次数增加，加剧气缸磨损，冷却液温度升高，炽热聚集，易产生爆燃。

4）混合气燃烧不完全，燃烧室积炭过多。

⏱ 任务测评

按任务测评表进行任务测评。

任务测评表

评价项目		评价标准	配分	得分
专业知识	40分	能描述活塞耗损形式	10	
		能描述活塞选配方法	10	
		能描述活塞环选配方法	10	
		能说出连杆变形种类	10	
任务完成情况	40分	任务完成的情况	15	
		任务完成的质量	15	
		在小组完成任务过程中所起的作用	10	
职业素养	20分	能安全、规范地操作	10	
		能与小组成员团结协作	5	
		能积极整理、清洁工位	5	
综合评议				

任务六　曲轴飞轮组拆装

任务目标

1. 知识目标

熟悉曲轴飞轮组的组成；掌握曲轴飞轮组的拆装方法。

2. 技能目标

能根据维修手册制订曲轴飞轮组拆装步骤；能正确拆装曲轴飞轮组，识别各部分名称，描述其功用。

3. 思政目标

能安全、规范地操作；能与小组成员团结协作；能积极整理、清洁工位，具有劳动意识。

任务准备

一、曲轴飞轮组的组成

曲轴飞轮组主要由曲轴、飞轮、扭转减振器、正时齿轮及带轮等组成，如图2-44所示。

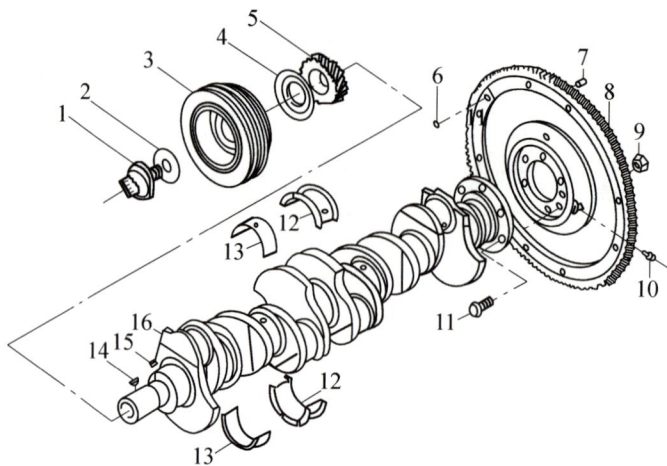

图 2-44　曲轴飞轮组

1—起动爪　2—起动爪锁紧垫片　3—扭转减振器、带轮　4—挡油片　5—正时齿轮

6—第1、6缸活塞上止点记号　7—圆柱销　8—齿圈　9—螺母　10—润滑脂嘴

11—曲轴与飞轮连接螺栓　12—中间轴承上下轴瓦　13—主轴承上下轴瓦

14、15—半圆键　16—曲轴

二、曲轴的构造

1. 作用、工作条件和材料

曲轴的作用是把活塞连杆组传来的气体压力转变为转矩并对外输出，还用来驱动发动机的配气机构和其他各种辅助装置。工作时，曲轴要承受周期性变化的气体压力、往复惯性力和离心力，以及它们产生的扭矩和弯矩；因扭转振动和弯曲振动而产生附加应力；转矩和负荷经常变化，导致轴径处有时不易形成良好的油膜，而它与轴承相对的滑动速度又很高。

因此要求曲轴用强度、冲击韧性和耐磨性都比较高的材料制造。一般曲轴都采用中碳钢或中碳合金钢模锻。

2. 曲轴的构造

曲轴的基本结构包括前端轴、主轴颈、连杆轴颈、曲柄、平衡重及后端凸缘等，如图 2-45 所示。一个连杆轴颈和它两端的曲柄及主轴颈构成一个曲拐。

按曲轴主轴颈的数目，可以把曲轴分为全支承曲轴和非全支承曲轴两种。

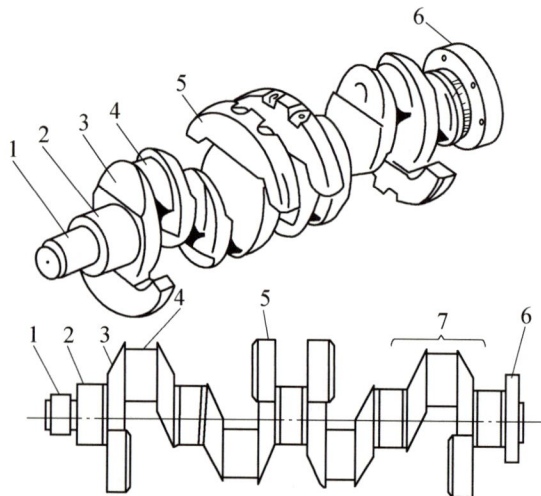

图 2-45　曲轴的构造

1—曲轴前端　2—主轴颈　3—曲柄　4—连杆轴颈　5—平衡重　6—曲轴后端　7—曲拐

连杆大头为整体式的某些小型汽油机或采用滚动轴承作为曲轴主轴承的发动机，必须采用组合式曲轴，即将曲轴的各部分分段加工，然后组合成整个曲轴。

为了平衡连杆大头、连杆轴颈和曲柄等产生的离心力及其力矩，有时还为了平衡部分往复惯性力，使发动机运转平稳，需对曲轴配平衡重。

3. 曲轴前后端的密封及轴向定位

通常曲轴前端装有驱动配气凸轮轴的正时齿轮、驱动风扇和水泵的带轮等。

曲轴前端借助甩油盘和橡胶油封实现密封。发动机工作时，落在甩油盘上的机油，在离心力的作用下被甩到正时齿轮室盖的内壁上，再沿壁面流回油底壳。即使有少量机油落到甩油盘前面的曲轴上，也会被装在定时传动室盖上的自紧式橡胶油封挡住。

曲轴后端的密封越来越多地采用与曲轴前端一样的自紧式橡胶油封。自紧式橡胶油封由金属保持架、氟橡胶密封环和拉紧弹簧构成。

4. 曲拐的布置

多缸发动机曲轴曲拐的布置与气缸数、气缸的排列形式（直列、V形）、发动机的平衡以及各缸工作顺序的排列密切相关，并具有一定的规律。应尽可能使连续做功的两缸距离远些，以减少主轴承的负荷和避免相邻两缸进气门同时开启而发生抢气现象；做功间隔角尽量均匀，以使发动机运转均匀；曲拐布置应尽可能对称、均匀，以使发动机工作平衡性好。

常见的直列四缸四冲程发动机曲轴布置和工作顺序见表2-4。

表2-4 四缸四冲程发动机曲轴布置和工作顺序表（工作顺序1—3—4—2）

曲轴转角	第1缸	第2缸	第3缸	第4缸
0°~180°	做功	排气	压缩	进气
180°~360°	排气	进气	做功	压缩
360°~540°	进气	压缩	排气	做功
540°~720°	压缩	做功	进气	排气

直列四缸发动机的曲拐布置如图2-46所示。

5. 扭转减振器

为了消减曲轴的扭转振动，在发动机的前端多装有扭转减振器。常用的扭转减振器有橡胶式、摩擦式和硅油式等多种形式。

6. 飞轮

飞轮的功用是将做功行程的部分能量储存起来，以便在其他行程带动曲柄连杆机构工作；提高曲轴运转的均匀性和克服发动机短时的超负荷；将发动机的动力传给离合器。

飞轮是一个转动惯量很大的圆盘，在它的外缘上，压有一个起动用的齿圈，在发动机起动时与起动机齿轮啮合，带动曲轴旋转。为了保证在有足够转动惯量的前提下，尽可能减小飞轮质量，应使飞轮的大部分质量都集中在轮缘上，因而轮缘通常做得宽而厚。

飞轮上一般有第 1 缸点火正时标记，以便校准点火正时。各种型号发动机的正时标记有不同的形式，如图 2-47 所示。

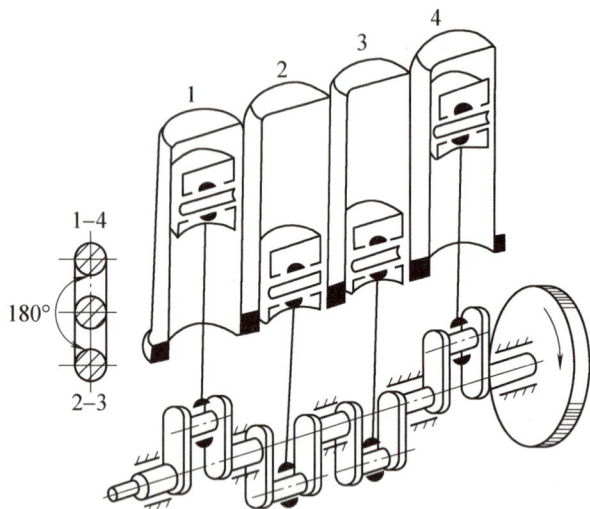

图 2-46　直列四缸发动机的曲拐布置

图 2-47　CA6102 发动机飞轮正时标记

1—飞轮壳上的标记　2—观察孔盖

3—飞轮上的标记

任务计划

通过查阅资料，分组讨论，制订检测维修计划。

工具及设备准备	SR20 发动机曲轴，常用工具、拉拔器，工具车、零件车、棉丝		
操作流程	检修项目	步　骤	操 作 要 领

任务实施

1. 曲轴带轮的拆卸

1）用 27mm 套筒扳手松开带轮紧固螺栓。

2）用拉拔器拉下带轮。

2. 曲轴的拆装

1）按先两边后中间的顺序松开主轴承螺栓。

2）用 17mm 套筒，分 2～3 次拧松主轴承螺栓，并按顺序、方向摆放整齐。

3）抬下曲轴。

4）取下第 3 道主轴承两侧的两片止动垫片。

5）按相反的顺序安装。

任务拓展

【发动机曲拐布置】

1. 直列六缸发动机曲拐布置

直列六缸发动机曲拐布置如图 2-48 所示。

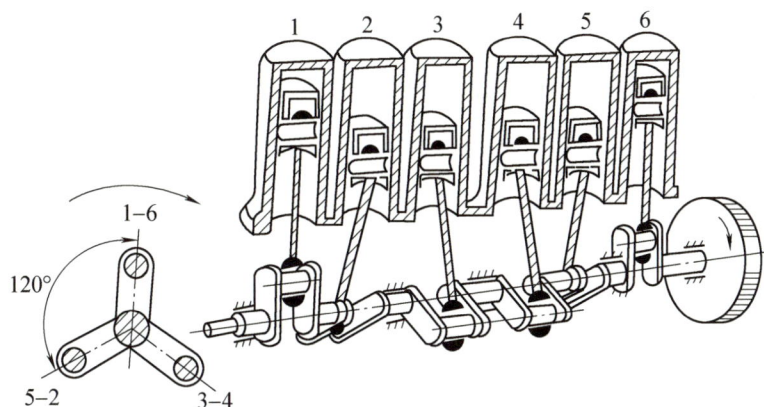

图 2-48　直列六缸发动机曲拐布置

直列六缸发动机曲拐布置

2. V 形八缸发动机曲拐布置

V 形八缸发动机曲拐布置如图 2-49 所示。

图 2-49　V 形八缸发动机曲拐布置

任务测评

按任务测评表进行任务测评。

任务测评表

评价项目		评价标准	配　分	得　分
专业知识	40分	能描述曲轴结构	10	
		能描述发动机曲拐布置方式	10	
		能描述扭转减振器作用	10	
		能描述飞轮功用	10	
任务完成情况	40分	任务完成的情况	15	
		任务完成的质量	15	
		在小组完成任务过程中所起的作用	10	
职业素养	20分	能安全、规范地操作	10	
		能与小组成员团结协作	5	
		能积极整理、清洁工位	5	
综合评议				

任务七　曲轴飞轮组检修

任务目标

1. 知识目标

熟悉曲轴飞轮组零件的耗损特点和原因；掌握曲轴飞轮组零件的检修方法。

2. 技能目标

能根据维修手册制订曲轴飞轮组零件的检修步骤；能正确检修曲轴飞轮组零件，确定修理方法。

3. 思政目标

能安全、规范地操作；能与小组成员团结协作；能积极整理、清洁工位，具有劳动意识。

任务准备

一、曲轴的检修

曲轴常见的损伤形式有轴颈磨损、弯曲变形，严重时出现裂纹，甚至断裂。

1. 曲轴裂纹的检修

曲轴裂纹一般发生在轴颈两端过渡圆角处或油孔处。前者是径向裂纹，严重时将造成曲轴断裂；后者多为轴向裂纹，沿斜置油孔的锐边轴向发展。若出现此裂纹，应予焊修或更换。

2. 曲轴变形的修理

曲轴弯曲是指主轴颈的同轴度误差大于 0.05mm。若连杆轴颈分配角误差大于 30′，则称为曲轴扭曲。应予冷压校正或更换。

3. 曲轴磨损的检查与修理

曲轴主轴颈和连杆轴颈的磨损是不均匀的，且磨损部位有一定的规律性。主轴颈和连杆轴颈最大磨损部位相互对应，而连杆轴颈的磨损部位在主轴颈一侧。且连杆轴颈的磨损比主轴颈严重。曲轴轴颈沿轴向还有锥形磨损。

曲轴轴颈磨损或轴颈的圆度、圆柱度超过极限值，均需在专用的曲轴磨床上按曲轴修理尺寸修磨轴颈。一般主轴颈和连杆轴颈应按同一级的修理尺寸磨削，以便分别选配同一级修理尺寸的轴瓦。曲轴磨削前应先确定各轴颈的修理尺寸，选配轴瓦，曲轴修理尺寸级别共有13级，曲轴主轴颈及连杆轴颈修理尺寸级差为0.25。

4. 曲轴轴向间隙的检查与调整

检查曲轴的轴向间隙时，可将百分表指针抵触在飞轮或曲轴的其他断面上，用撬棒前后撬动曲轴，百分表指针的最大摆差即为曲轴轴向间隙。也可用塞尺插入止推垫片与曲轴的承推面之间，测量曲轴的轴向间隙。

二、飞轮的检修

飞轮的主要缺陷是工作面磨损、齿圈磨损或折断。

飞轮齿圈有断齿或齿端冲击耗损，与起动机齿轮啮合困难时，更换齿圈或飞轮组件。

飞轮工作面有严重的烧灼或磨损沟槽深大于 0.50mm 时，应进行修理。必要时更换飞轮。

任务计划

通过查阅资料，分组讨论，制订检测维修计划。

工具及设备准备	SR20 发动机曲轴飞轮组零件，千分尺、百分表及表座、检测平台，工具车、零件车、棉丝、工作台		
操作流程	检 修 项 目	步　　骤	操 作 要 领

任务实施

1. 曲轴轴颈磨损的测量

曲轴轴颈的磨损可用外径千分尺测量，根据测量直径确定圆度和圆柱度。若其圆度和圆柱度超过 0.025mm 时，应按修理尺寸进行磨削，轴颈达到其使用极限时应更换曲轴。曲轴轴颈测量如图 2-50 所示，将测量结果填写在记录表中，并计算圆度和圆柱度。

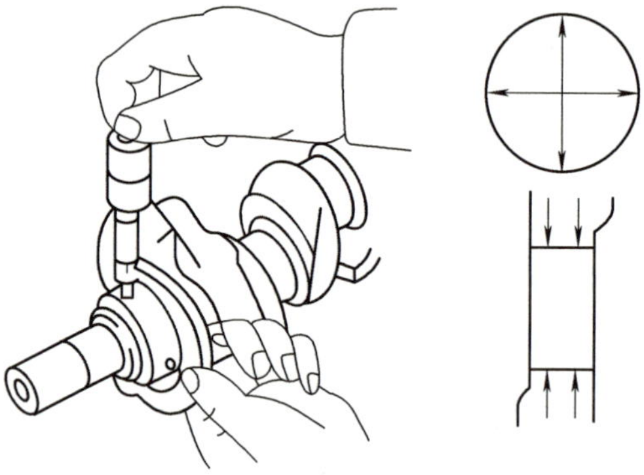

图 2-50　曲轴轴颈测量

曲轴轴颈磨损测量记录表

检 测 项 目	检 测 部 位	检 测 数 据			
		D1	D2	D3	D4
曲轴主轴颈					
主轴颈圆度误差			主轴颈圆柱度误差		
检测项目	检测部位	D1	D2	D3	D4
连杆轴颈					
连杆轴颈圆度误差			连杆轴颈圆柱度误差		
结果判定					

2. 曲轴弯曲的测量

以两端主轴颈为支承，检查曲轴中间主轴颈径向圆跳动，一般不超过 0.06mm，如大于这个数值则为曲轴弯曲，应予压力校正；低于极限，可结合磨削主轴颈予以修正，如图 2-51 所示，所测曲轴的弯曲度为_____。

3. 曲轴扭曲度的测量

用高度游标卡尺测量第一道和最后一道连杆轴颈水平位置时至平板的高度差，计算出曲轴扭曲度为＿＿＿＿＿＿＿＿＿＿。

以上所测数据与维修手册相比较，看是否合格，视情况予以修理或更换。

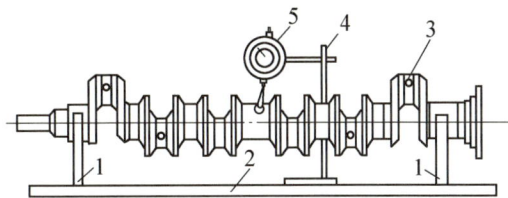

图 2-51　曲轴弯曲检测

1—V 形支架　2—平板　3—曲轴

4—百分表支架　5—百分表

任务测评

按任务测评表进行任务测评。

任务测评表

评价项目		评价标准	配　分	得　分
专业知识	40 分	能描述曲轴耗损形式	10	
		能描述曲轴弯曲特点	10	
		能描述曲轴扭曲特点	10	
		能描述曲轴轴向间隙检查方法	10	
任务完成情况	40 分	任务完成的情况	15	
		任务完成的质量	15	
		在小组完成任务过程中所起的作用	10	
职业素养	20 分	能安全、规范地操作	10	
		能与小组成员团结协作	5	
		能积极整理、清洁工位	5	
综合评议				

任务八　曲柄连杆机构故障诊断

任务目标

1. 知识目标

熟悉曲柄连杆机构故障现象；理解曲柄连杆机构故障原因；掌握曲柄连杆机构故障诊断方法。

2. 技能目标

能根据维修手册制订曲柄连杆机构故障诊断步骤；能正确诊断曲柄连杆机构故障，并排除故障。

3. 思政目标

能安全、规范地操作；能与小组成员团结协作；能积极整理、清洁工位，具有劳动意识。

任务准备

SR20 发动机、维修手册、常用拆装工具、听诊器。

任务计划

通过查阅资料，分组讨论，制订检测维修计划。

工具及设备准备	491QE 发动机，常用工具、听诊器，工具车、零件车、棉丝		
操作流程	检修项目	步　骤	操作要领

任务实施

一、主轴瓦异响故障诊断

1. 故障现象描述

1）当发动机转速突然变化时，有明显而沉重的连续"噔噔"声，并伴随气缸体产生抖动。

2）发动机的转速升高，响声增大。

3）发动机负荷变化时，响声明显。

2. 故障原因分析

1）主轴瓦或主轴颈磨损严重。

2）主轴承盖松动。

3）机油压力不足，润滑不充分。

当出现上述原因时，就会在图示部位发出"噔噔"异响，如图 2-52 所示。

3. 故障诊断步骤

1）拆下机油加注口盖，耳朵贴近机油加注口倾听，同时反复改变发动机的转速，突然加速或减速时，发动机出现明显钝哑沉重的"噔噔"响声，当用听诊器或简易听诊杆在气缸体

噔噔响

图 2-52　主轴瓦异响示意图

曲轴位置查听时，响声明显。

2）利用单缸断火法试验，响声没有变化，然后将相邻两缸断火试验，如在某两缸断火后，响声明显减弱，说明这两缸之间的主轴瓦发响。

3）使发动机高速运转，机体会产生较大的振动，机油压力偏低，说明主轴瓦间隙过大或轴承合金层脱落。

4）放尽机油，拆下油底壳后检查：

①如发现机油中和油底壳壁上有轴承合金屑粒，则说明轴承合金脱落，应更换新的主轴瓦，并检查主轴颈有无损伤。

②检查主轴承盖螺栓是否松动。如有松动，应按规定力矩拧紧。

③检测主轴瓦径向和轴向间隙。若间隙过大，应更换新主轴瓦。

二、连杆轴瓦异响故障诊断

1. 故障现象描述

1）发动机突然加速时，有连续明显的敲击声，响声较清脆、短促、坚实，且随发动机转速的升高而增大，随负荷的增加而增加。

2）这种响声在发动机温度变化时变化不大。

3）在怠速和中速运转时，可以听到"格楞"的声音。

4）断油试验，响声明显减弱。

2. 故障原因分析

1）润滑不良。轴颈和轴瓦的配合间隙不符合标准。机油牌号不对，加入普通的柴油机机油造成润滑不良，造成轴瓦的磨损加快，以致烧瓦。还有机油管路问题，出现了大量的泄漏，造成发动机烧瓦。

2）连杆大头内孔磨损，轴瓦变形，堵塞油孔，轴颈椭圆，轴瓦和轴颈接触不良。

3）轴瓦的质量或安装问题，使轴瓦变形，导致合金脱落而烧瓦。

3. 故障诊断步骤

1）逐缸断油试验。从怠速到中速，抖动节气门，响声随发动机的转速升高而增大。轻轻地抖动节气门，可以听到"格楞"的响声，而且响声在加油的瞬间突出，断油响声减小，恢复供油的瞬间响声变大。听到这种声音，即可判断为连杆轴瓦响。

2）拿掉机油加油口盖，能听到较强的"当当"敲击声。

3）车辆在运行中，加大节气门或由低速档换高速档猛加油时，听到发动机有"当当"的敲击声。

三、活塞及活塞销异响故障诊断

1. 故障现象描述

1）发动机在怠速或低速时，在气缸上部可听到尖锐、清脆的"嗒嗒"声。

2）随着发动机转速的升高，响声增大。

3）一般情况下，发动机温度升高，响声不减弱，在低速下急加速响声非常明显。

2. 故障原因分析

1）活塞销与活塞销孔配合间隙过大。

2）润滑不良造成活塞销孔磨损。

3）装配时将活塞销孔拉伤。

当出现上述原因时，就会在图示部位发出"嗒嗒"声，如图 2-53 所示。

嗒嗒响

图 2-53 活塞销异响示意图
1—小头衬套 2—连杆 3—活塞销

3. 故障诊断步骤

1）发动机怠速运转，然后由怠速向低速急抖节气门，响声能随着转速变化。若抖动节气门时，出现清脆而连贯的"嗒嗒"声，说明活塞销响。

2）将发动机稳定在响声比较明显的转速上，逐缸进行断火试验：若某缸断火后响声明显减弱或消失，且在复火的瞬间能立即出现或连续出现两个响声，说明该缸活塞销响。若响声严重，并且转速越高响声越大，断火后响声不消失且变得杂乱，说明活塞销与连杆小头衬套的配合间隙过大。应检查并更换连杆小头衬套或活塞销。

3）发动机怠速运转时，出现有节奏而较为沉重的"吭吭"声，转速升高，响声并不消失，而又出现机体抖动。若用单缸断火试验，响声反而加重，说明活塞销窜动响。可能是活塞销卡环脱落。应立即拆检，如确是卡环脱落，活塞销已将气缸壁划伤，则应更换气缸套。

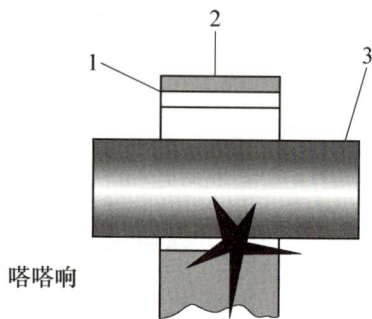

📋 任务拓展

【异响诊断方法】

振动和噪声检测是用于确定旋转机械部件故障的最常用方法。听诊已被设备维护工程师使用多年，并被证明是用于检测轴承和机器运行状况变化的简单、便捷方法，在汽车发动机异响的诊断方面应用最广。

传统的听诊方法包括使用改锥、听棒（铜棒）等。现在，听诊器已成为企业设备巡检员/点检员、维护工程师使用的最常见的基本检测仪器之一，如图 2-54 所示。

发动机异响的听诊是判断发动机故障最简单方便、最常用的一种方法。它不需要对发动机解体，只是借助人耳或简单的工具即能判断发动机技术状况的好坏。下面就

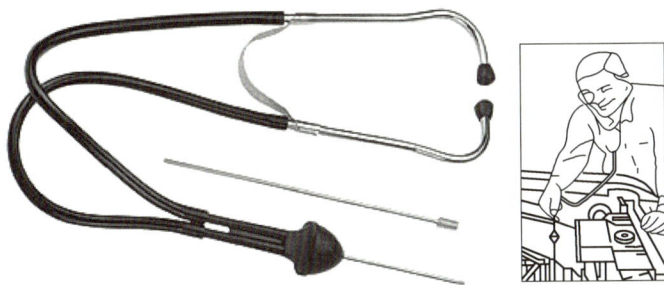

图 2-54　汽车专用听诊器

是怎样用听诊法来判断发动机的故障。

1. 利用温度变化诊断异响

有些配合副热膨胀系数较大，其发出的异响与发动机的温度有关，如活塞销敲缸响，活塞销撞击声在温度低时出现，温度升高后会减弱或消失。而活塞销圆度过低、活塞环间隙过小等引起的异响在温度升高后出现，温度低时会减弱或消失。热膨胀系数小的配合副如曲轴连杆轴承、气门等与发动机温度无关。

2. 利用发动机转速变化诊断异响

许多异响与发动机转速有很大关系。有些异响在急加速时出现，如曲轴主轴承响、连杆轴承响等。有些异响则在发动机急加速时明显，如活塞销衬套松旷、曲轴折断等引起的异响。还有些异响在低速运转时出现，转速升高时即减弱或消失，如活塞敲缸响、活塞销响、气门挺杆响等。故可通过这些异响与转速的变化关系加以判断。

3. 利用发动机负荷变化诊断异响

发动机运转中许多异响与发动机负荷有关。因此可以根据负荷变化来诊断此类异响。常用单缸断火法或邻缸同时断火法加以判断，如活塞敲缸响、连杆轴承松旷引起的异响。当该缸断火时，异响会减弱或消失。而活塞销铜套松旷引起的异响在该缸断火时会加重。又如曲轴轴承松旷引起的异响在相邻缸同时断火时会减弱或消失。另外有个别异响与负荷无关，如气门响、凸轮轴轴承响和正时齿轮响。通常我们的重型载重汽车都是超重负荷在行驶，可以通过这种方法来进行诊断。

4. 利用异响音调的高低与强弱诊断异响

发动机在工作中因不同机件、不同部位和不同工况异响的声源产生的振动是不同的，因而发出的异响在音调、音高、音频、音强、出现的位置等方面均不同。利用这些异响的特点和规律，在一定诊断条件下即可将发动机的异响诊断出来。此方法需要长时间的经验积累，同时还要配合其他方法加以确认。

5. 利用异响的音质和节奏来诊断异响

有节奏的音质：活塞销响是非常尖锐、清脆的，音调较高且有明显的金属敲击声，是双连声，而且有轻有重；曲轴轴承的响声发生在气缸体的下部，发出的是沉重、结实而带钝亚并伴有振动的响声，且发动机负荷越大，响声越明显，转速越快，响声越大。

6. 利用发动机工作循环诊断异响

发动机各机构产生的异响，有时与发动机工作循环有明显的联系，如活塞与缸壁间隙过大所引起的敲击声。发动机附件故障引起的异响多半与工作循环无关，一般为间隙的响声，如空气压缩机、发电机、曲轴传动带轮、水泵、发电机等损坏引起的敲击声。

7. 利用断火方法诊断异响部位

断火就是停止所试气缸工作，解除该缸负荷。这样会使不工作气缸的有关部位产生的相互撞击减轻，异响也会减小甚至消失。

8. 利用点火提前或延迟诊断异响

因点火提前或延迟对曲柄连杆机构的异响有反应，但对气门机构响声无反应，利用这种做法对诊断曲柄连杆机构异响有帮助。

任务测评

按任务测评表进行任务测评。

任务测评表

评价项目		评价标准	配分	得分
专业知识	40分	能描述主轴瓦异响特点	10	
		能描述连杆轴瓦异响特点	10	
		能描述活塞及活塞销异响特点	10	
		能说出异响诊断方法	10	
任务完成情况	40分	任务完成的情况	15	
		任务完成的质量	15	
		在小组完成任务过程中所起的作用	10	
职业素养	20分	能安全、规范地操作	10	
		能与小组成员团结协作	5	
		能积极整理、清洁工位	5	
综合评议				

项 目 回 顾

本项目介绍了曲柄连杆机构的组成和功用、各组成零件的结构和装配关系，及其各零部件的检测和修理方法，要求学生能正确、熟练地运用工具和量具进行拆装和测量。在拆装和检修的过程当中，规范操作流程，培养学生安全意识；小组合作探究，培养学生团队协作能力；准确检测数据，培养学生精益求精的工匠精神；整理清洁工位，培养学生环保意识和劳动精神。

项 目 练 习

一、判断题

1. 往复惯性力在上半行程向上，在下半行程向下。 （ ）

2. 干式气缸套不直接与冷却液接触。 （ ）

3. 活塞与气缸壁间隙过大容易造成拉缸。 （ ）

4. 活塞裙部膨胀槽一般开在受侧压力较大的一面。 （ ）

5. 采用双金属活塞的目的是为了提高活塞刚度。 （ ）

6. 活塞环的端隙是活塞在冷状态下装入气缸后开口处的间隙。 （ ）

7. 全支承曲轴的主轴颈数比连杆轴颈数多一个。 （ ）

8. 连杆常见的损伤有变形、连杆衬套磨损。 （ ）

9. 气缸最大磨损部位是活塞位于上止点时第一道活塞环所对应的部位。 （ ）

10. 只要飞轮与飞轮壳体上的记号对准时，第 1 缸活塞一定处于压缩上止点。 （ ）

二、选择题

1. 曲柄连杆机构零件工作时所受的力主要有（   ）。

    A. 气体作用力   B. 运动质量的惯性力

    C. 旋转运动件的离心力   D. 相对运动件的摩擦力

2. 龙门式曲轴箱的特点是（   ）。

    A. 曲轴轴线高于缸体下平面   B. 曲轴轴线低于缸体下平面

    C. 曲轴轴线与缸体下平面在同一平面上   D. 没有任何关系

3. 安装缸盖螺栓时应按（   ）。

    A. 由中央向四周   B. 由四周向中央

    C. 分次、逐步地以规定扭力拧紧   D. 一次拧紧即可

4. 活塞大多采用铝合金材料的原因是铝合金具有（   ）。

    A. 质量小   B. 导热性好

    C. 热膨胀系数大   D. 强度高

5. 扭曲环正确的安装方向是（   ）。

    A. 外切口向上，内切口向下   B. 外切口向上，内切口向上

    C. 外切口向下，内切口向下   D. 外切口向下，内切口向上

6. 活塞的最大磨损部位是（　　　）。

    A. 头部　　　　　　　　B. 裙部　　　　　　　　C. 顶部　　　　　　　　D. 环槽

7. 曲轴设置平衡重的目的是（　　　）。

    A. 平衡离心力及力矩　　　　　　　　B. 平衡往复惯性力

    C. 平衡气体力　　　　　　　　　　　D. 增加强度

8. 测量气缸直径时，当量缸表指示到（　　）时，即表示测杆垂直于气缸轴线。

    A. 最大读数　　　　　　　　　　　　B. 最小读数

    C. 中间值读数　　　　　　　　　　　D. 任意读数

三、思考题

1. 汽修厂如何对缸套进行正确的鉴定？

2. 发动机缸体镶入缸套有何优点？什么是干式缸套？什么是湿式缸套？

3. 活塞裙部的横槽和竖槽分别起什么作用？

4. 连杆大头的定位方式有哪些？

5. 曲轴为什么要进行轴向定位？怎样定位？

6. 什么是全浮式活塞销和半浮式活塞销？

7. 如何正确拆装曲柄连杆机构？

8. 曲轴的扭转减振器有何作用？

9. 飞轮的功用是什么？

10. 气缸的磨损规律是什么？

11. 油环和气环的作用分别是什么？

12. 画工作顺序为 1-2-4-3 的四缸四冲程发动机工作循环表。

13. 安装缸盖螺栓应注意哪些问题？

14. 安装气缸垫应注意什么？举例说明。

15. 描述常温下活塞裙部的形状。

四、技能点

1. 简述曲柄连杆机构的组成及其所起作用，并介绍其具体组成。

2. 简述曲柄连杆机构的工作过程。

3. 拆装机体组。

4. 拆装活塞连杆组。

5. 测量曲轴弯曲、扭曲。

6. 测量气缸的圆度、圆柱度。

7. 测量气缸体上平面的平面度。

8. 测量活塞环三隙。

项目三　配气机构维修

项目描述

一辆日产轿车在行车过程中出现冒黑烟、加速无力、怠速不稳、油耗增加等现象，进厂经检测后确定需进行发动机大修，已完成了曲柄连杆机构的维修，接下来要对配气机构进行维修。

项目分析

作为一名修理工，如何完成配气机构的维修呢？首先分析配气机构的组成，配气机构包括气门组和气门传动组两部分，按照维修手册要求，对每部分进行拆解、检测、维修，恢复其技术状态。

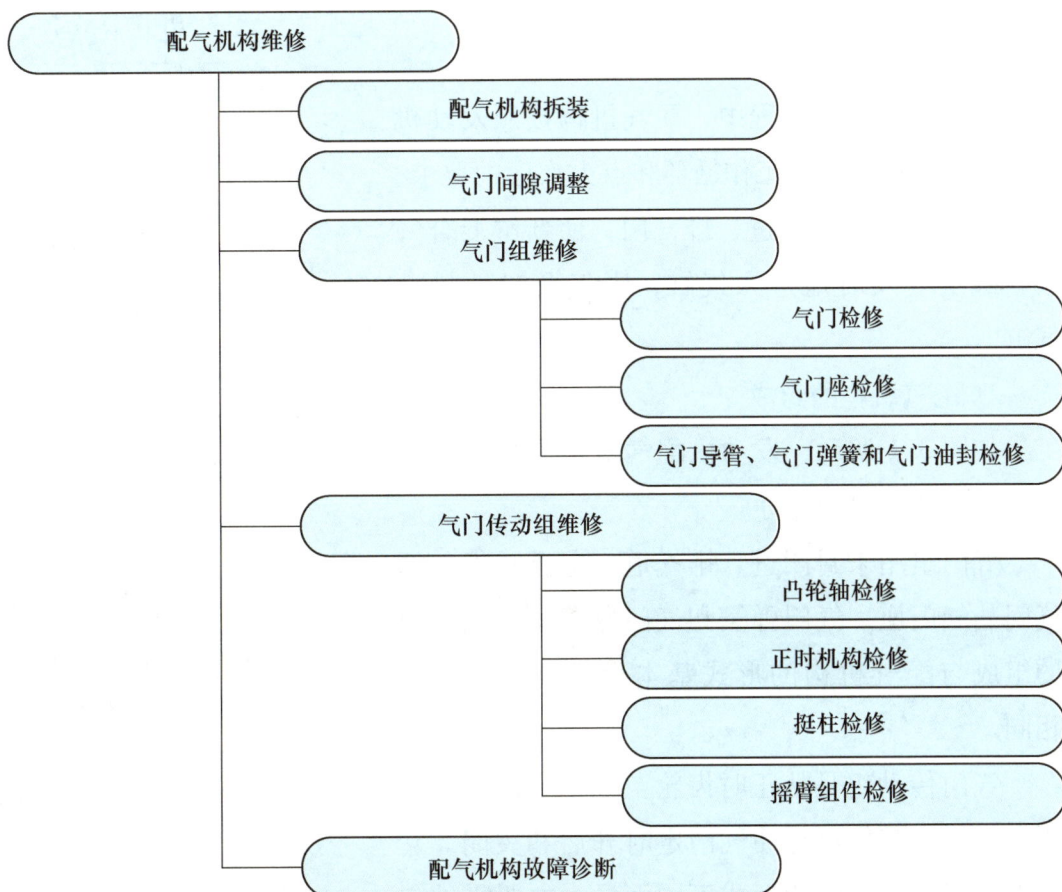

```
配气机构维修
├── 配气机构拆装
├── 气门间隙调整
├── 气门组维修
│   ├── 气门检修
│   ├── 气门座检修
│   └── 气门导管、气门弹簧和气门油封检修
├── 气门传动组维修
│   ├── 凸轮轴检修
│   ├── 正时机构检修
│   ├── 挺柱检修
│   └── 摇臂组件检修
└── 配气机构故障诊断
```

任务一　配气机构拆装

任务目标

1. 知识目标

熟悉配气机构的组成；掌握配气机构的拆装方法；掌握配气机构的工作过程。

2. 技能目标

能根据维修手册制订配气机构的拆装步骤；能正确拆装配气机构；能指认配气机构各部分名称，描述其功用。

3. 思政目标

能安全、规范地操作；能与小组成员团结协作；能积极整理、清洁工位，具有劳动意识。

任务准备

一、配气机构的作用和组成

1. 配气机构的作用

在发动机工作过程中，配气机构按照发动机每一气缸内所进行的工作循环和点火次序的要求，开启和关闭各气缸的进、排气门，使新鲜混合气或新鲜空气及时地进入气缸，废气及时地排出气缸。

2. 配气机构的组成

如图3-1所示，发动机配气机构可分成气门组和气门传动组两部分。

气门组用来封闭进、排气道，主要零件包括气门、气门座、气门弹簧和气门导管等。气门组的组成与配气机构的形式基本无关，结构大致相同。

气门传动组是从正时齿轮至推动气门动作的所有零件。其作用是使气门定时开启和关闭。它的组成视配气机构的形式不同而异，主要零件包

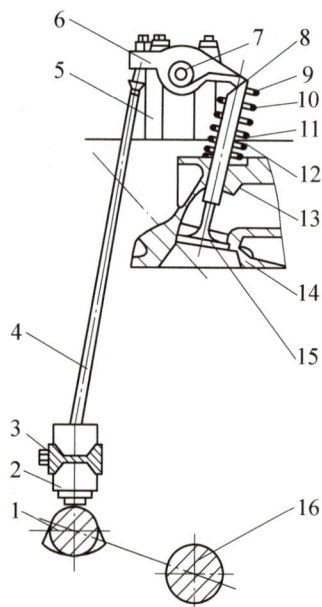

图3-1　配气机构的基本组成

1—凸轮轴　2—挺杆　3—挺杆导向体
4—推杆　5—摇臂轴承座　6—摇臂
7—摇臂轴　8—气门弹簧座　9—气门
间隙　10—锁片　11—气门油封
12—气门弹簧　13—导管　14—气
门座　15—气门　16—曲轴

括正时齿轮（正时链轮和链条或正时带轮和传动带）、凸轮轴、挺杆、推杆、摇臂轴和摇臂等。

二、配气机构的工作过程

如图3-2所示，发动机工作时，曲轴动力传给正时齿轮，正时齿轮带动凸轮轴旋转，当发动机需要进行进排气行程时，凸轮凸起部分通过挺柱、推杆推动摇臂摆转，使得摇臂的另一端向下推开气门，并压缩气门弹簧。当凸轮凸起部分转过挺柱后，凸轮对挺柱的推力减小，气门在弹簧张力下逐渐关闭，凸轮凸起部分离开挺柱时，气门在气门弹簧的作用下完全关闭。

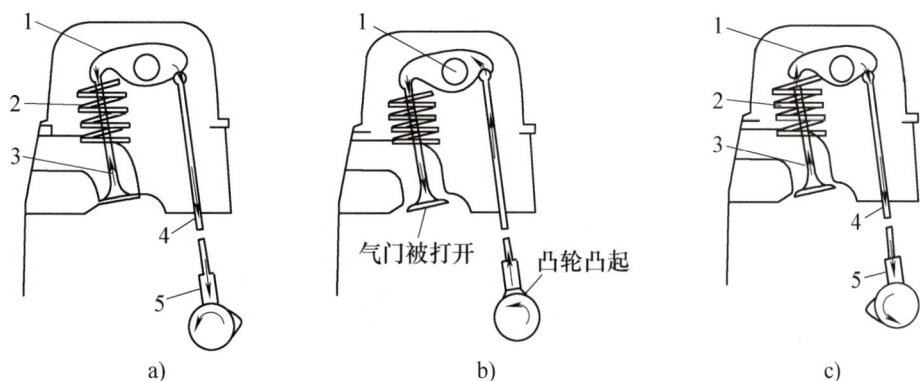

图3-2 配气机构的工作过程

a）气门关闭　b）气门打开　c）气门关闭

1—摇臂　2—气门弹簧　3—气门　4—推杆　5—凸轮

三、配气机构的分类

发动机配气机构形式多种多样，其主要区别是气门布置形式和数量、凸轮轴布置形式和驱动方式。

1. 按气门布置形式分类

按气门布置形式的不同可分为侧置气门和顶置气门。其中顶置气门应用最广泛，侧置气门已被淘汰，如图3-3所示。

一般发动机都采用每缸两气门，即一个进气门和一个排气门的结构，如图3-4所示。为了进一步提高气缸的换气性能，许多中、高级轿车的发动机上普遍采用每缸多气门结构，如三气门、四气门、五气门等，图3-5～图3-7所示为不同气门的结构。

气门数目的增加，使发动机的进、排气通道的断面面积大大增加，提高充气效率，改善了发动机的动力性能。

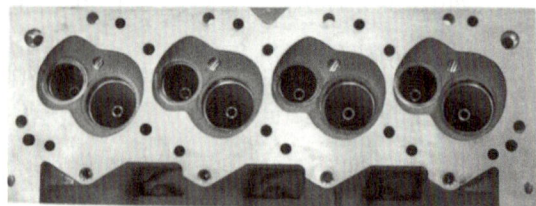

图 3-3　顶置气门式配气机构

图 3-4　两气门

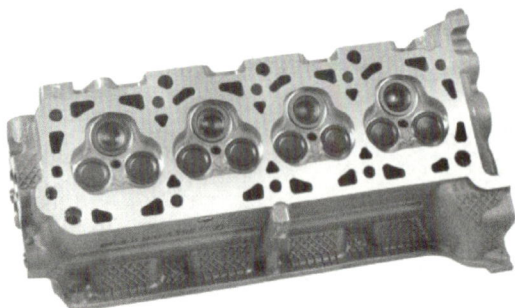

图 3-5　三气门

图 3-6　四气门

2. 按凸轮轴布置形式分类

（1）凸轮轴下置式　大多数货车和大中型客车发动机都采用凸轮轴下置式这种结构形式，如图 3-8 所示。

图 3-7　五气门

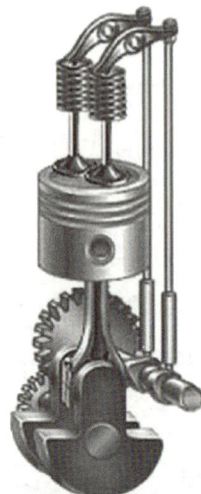

图 3-8　凸轮轴下置式配气机构

凸轮轴下置式的结构特点是凸轮轴平行布置在曲轴一侧，位于气门组下方，配气机构的工作通过曲轴和凸轮轴之间的一对正时齿轮将曲轴的动力传给凸轮轴。

（2）凸轮轴上置式　现代轿车使用的高速发动机大多采用凸轮轴上置式的结构形式，如图3-9所示。

凸轮轴仍与曲轴平行布置，但位于气门组上方，凸轮轴通过摇臂直接驱动气门开启和关闭，省去了推杆，使往复运动质量大大减小。此种布置使凸轮轴距离曲轴较远，因此，不方便使用齿轮传动，现多采用同步齿形胶带传动或链条传动。

（3）凸轮轴中置式　一些速度较高的柴油机将凸轮轴位置抬高到缸体上部，如图3-10所示。

图 3-9　凸轮轴上置式配气机构　　　　图 3-10　凸轮轴中置式配气机构

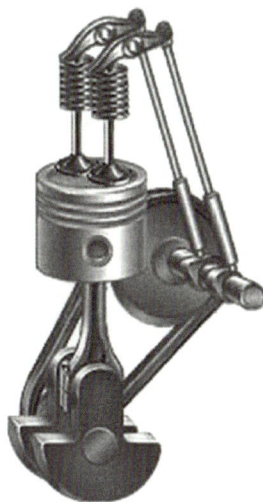

任务计划

通过查阅资料，分组讨论，制订检测维修计划。

工具及设备准备	SR20 发动机，拆装工具、气门弹簧拆装器，工具车、零件车、棉丝、工作台		
操作流程	检 修 项 目	步　　骤	操 作 要 领

任务实施

1. 配气机构拆卸

1）拆下气门室罩盖，注意螺栓下有胶垫，如图3-11所示。

2）摇转曲轴，当曲轴记号对齐正时记号时为第1缸上止点。

3）拆下链条张紧器。

4）拆下凸轮轴润滑油管，取下凸轮轴轴承盖，注意先松两端螺栓再松中间螺栓（图3-12），取下进、排气凸轮轴，注意观察凸轮轴正时链轮上的正时记号。

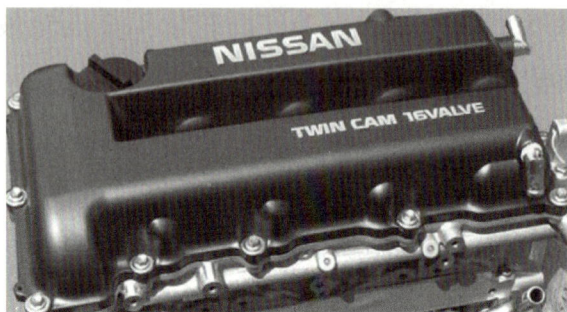

图3-11 气门室罩盖

图3-12 凸轮轴轴承盖螺栓拆卸顺序

5）按顺序取下摇臂，摆放好，将气门垫块取下放好，记准带凹槽气门垫块的安装位置。

6）取下液压挺柱。

7）拆下气缸盖后，用专用工具（图3-13）压下气门弹簧，拆下气门弹簧锁片后，取下气门弹簧上座、气门弹簧、气门杆油封、气门等。

8）拆下发动机带轮和前端盖后，取下正时链条，注意观察链条的正时标记，一个黄色链节和两个黑色链节，并核对曲轴正时链轮上的记号，如图3-14所示。

图3-13 气门弹簧拆装专用工具

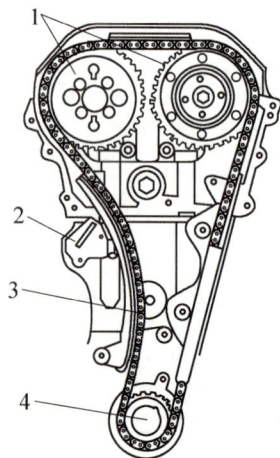

图3-14 配气机构总体图

1—凸轮轴正时链条 2—张紧器

3—正时链条 4—曲轴正时链轮

SR20 发动机配气机构主要连接件拧紧力矩表

连接件名称	拧紧力矩/（N·m）
凸轮轴轴承盖螺栓	8~10
张紧器固定螺母	6~8
正时链轮室盖螺栓	80~100
带轮螺栓	142~152
凸轮轴正时齿轮	137~157
护链板	13~20

2. 配气机构装配

1）安装进排气门、气门弹簧、弹簧座，用专用工具压下气门弹簧，装上气门弹簧锁片。按要求安装好气缸盖。

2）将气门垫块摆放在气门杆尾部，将摇臂放在气门垫块上，注意带槽的气门垫块要与摇臂的凸起部分相吻合。

3）将进排气凸轮正确地放入凸轮轴轴承座上（图3-15），放前需将轴承座处及凸轮上涂机油，然后将轴承盖按记号和方向安装到凸轮轴轴承座上，拧紧螺栓。

4）正时链条必须按正时记号装好，方法如下：

① 转动曲轴，使第1缸处于上止点。

② 将第1缸进、排气凸轮转到外八字状态。

③ 将链条上的黄色链节对准曲轴链轮记号，将两个黑色链节分别对准进、排气凸轮上的标记（图3-16），装上链条。

图 3-15　凸轮轴轴承孔

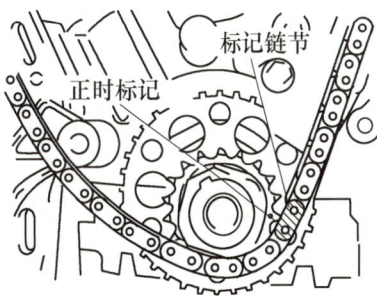

图 3-16　曲轴正时链轮与凸轮轴正时链轮和链条的正时链节

④ 将链条上涂以机油，按记号和顺序装好进排气凸轮轴的轴承盖，将螺栓以规定

力矩分两次拧紧，转动曲轴，配气凸轮轴应转动灵活。

5）安装链条张紧器，先将张紧器压缩用锁钩定位，装入并固定，转动曲轴使张紧器锁钩松开顶住链条托链板。

6）装上正时链轮室盖。

注意事项

配气机构的工作必须严格按照配气相位进行，拆装配气机构时有严格的位置要求，并按一定的装配关系进行。

1）按照先附件后主体、由外向内的顺序拆卸，注意零件的先后拆装顺序。

2）上置式凸轮轴拆下凸轮轴轴承盖时按顺序排列或打上装配记号，不得错乱。

3）取出液压挺柱按顺序排列。

4）装配前必须对零件进行清洗、检验和必要的润滑。

5）气门组件、液压挺柱、凸轮轴轴承盖等必须按原位装入，不得装错。

6）各紧固件必须按规定的顺序和力矩拧紧。

7）安装正时链条时，必须对正正时记号，并检查张紧力。

任务测评

按任务测评表进行任务测评。

任务测评表

评价项目		评价标准	配分	得分
专业知识	40分	能描述配气机构作用	10	
		能描述配气机构组成	10	
		能描述配气机构种类	10	
		能说出配气机构工作过程	10	
任务完成情况	40分	任务完成的情况	15	
		任务完成的质量	15	
		在小组完成任务过程中所起的作用	10	
职业素养	20分	能安全、规范地操作	10	
		能与小组成员团结协作	5	
		能积极整理、清洁工位	5	
综合评议				

任务二　气门间隙调整

任务目标

1. 知识目标

了解配气相位；掌握气门间隙的定义和重要意义；掌握气门间隙的调整方法。

2. 技能目标

能根据维修手册制订气门间隙的检查调整步骤；能正确检查调整气门间隙。

3. 思政目标

能安全、规范地操作；能与小组成员团结协作；能积极整理、清洁工位，具有劳动意识。

任务准备

一、配气相位

用曲轴转角表示气门开启与关闭时刻和开启的持续时间，称为配气相位。

用曲轴转角表示配气相位的环形图，称为配气相位图，如图 3-17 所示。

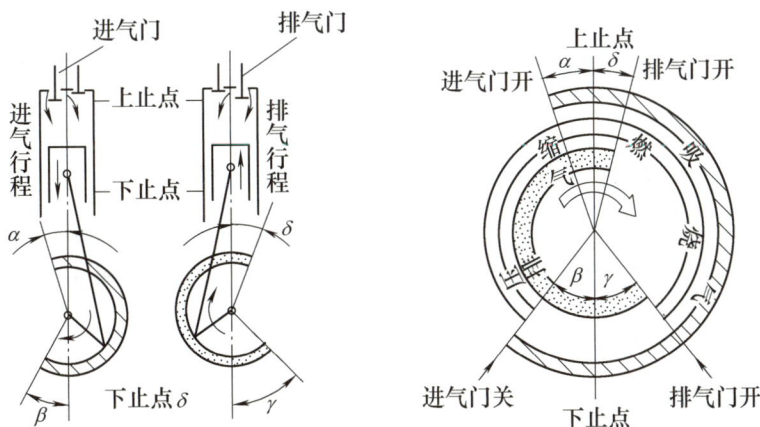

图 3-17　配气相位图

配气相位由气门正时机构来保障，从配气相位图上可以直接看出进排气门开启的曲轴转角。

1. 进气提前角

在排气行程接近终了时，活塞到达上止点之前，进气门便开始开启。从进气门开始开启到上止点所对应的曲轴转角称为进气提前角，用 α 表示。一般 α 值在 $10°\sim30°$

范围内。进气门早开，使得活塞到达上止点开始向下移动时，进气门已有一定开度，所以可较快地获得较大的进气通道截面，减小进气阻力。

2. 进气迟闭角

在进气行程到达下止点时，进气门并未关闭，而是在活塞上行一段距离后才关闭。从下止点至进气门完全关闭所对应的曲轴转角称为进气迟闭角，用 β 表示。一般 β 值在40°~80°范围内。活塞到达下止点时，气缸内的压力仍低于大气压力，且气流还有相当大的惯性，适当延迟关闭进气门，可利用压力差和气流惯性继续进气。进气门开启持续时间所对应的曲轴转角，即进气持续角为 $\alpha + 180° + \beta$，约为230°~290°。

3. 排气提前角

在做功行程的后期，活塞到达下止点前，排气门便开始开启。从排气门开始开启到活塞到达下止点时所对应的曲轴转角称为排气提前角，用 γ 表示。一般 γ 值在40°~80°范围内。做功行程接近结束时，气缸内的压力约为 $0.3 \sim 0.5 MPa$，做功作用已经不大，此时提前打开排气门，高温废气迅速排出，减小活塞上行排气时的阻力，减少排气时的功率损失。高温废气提早迅速排出，还可防止发动机过热。

4. 排气迟闭角

排气门是在活塞到达上止点后，又开始下行一段距离后才关闭的。从上止点到排气门完全关闭所对应的曲轴转角称为排气迟闭角，用 δ 表示。一般 δ 数值在10°~30°范围内。活塞到达上止点时，气缸内的压力仍高于大气压，由于气流有一定的惯性，排气门适当延迟关闭可使废气排得更干净。排气门开启持续时间所对应的曲轴转角，即排气持续角为 $\gamma + 180 + \delta$，约为230°~290°。

5. 气门叠开与气门叠开角

由于进气门早开和排气门晚关，在活塞位于排气上止点附近，出现一段进、排气门同时开启的现象，称为气门叠开。同时开启的角度，即进气门提前角 α 与排气门迟后角 δ 之和称为气门重叠角。气门叠开时气门的开度很小，且新鲜气流和废气流有各自的惯性，在短时间内不会改变流向，适当的叠开角，不会出现废气倒流进气道和新鲜气体随废气排出的现象。相反，进入气缸内部的新鲜气体可增加气缸内的气体压力，有利于废气的排出。

6. 充气效率

充气效率是实际进入气缸的空气质量与标准状态下充满气缸工作容积的空气质量的比值。

充气效率反映进气过程的完善程度，每循环进入气缸的充气量越多，发动机的功率和转矩越大，动力性越好。

二、气门间隙

在发动机工作中，气门及其传动件将因温度升高而膨胀。如果气门及其传动件之间，在冷态时无间隙或间隙过小，则在热态下，气门及其传动件受热膨胀会引起气门关闭不严，造成发动机在压缩和做功行程中的漏气，使发动机功率下降。

为了消除上述现象，通常在发动机冷态装配时，在气门及其传动机构中留有适当的间隙，以补偿气门受热后的膨胀量。

如果间隙过小，发动机在热态下可能发生漏气，导致功率下降甚至气门烧坏。

如果间隙过大，则使传动零件之间以及气门和气门座之间产生撞击、响声而加速磨损，同时也会使气门开启的持续时间减少，气缸的充气及排气情况变坏。

发动机冷态时，气门与传动件之间的间隙称为气门间隙，如图3-18所示，常见发动机的气门间隙数值见表3-1。

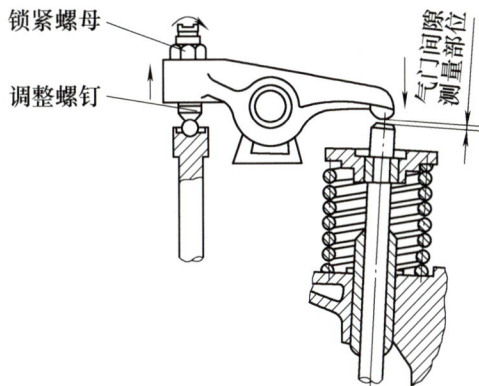

图 3-18　气门间隙

表3-1　常见发动机的气门间隙数值　　　　　　（单位：mm）

发动机型号	气门间隙（冷）		气门间隙（热）		凸轮轴 轴向间隙	减压机构间隙 （气门打开）
	进	排	进	排		
S195	0.35	0.45				
295	0.35 ~ 0.4	0.4 ~ 0.45			0.12 ~ 0.34	1 ~ 1.5
495	0.4	0.45	0.35	0.4	0.08 ~ 0.26	1.0
485	0.25 ~ 0.3	0.16 ~ 0.2			0.075 ~ 0.165	0.6
4115T	0.3	0.35			0.25	
4125A	0.3	0.35	0.25	0.3	0.25	0.75 ~ 1.5
CA1091	0.25	0.25	0.2	0.2	0.08 ~ 0.21	
BJ492Q	0.2 ~ 0.25	0.2 ~ 0.25				

任务计划

通过查阅资料，分组讨论，制订检测维修计划。

工具及设备准备	CA1092汽车，千分尺、螺钉旋具、呆扳手，工具车、零件车、棉丝		
操作流程	检修项目	步　骤	操作要领

任务实施

1. 逐缸调整法调整气门间隙

1）拆下气门室盖。

2）摇转曲轴，找到第1缸压缩上止点位置。

3）检查1缸进、排气门的气门间隙。将塞尺插入摇臂与气门杆端部之间进行间隙检查，和维修手册规定值比较。

> 6 种状态下气门间隙不能调：
>
> 正在进气，则进气门不能调
>
> 正在排气，则排气门不能调
>
> 将要进气，则进气门不能调
>
> 将要排气，则排气门不能调
>
> 刚进完气，则进气门不能调
>
> 刚排完气，则排气门不能调

4）间隙不符时，松开锁紧螺母，用螺钉旋具拧出或拧入调整螺钉，在气门杆与摇臂间插入厚度与气门间隙相等的塞尺，边拧入调整螺钉，边来回抽动塞尺，至塞尺能抽动又有阻力时，锁紧螺母直到间隙合适为止，如图3-19所示。拧紧锁紧螺母，复查间隙。

5）按工作顺序，摇转曲轴120°，使下一缸处于压缩上止点位置，检查调整该缸进、排气门间隙。

2. 两次调整法调整气门间隙

1）摇转曲轴使1缸处于压缩上止点。

2）根据发动机工作顺序和"双排不进"口诀，判断出完全关闭的气门，然后调整这些气门间隙。

工作顺序为1—5—3—6—2—4的6缸发动机，可调气门如下：

第1缸处于压缩上止点时，第1缸进、排气门均关闭，"双"气门可调；

第5缸处于压缩行程，第3缸处于进气行程，排气门全闭，"排"气门可调；

第6缸处于排气上止点，进、排气门均开启，进、排气门均"不"可调；

第2缸处于排气行程，第4缸处于做功行程，进气门全闭，"进"气门可调；

简单易记的方法是"双、排、不、进"，第1缸压缩上止点时可调气门，如图3-20所示。

3）摇转曲轴360°，使第6缸处于压缩上止点。按"双排不进"来判别气门的可调性，调整剩下的气门间隙。

4）最后复查一次。

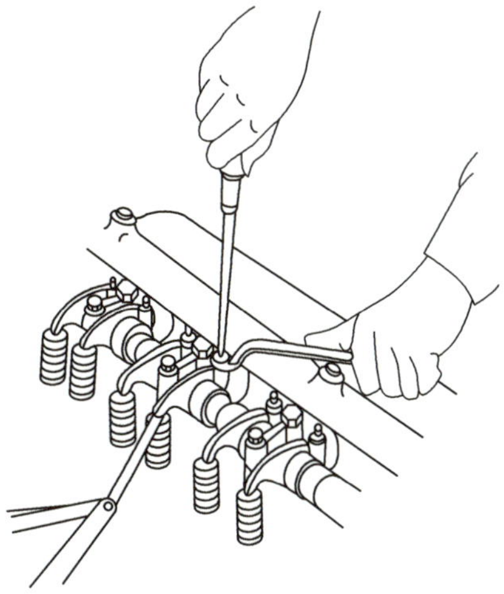

图 3-19 气门间隙调整

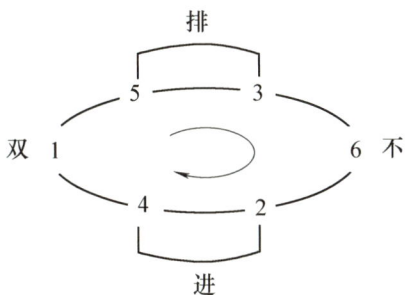

图 3-20 用双排不进确定可调气门的环形图

3. 注意事项

1）注意对正上止点记号。

2）注意塞尺松紧的把握。

3）注意调整螺钉锁紧螺母的力矩要求。

4）根据汽车生产厂家的技术要求和规定调整。

5）各缸气门间隙要调整一致，以免发动机在工作中运转不平衡。

6）气门间隙调整时，所调气门应在完全关闭状态下。

7）调整前注意检查摇臂头工作面，工作面磨损出凹坑时应更换新件。

任务测评

按任务测评表进行任务测评。

任务测评表

评 价 项 目		评 价 标 准	配 分	得 分
专业知识	40 分	能理解配气相位定义	10	
		能描述配气相位内容	10	
		能描述配气相位作用	10	
		能说出气门间隙作用	10	
任务完成情况	40 分	任务完成的情况	15	
		任务完成的质量	15	
		在小组完成任务过程中所起的作用	10	
职业素养	20 分	能安全、规范地操作	10	
		能与小组成员团结协作	5	
		能积极整理、清洁工位	5	
综合评议				

任务三 气门检修

任务目标

1. 知识目标

掌握气门组的结构和工作过程；理解气门的功用和结构特点；掌握气门的耗损形式和检修方法。

2. 技能目标

能根据维修手册制订气门的检修步骤；能正确检修气门，判断其技术状态，确定修理方法。

3. 思政目标

能安全、规范地操作；能与小组成员团结协作；能积极整理、清洁工位，具有劳动意识。

任务准备

气门组由气门、气门座、气门导管、气门弹簧、弹簧座、锁片和气门油封等组成，如图3-21所示。

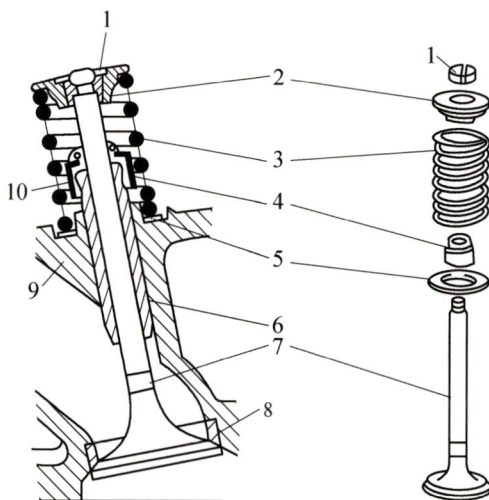

图3-21 气门组零件

1—气门锁片 2—气门弹簧座 3—气门弹簧 4、10—气门油封
5—气门弹簧垫 6—气门导管 7—气门 8—气门座 9—气缸盖

一、气门的功用

气门是在发动机工作过程中密封燃烧室和控制发动机气体交换的精密零件，是保

证内燃机动力性能、经济性能、可靠性和耐久性的重要部分。

气门按其功能可分为进气门和排气门两种。气门安装在气缸盖上的气门座中，可燃混合气或空气的进口称作进气门，燃烧后的废气的出口称作排气门。

气门的工作条件恶劣，进气门的工作温度可达600℃，排气门的工作温度可达800℃。气门的受力情况较为复杂。进气门主要承受反复冲击的机械负荷，排气门除受反复冲击的机械负荷外，还受高温氧化性气体的腐蚀以及热应力的作用。

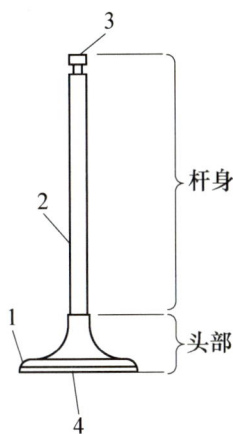

图 3-22　气门的结构
1—气门密封锥面　2—气门杆
3—气门杆端面　4—气门顶

二、气门的结构

发动机进气门头部直径大于排气门头部直径，进气门采用普通合金钢，而排气门采用耐热合金钢。气门都是由头部和杆身两部分组成的，如图 3-22 所示。

1. 气门头部

气门头部由顶部和密封锥面组成。

（1）气门顶部　气门顶部的 3 种形式如图 3-23 所示。

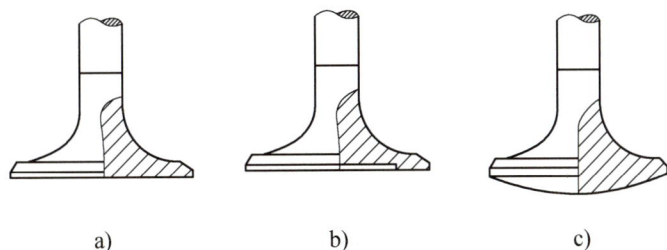

图 3-23　气门顶部的 3 种形式
a）平顶　b）凹顶　c）凸顶

1）平顶气门结构简单，制造容易，吸热面积较小，质量小。多数发动机的进、排气门均采用此结构。

2）凹顶气门的顶部与杆部的过渡部分具有一定的流线型，所以气流流通较顺利，可减小进气阻力，但是顶部受热面积较大，故多用于进气门，而不宜用于排气门。

3）凸顶气门的顶气强度高，排气阻力小，废气清除效果好，适于做排气门。

（2）气门密封锥面　气门头部与气门座圈接触的工作面，是与气门杆部同一中心线的锥面，一般将这一锥面与气门顶部平面的夹角称为气门锥角，如图 3-24 所示，通常为 45°，也有的发动机采用 30°。

2. 气门杆身

气门杆身与气门导管配合，为气门开启与关闭过程中的上下运动导向。气门杆身为圆柱形，发动机工作时，气门杆身在气门导管中不断上下往复运动，而且润滑条件极为恶劣。因此，要求气门杆身与气门导管有一定的配合精度和耐磨性，气门杆身表面都经过热处理和磨光，气门杆身与头部之间的过渡应尽量圆滑，不但可以减小应力集中，还可以减小气流阻力。

气门杆的尾部用以固定气门弹簧座，其结构随弹簧座的固定方式不同而异。常见的是锥形锁片式，如图 3-25 所示。

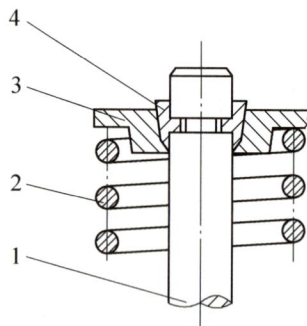

图 3-24　气门密封锥面

a—气门顶厚度　b—密封环带宽度

c—气门头沉入深度　α—密封面锥角

图 3-25　气门杆尾部弹簧座固定方式

1—气门杆　2—气门弹簧　3—气门弹簧座　4—锁片

任务计划

通过查阅资料，分组讨论，制订检测维修计划。

工具及设备准备	SR20 发动机，千分尺、游标卡尺、检测平台、V 形架、百分表及表座，工具车、零件车、棉丝、工作台		
操作流程	检修项目	步　骤	操作要领

任务实施

一、技术要求

1）气门头圆柱面高度，进气门不小于 0.6mm，排气门不小于 1.0mm。

2）气门杆直径的磨损极限不大于0.08mm。

3）气门杆与导管的配合间隙标准值，进气门为0.03~0.10mm，排气门为0.05~0.10mm。其使用极限汽油机为0.2mm，柴油机为0.25mm。

4）气门锥面工作面宽度标准值，汽油机进气门为1.2~2.0mm，排气门为1.5~2.3mm。使用极限进气门为2.5mm，排气门为3.0mm。柴油机进气门为2~2.5mm，排气门为2.5~3.0mm；使用极限进气门为3.0mm，排气门为3.5mm。

5）气门杆直线度误差大于0.05mm。

☆气门漏气原因

- 气门、气门座密封不严
- 气门座积炭过多
- 气门和导管卡滞
- 气门弹簧弹力不足
- 气门间隙过小
- 气门杆弯曲
- 气门座变形

二、气门检修

气门检修主要检查气门工作面磨损和烧蚀情况，测量气门杆磨损量和气门杆与导管的配合间隙，检查气门头圆柱面高度。如果不符合技术要求直接更换气门，一般不做修理。

1. 气门的外观检查

1）检查前，清除气门头部的积炭，如图3-26所示，填写记录表3-2。

图3-26　气门积炭

☆积炭危害

- 起动困难
- 急加油回火
- 尾气超标
- 怠速抖动
- 堵塞三元催化转化器
- 油耗增多

表 3-2 气门外观检测记录表

	积炭	气门杆弯曲量	气门杆直径	气门头厚度	气门长度	气门工作面角度	处理办法
进气门							
排气门							

2）检查气门外表面有无裂纹、烧蚀、严重的锥面磨损、弯曲、变形等缺陷，如有则更换气门。

2. 气门杆直径测量

如图 3-27 所示，用外径千分尺在规定的部位和方向上测量气门杆直径尺寸，看气门杆磨损程度，填写记录表 3-2。

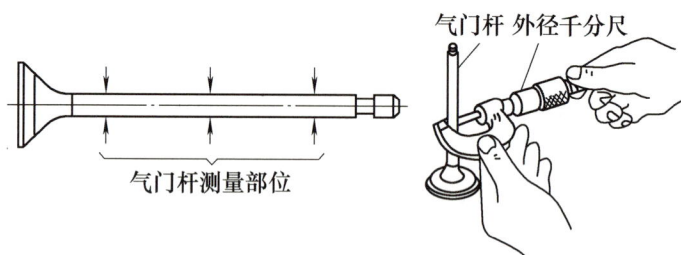

图 3-27 气门杆直径测量

3. 气门杆弯曲变形的检查

如图 3-28 所示，将气门架在检测台上，转动气门杆一圈，百分表的摆差即为直线度误差，填写记录表 3-2。

4. 气门头部厚度的检查

如图 3-29 所示，用游标卡尺测量气门头部厚度，填写记录表 3-2。

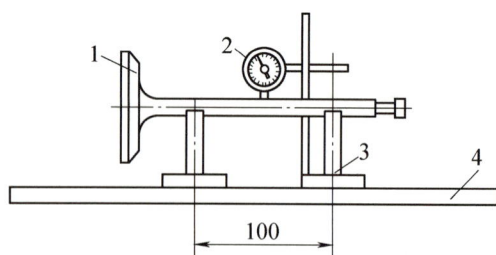

图 3-28 气门杆弯曲检测
1—气门 2—百分表 3—V 形架 4—平台

图 3-29 气门头部厚度测量

5. 气门头部密封面的修整

气门工作锥面起槽、变宽，甚至烧蚀后出现斑点和凹陷时，应在气门光磨机上进行光磨修理或更换，如图 3-30 所示。

图 3-30 气门光磨机

6. 气门杆端面磨损的检修

气门杆端面磨损会造成端面不平，气门关闭不严。用游标卡尺测量气门杆端面磨损量。磨损量应小于 0.5mm，否则用气门光磨机修整或更换，如图 3-30 所示。

任务测评

按任务测评表进行任务测评。

任务测评表

评价项目		评价标准	配 分	得 分
专业知识	40分	能描述气门作用	10	
		能描述气门结构	10	
		能描述气门种类	10	
		能说出气门密封环带结构	10	
任务完成情况	40分	任务完成的情况	15	
		任务完成的质量	15	
		在小组完成任务过程中所起的作用	10	
职业素养	20分	能安全、规范地操作	10	
		能与小组成员团结协作	5	
		能积极整理、清洁工位	5	
综合评议				

任务四　气门座检修

任务目标

1. 知识目标

理解气门座的功用和结构特点；掌握气门座的耗损形式和检修方法；掌握气门座铰削方法；掌握气门与气门座研磨和密封性检查方法。

2. 技能目标

能根据维修手册制订气门座的检修步骤；能正确检修气门座，判断其技术状态，确定修理方法。

3. 思政目标

能安全、规范地操作；能与小组成员团结协作；能积极整理、清洁工位，具有劳动意识。

任务准备

一、气门座的功用

进、排气道口与气门密封锥面直接贴合的部位称为气门座。其功用是与气门头部一起对气缸起密封作用，同时接受气门头部传来的热量，起到对气门散热的作用。

二、气门座的结构

气门座有两种：一种是在气缸盖上直接镗削加工而成；另一种是用合金铸铁或奥氏体钢或粉末冶金单独制作成气门座圈，镶入气缸盖的气门座承孔中，如图 3-31 所示。

直接加工在气缸盖上的气门座散热效果好，使用中不会发生气门座圈脱落事故，但磨损后不便于修换。现代发动机常采用镶嵌式的气门座圈。

为了保证气门与气门座可靠密封，气门座上加工有与气门相适应的锥面，气门座的锥面包括三部分，如图 3-32 所示。45°锥面是与气门密封锥面配合的工作面，宽度 b 为 1～3mm，15°锥面和 75°锥面是用来修正工作面位置和宽度的。

三、气门座铰削

发动机工作时，气门座承受高温和气门落座时的冲击，经常出现工作锥面烧蚀、变宽或与气门接触环带断线等，造成气门与气门座关闭不严，气缸密封性变差。

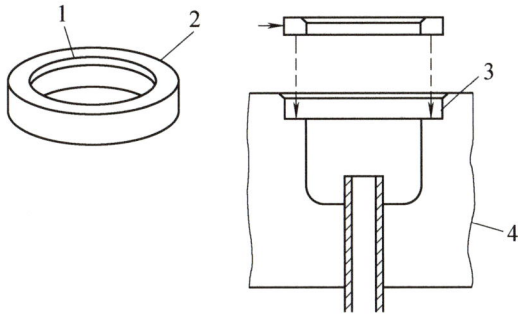

图 3-31　气门座圈

1—气门座圈　2—镶入　3—气门座圈孔　4—气缸盖

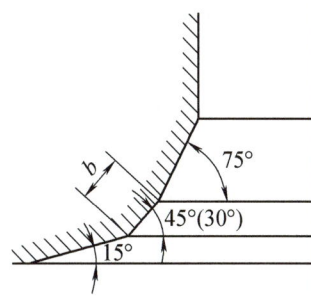

图 3-32　气门座锥角

b—气门座密封环带宽度

气门座一般可通过铰削和研磨进行修理。气门座的铰削通常用气门座铰刀进行手工加工。气门座铰刀由多只不同直径、不同锥角的铰刀组成，如图 3-33 所示。

手工铰削气门座如图 3-34 所示。

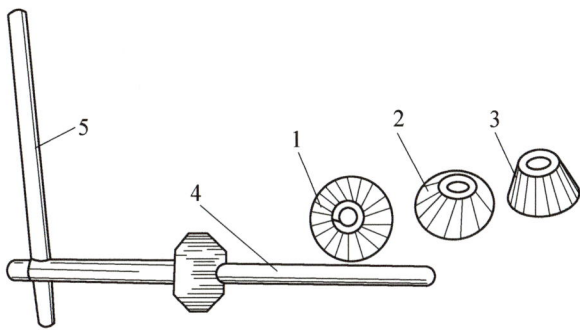

图 3-33　气门座与气门导管铰刀

1—15°铰刀　2—45°铰刀　3—75°铰刀

4—铰刀杆　5—铰刀手柄

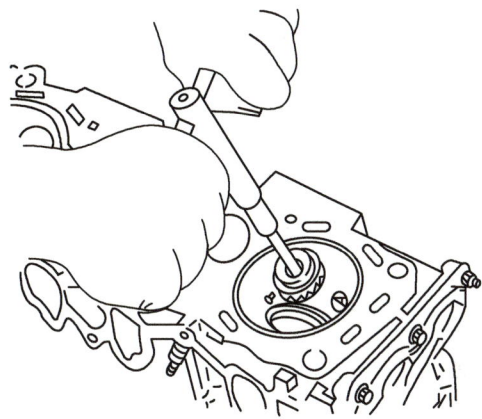

图 3-34　手工铰削气门座

手工铰削气门座

任务计划

通过查阅资料，分组讨论，制订检测维修计划。

工具及设备准备	SR20 发动机，气门座铰刀、深度卡尺、气门座拆装工具、研磨工具、密封性检查工具，工具车、零件车、棉丝、工作台		
操作流程	检 修 项 目	步　　骤	操 作 要 领

任务实施

一、技术要求

气门座表面不得有任何损伤，气门座固定可靠；工作锥面正确，表面粗糙度 Ra 取值在 $1.25 \sim 6.3\mu m$ 范围内；气门座圈工作面宽度在 $1.2 \sim 2.5mm$ 范围内；气门下陷量符合要求。

二、气门座铰削

气门座铰削操作步骤如图 3-35 所示。

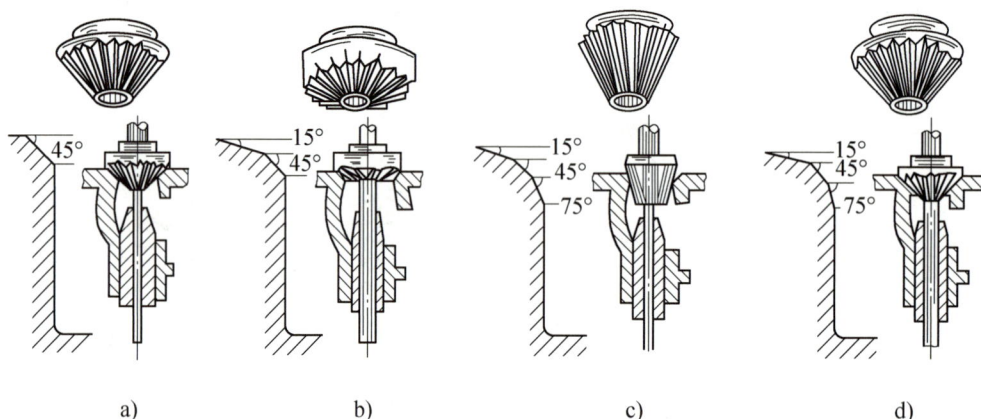

图 3-35　气门座铰削操作步骤

a）粗铰密封面　b）铰削上口　c）铰削下口　d）精铰密封面

1. 铰削前检查

铰削气门座前，检查气门导管磨损量，若不符合要求先更换气门导管，以便保证气门座与气门导管的中心线重合。

> ☆铰削注意事项
>
> ① 尽量减小铰削量。
>
> ② 在整个圆周上用力要均匀。
>
> ③ 铰刀不能倒转。
>
> ④ 磨损过大的气门导管需更换。

2. 选择铰刀和刀杆

根据气门头直径和工作锥面选择一组合适的铰刀，再根据气门杆直径选择刀杆。每组铰刀有 45°、15°和 75°三种不同角度。其中 45°铰刀又分为粗铰刀和精铰刀两种。

3. 砂磨硬化层

将砂布垫在铰刀下，磨除座口硬化层，以防止铰刀打滑和延长铰刀的使用寿命。

4. 粗铰工作面

用45°粗铰刀铰削气门座工作面，直至消除磨损和烧蚀痕迹（对于新座圈，则要求铰削出宽度适当的工作锥面）。

5. 检测气门下陷量

如图3-36所示，用游标深度卡尺检查气门下陷量。气门座经多次铰削直径增大，气门将下沉，使发动机压缩比下降。因此，必须检查气门的下陷量。当下陷量超出规定值时，应重新镶换气门座圈。

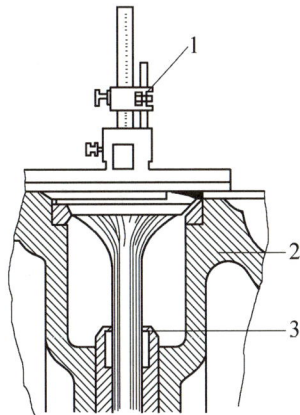

图3-36　检测气门下陷量
1—深度卡尺　2—缸盖　3—气门

6. 调整密封环带位置和宽度

用对应的气门进行试配，根据气门密封锥面接触环带的位置和宽度进行铰削修正。密封环带应处于工作锥面中部。若偏向气门杆部，选用75°铰刀修整；若偏向气门头部，则选用15°铰刀修整。若环带过宽，用15°和75°两种铰刀分别铰削。

7. 精铰工作面

用精铰刀铰削气门座工作面，减小表面粗糙度值，或用细砂布包在切削刃上，将气门座工作面磨光。

三、气门座镶换

气门座有裂纹、松动、烧蚀或磨损严重；或经多次铰削，气门下陷量大于2mm以上，应镶换新的气门座。

1. 拆卸旧气门座

注意拆卸旧气门座时不要损伤气门座承孔。

（1）拉拔法拆卸旧气门座　如图3-37所示，用某一拉拔工具将气门座圈直接从气缸盖上拉拔出来。

（2）点焊法拆卸旧气门座　如图3-38所示，用废旧气门加工成气门头刚好能通过气门座圈内孔而落入气门座圈下面，在气门座圈上点焊几点，轻轻敲打气门杆尾部，即可将旧气门座拆除。

（3）切削法拆卸旧气门座　在机床上用刀具将气门座圈切削掉。

（4）电焊加热法拆卸旧气门座　采用电焊设备用焊条对沿气门座圈的内表面连续均匀点焊，当气门座圈被加热发红时，立即在气门座圈上浇上冷水，此时气门座圈通常会断裂。采用此法不宜对气门座圈加热时间过长，一般以气门座圈被加热到发红为止。

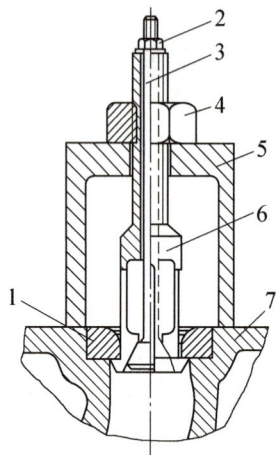

图 3-37　气门座拆卸专用工具

1—气门座　2—张开用螺母　3—胀开锥

4—拉力螺母　5—套筒　6—拉爪　7—缸盖

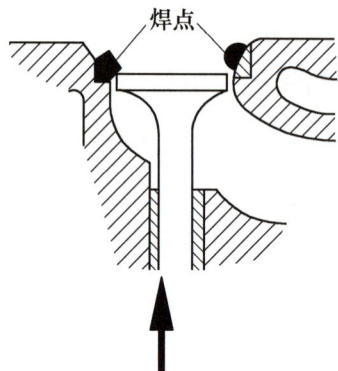

图 3-38　点焊法拆卸旧气门座

2. 选择新气门座

根据气门座承孔内径选择相应的新气门座圈。

3. 气门座的镶换

将检查合格的新气门座进行冷却，时间不少于10min，将气门座压入承孔中。

四、气门与气门座研磨

研磨前将气门、气门座、导管清洗干净。检查各缸气门头下陷量趋于一致，并在气门头部平面做好位置记号，以免错乱，如图3-39所示。

1. 研磨前清洁

将气缸盖倒置，洗净气门、气门座和气门导管，清除积炭。

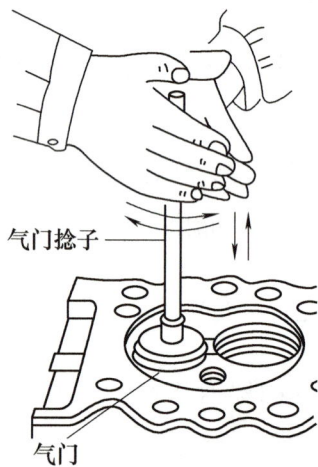

图 3-39　手动研磨气门

☆研磨气门注意事项

① 研磨时，研磨膏不宜过多，以免进入气门导管，造成气门杆与气门导管的早期磨损。

② 在保证密封的前提下，研磨时间不宜过长，拍击力不宜过猛，以防环带过宽，出现凹陷。

2. 涂抹粗研磨膏

在气门工作锥面上均匀涂抹一层粗研磨膏，气门杆上涂少许润滑油，将气门杆插入导管内，用气门捻子吸住气门。

3. 研磨

研磨时，一边用手指搓动气门捻子的木柄，使气门单向旋转一定角度，一边将气门捻起一定高度后落下进行拍击。注意始终保持单向旋转，不断改变气门与气门座在圆周方向的相对位置，也可使用电动或气动研磨机进行研磨。

4. 更换细研磨膏

当气门密封锥面磨出整齐、无斑痕和麻点的接触环带时，将粗研磨膏洗去，换用细研磨膏继续研磨，直到气门工作面出现一条整齐灰色无光的环带时，洗去细研磨膏，涂上润滑油再研磨几分钟。

5. 研磨后清洁

最后洗净气门、气门座和气门导管。

五、气门与气门座密封性检验

气门和气门座经过研磨后，要进行密封性检查，如图3-40所示。

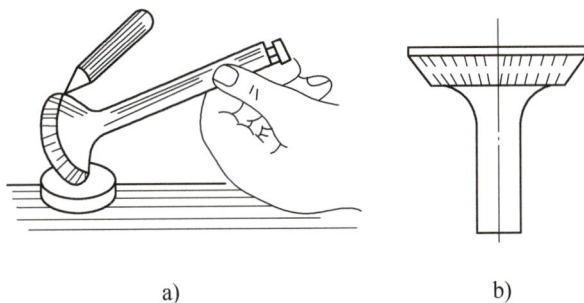

a)　　　　　　　　　　　　b)

图 3-40　铅笔画线法密封性检查

a）检查前在密封面画线　b）检查后看画线切断

1. 画线法

用铅笔在气门密封环带上，沿圆周画出均布的若干条与母线平行的铅笔线。然后插入气门座内，按紧气门头并旋转 1/4 圈 ~ 1/2 圈。取出气门，观察铅笔线被切断情况，如所画线均被切断，即为密封性良好，如图3-40所示。

2. 渗油法

将研磨好的气门洗净，并安装好，将气缸盖倒置，然后在气门顶面上倒入煤油，若在 5min 内没有渗漏，即为密封性良好。

3. 气压检查法

将气门和气门座洗净装好，罩上空气筒并压紧，捏动像皮球，使气压表指针达到

58～68.5kPa，保持 0.5min，若压力表指针不下降则为密封性良好。

任务测评

按任务测评表进行任务测评。

任务测评表

评价项目		评价标准	配　分	得　分
专业知识	40分	能描述气门座作用	10	
		能描述气门座结构	10	
		能描述气门座种类	10	
		能说出气门座密封环带结构	10	
任务完成情况	40分	任务完成的情况	15	
		任务完成的质量	15	
		在小组完成任务过程中所起的作用	10	
职业素养	20分	能安全、规范地操作	10	
		能与小组成员团结协作	5	
		能积极整理、清洁工位	5	
综合评议				

任务五　气门导管、气门弹簧和气门油封检修

任务目标

1. 知识目标

掌握气门导管、气门弹簧和气门油封的结构和工作过程；掌握气门导管、气门弹簧和气门油封的检修方法。

2. 技能目标

能根据维修手册制订气门导管、气门弹簧和气门油封的检修步骤；能正确检修气门导管、气门弹簧和气门油封，并确定修理方法。

3. 思政目标

能安全、规范地操作；能与小组成员团结协作；能积极整理、清洁工位，具有劳动意识。

任务准备

一、气门导管

气门导管的功用是给气门的运动导向，保证气门和气门座锥面的精确配合，并为气门杆散热。

气门导管的外形及安装位置如图3-41所示。它为圆柱形管，其外表面有较高的加工精度和较低的粗糙度，与缸盖（体）的配合有一定的过盈量，以保证良好地传热和防止松脱。有的发动机的气门导管用卡环定位，用气门弹簧下座将卡环压住，使导管轴向定位可靠。

二、气门弹簧

图3-41 气门导管的外形及安装位置

气门弹簧的功用是克服气门关闭过程中气门及传动件因惯性力而产生的间隙，保证气门及时落座并紧密贴合，同时防止气门在发动机振动时因跳动而破坏密封。

气门弹簧为圆柱形螺旋弹簧，有三种形式，其结构如图3-42～图3-44所示。

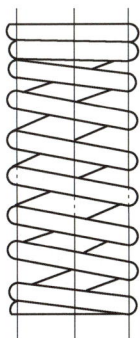

图3-42 等螺距气门弹簧　　**图3-43 变螺距气门弹簧**　　**图3-44 双气门弹簧**

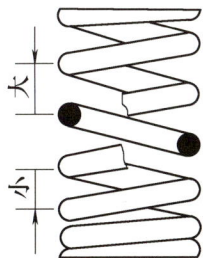

普通气门弹簧在发动机工作过程中，容易发生共振而产生断裂。所以，现代发动机常采用后两种。

在安装变螺距气门弹簧时，应将螺距小的一端朝向气缸盖。

采用内外两个双气门弹簧时，两弹簧的旋向相反，以防止工作时一个弹簧卡入另一个弹簧中，一般内弹簧弹力比外弹簧弹力小。

三、气门油封

发动机工作时有少量润滑油进入气门导管与气门之间的间隙，起润滑作用。但如果机油过多，将会在气缸内造成积炭，在气门上产生沉积物。因此，发动机在气门杆上装有气门油封，其结构形式如图 3-45 所示。

气门油封由合成橡胶或塑料制成，有 O 形油封、伞形油封和刚性油封三种。气门油封可以防止机油进入进、排气管，造成机油流失，防止汽油与空气的混合气以及排放废气泄漏，防止机油进入燃烧室，如图 3-46 所示，所以，在发动机气门组的零件中，气门油封是非常重要的部件。

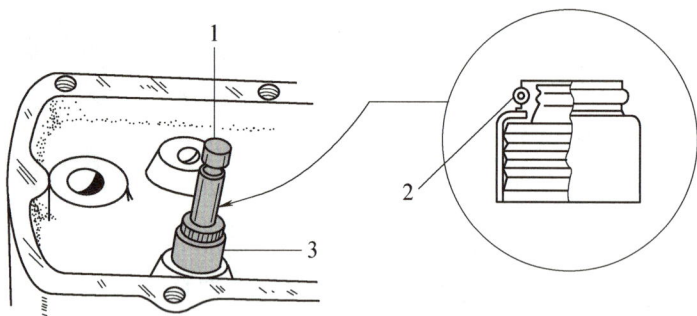

图 3-45　气门油封

1—气门　2—弹簧　3—气门油封

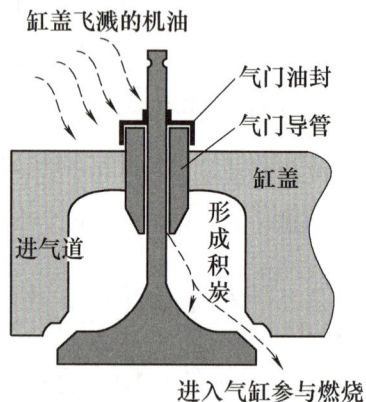

图 3-46　气门油封的功用

任务计划

通过查阅资料，分组讨论，制订检测维修计划。

工具及设备准备	SR20 发动机，游标卡尺、百分表、直角尺、专用拆装工具、气门弹簧检验仪，工具车、零件车、棉丝、工作台		
操作流程	检修项目	步　骤	操作要领

任务实施

一、气门导管的检修

1. 检查气门导管与气门杆之间的配合间隙

（1）百分表检查　将气缸盖倒置在工作台上，将气门顶升至高出座口约 10mm，安装磁性百分表座，使百分表的测头触及气门头边缘，侧向推动气门头，同时观察百分表指针的摆动，其摆动量即为实测的近似间隙，如图 3-47 所示。

如换上新气门，其间隙值仍超过允许值，则应更换气门导管。气门杆与气门导管的配合间隙超过限度，应予以更换。

（2）经验检查　将气门杆和气门导管擦净，在气门杆上涂一层薄润滑油，将气门放

图 3-47　气门导管磨损测量

入气门导管中，上下拉动数次后，气门在重力作用下能徐徐下落，表示气门杆与气门导管的配合间隙适当。

2. 更换气门导管

当气门导管磨损严重，会使气门杆与气门导管的配合间隙超过限度，应予以更换。

1）用外径略小于气门导管内孔的阶梯轴（图 3-48）按规定方向（一般为气缸盖上方）铣出气门导管。

2）测量气门导管直径，选择外径尺寸符合要求的新气门导管。

3）安装气门导管：用细砂布打磨气门导管承孔口，在承孔内壁与导管外表面上涂少许润滑油，并放正气门导管，按好铜质的阶梯轴用压力机或锤子将气门导管装入承孔内。气门导管伸出进、排气道的高度应符合规定，如图 3-49 所示。

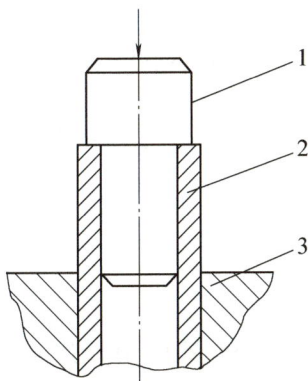

图 3-48　气门导管拆装专用工具

1—专用冲头　2—气门导管　3—气缸盖

图 3-49　拆卸气门导管

1—气缸盖　2—燃烧室　3—专用冲头

二、气门弹簧的检修

气门弹簧由于长期受压缩产生塑性变形，导致自由长度变短、弹力减弱、簧身歪

斜,严重时可能出现弹簧折断。气门弹簧出现断裂、歪斜、弹力减弱、自由长度减小现象时,应予以更换。

1. 气门弹簧外观的检查

观察气门弹簧表面有无裂纹、锈蚀、腐蚀和损伤等,有无严重的变形、折断、弹力变弱等,存在缺陷时应更换,如图3-50所示。

2. 气门弹簧自由长度的检测

如图3-51所示,气门弹簧的自由长度可用卡尺进行测量,如果测得的长度小于维修手册规定的极限值,应更换。

图 3-50　气门弹簧断裂

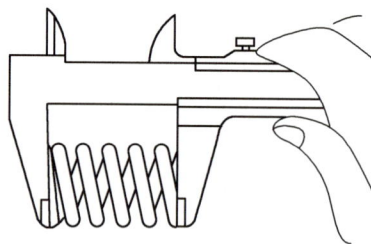

图 3-51　气门弹簧自由长度的检测

3. 气门弹簧弹力的检测

如图3-52所示,气门弹簧的弹力在弹簧检验仪上进行。用检验仪对气门弹簧施加压力,在规定压力下的气门弹簧高度(或规定气门弹簧高度下的压力)应符合标准,弹力小于原厂规定的10%时,应予以更换。无弹簧检验仪时,可用对比新旧弹簧的自由长度判断,自由长度差超过2mm时,应予以更换。

4. 气门弹簧垂直度的检测

如图3-53所示,利用直角尺对气门弹簧进行垂直度测量,如气门弹簧的垂直度大于2mm,应予以更换。

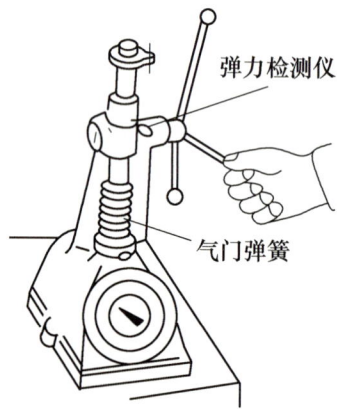

图 3-52　气门弹簧弹力的检测

对气门弹簧的检测主要是:观察有无裂纹或折断,测量弹簧自由长度和垂直度,测量弹簧弹力。气门弹簧不能维修,必要时只能更换。气门弹簧垂直度的检测如图3-53所示,若气门弹簧的自由长度或垂直度不符合标准,应更换气门弹簧。

三、气门油封的检修

润滑油无泄漏而消耗异常,一般是活塞与气缸配合间隙过大或气门油封漏油所致。更换气门油封时,应使用专用工具安装气门油封,如图3-54所示。注意:有些发动机进气门油封与排气门油封是不同的，安装时不能装错。

图 3-53　气门弹簧垂直度的检测　　　　图 3-54　气门油封的安装

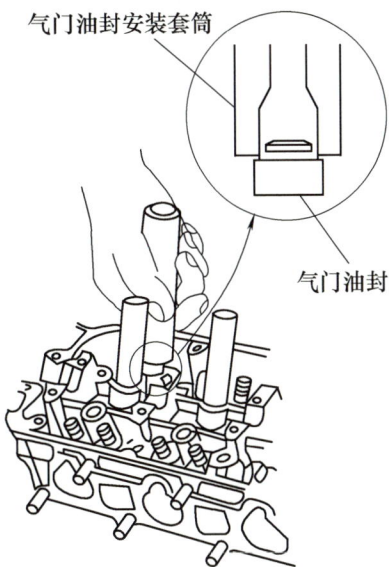

☆安装气门油封注意事项

① 油封安装时，应涂敷油液或润滑油。

② 安装油封时不许用锤子或螺钉旋具乱撬，安装油封的轴颈要有相应的倒角，并修去毛刺，以免安装油封时划破唇口。

③ 油封装入时，应采用专用工具推入油封，防止油封位置偏斜。

④ 安装油封时，一定要使油封唇缘端朝向被密封的油液一侧，切忌油封反向装配。

任务测评

按任务测评表进行任务测评。

任务测评表

评价项目		评价标准	配　　分	得　　分
专业知识	40分	能描述气门导管作用	10	
		能描述气门弹簧作用	10	
		能描述气门弹簧种类	10	
		能描述气门油封作用	10	
任务完成情况	40分	任务完成的情况	15	
		任务完成的质量	15	
		在小组完成任务过程中所起的作用	10	

（续）

评 价 项 目		评 价 标 准	配　　分	得　　分
职业素养	20分	能安全、规范地操作	10	
		能与小组成员团结协作	5	
		能积极整理、清洁工位	5	
综合评议				

任务六　凸轮轴检修

任务目标

1. 知识目标

熟悉气门传动组的结构和工作过程；掌握凸轮轴的结构；掌握凸轮轴的耗损形式和检修方法。

2. 技能目标

能根据维修手册制订凸轮轴的检修步骤；能正确检修凸轮轴，并确定修理方法。

3. 思政目标

能安全、规范地操作；能与小组成员团结协作；能积极整理、清洁工位，具有劳动意识。

任务准备

气门传动组的作用是按规定的配气相位定时地驱动气门开闭，并保证气门有足够的开度。气门传动组由凸轮轴、挺柱、推杆、摇臂和正时机构等组成。

一、凸轮轴的功用

凸轮轴的功用是驱动和控制发动机各缸气门的开启和关闭，使其符合发动机的工作顺序、配气相位及气门开度的变化规律等要求。此外，有些发动机还用它来驱动机油泵和分电器等。它是气门传动组件中最主要的零件。

二、凸轮轴的构造

凸轮轴主要由凸轮和凸轮轴轴颈组成，凸轮分为进气凸轮和排气凸轮两种，用来驱动进气门和排气门。轴颈对凸轮轴起支承作用。图3-55所示为下置式凸轮轴的结构，其上有进气凸轮、排气凸轮、轴颈、驱动机油泵及分电器的齿轮和推动汽油泵摇臂的偏心轮。

图3-56所示为双顶置式凸轮轴的结构，其上有进气凸轮、排气凸轮、轴颈、驱动分电器的凹槽。

图3-55　下置式凸轮轴的结构

1—轴颈　2—凸轮　3—偏心轮　4—螺旋齿轮

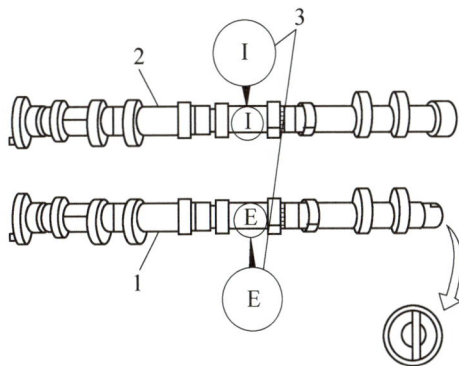

图3-56　双顶置式凸轮轴的结构

1—进气凸轮轴　2—排气凸轮轴

3—进排气凸轮轴标记

1. 凸轮的轮廓

如图3-57所示，凸轮的轮廓应保证气门开启、关闭的持续时间符合配气相位的要求，并使气门有合适的升程及其升降过程的运动规律。

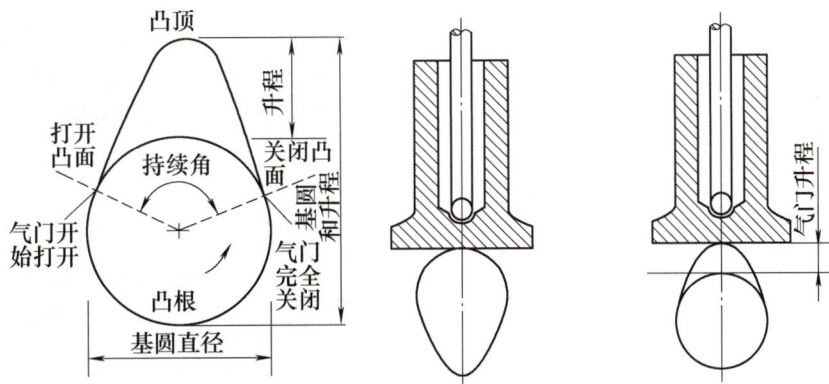

图3-57　凸轮轴的凸轮轮廓

2. 凸轮的布置

凸轮的数目由气缸的多少而定。通常每一气缸有两个凸轮，分别用于进气和排气。各个凸轮相互间的位置，必须与发动机的工作顺序相适应。在四缸发动机中，同名凸轮（进气或排气凸轮）间的位置相差90°夹角，而在六缸发动机中相差60°角，如图3-58所示。

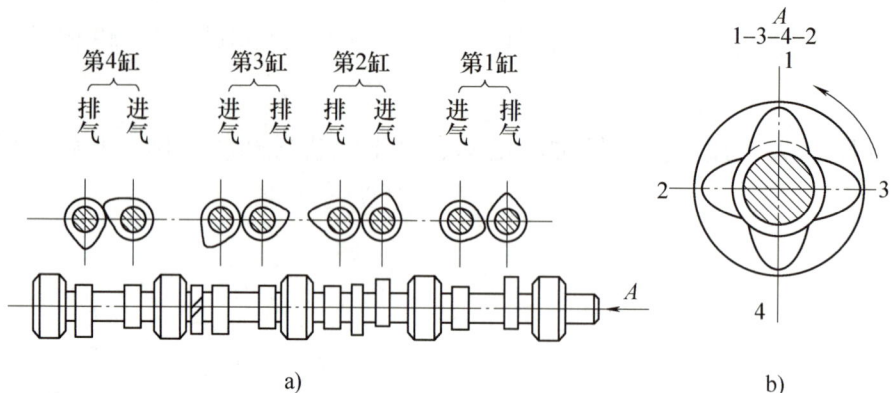

图 3-58　四缸凸轮布置

a）各凸轮的相对角位置图　b）排（或进）气凸轮投影

三、凸轮轴的轴向定位

为了防止凸轮轴轴向窜动，一般设有轴向定位装置。如图 3-59 所示，下置凸轮轴采用止推凸缘实现轴向定位。

上置式凸轮轴通常利用凸轮轴轴承盖的两个端面和凸轮轴轴颈两侧的凸肩实现轴向定位，如图 3-60 所示。

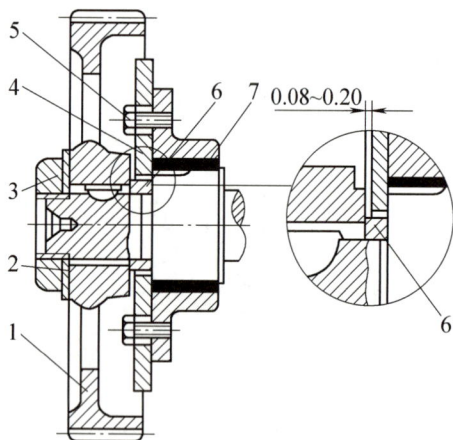

图 3-59　下置凸轮轴轴向定位

1—正时齿轮　2—垫圈　3—螺母　4—止推凸缘
5—螺栓　6—隔圈　7—凸轮轴轴承

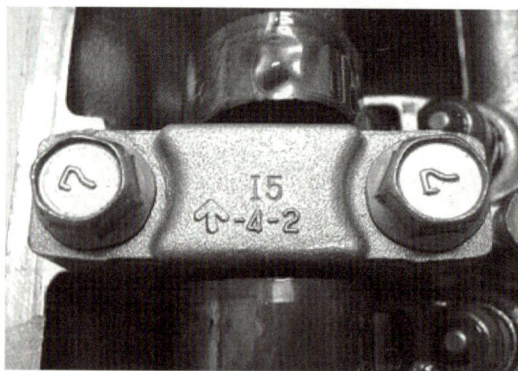

图 3-60　顶置凸轮轴用轴承盖轴向定位

任务计划

通过查阅资料，分组讨论，制订检测维修计划。

工具及设备准备	SR20 发动机凸轮轴，千分尺、塞尺、百分表及表座、专用工具，工具车、零件车、棉丝、工作台		
操作流程	检修项目	步骤	操作要领

任务实施

一、技术要求

1）凸轮高度磨损比原设计标准值减小量小于 1.0mm。

2）驱动汽油泵的偏心轮磨损小于 0.8mm。

3）以凸轮轴两端轴颈为基准，中间凸轮轴颈的径向圆跳动使用极限为 0.10mm。

4）凸轮轴轴颈与轴承的配合间隙一般为 0.03 ~ 0.07mm，使用极限为 0.15mm。

二、凸轮轴的检修

凸轮轴常见的损伤是凸轮轴的弯曲变形、凸轮轮廓磨损、支承轴颈表面的磨损等。这些耗损会使气门的最大开度和发动机的充气系数降低，配气相位失准，并改变气门上下运动的速度特性，从而影响发动机的动力性和经济性等。

1. 凸轮表面的检修

如图 3-61 所示，凸轮轴的外观检查主要是检查凸轮轴外表面有无裂纹、严重磨损、机械损伤、凹槽等缺陷。损伤轻微时，可用砂条修磨，严重时，应予以更换。

2. 凸轮轴弯曲变形的检测

凸轮轴的弯曲变形是以凸轮轴中间轴颈对两端轴颈的径向圆跳动误差来衡量，检查方法如图 3-62 所示。将凸轮轴放置在 V 形架上，V 形架和百分表放置在平板上，使百分表测头与凸轮轴中间轴颈垂直接触。转动凸轮轴，观察百分表表针的摆差即为凸轮轴的弯曲度。检查完毕后将检查结果与标准值比较，以确定是否更换。

凸轮轴弯曲度为：_____。

3. 凸轮轴轴颈的检修

如图 3-63 所示，用千分尺测量凸轮轴轴颈尺寸，计算凸轮轴轴颈的圆度误差、圆柱度误差、轴颈与轴承的配合间隙。凸轮轴轴颈的圆度误差不得大于 0.015mm，配合间隙不得大于 0.15mm，否则应更换凸轮轴和轴承。

凸轮轴圆度为：_____，凸轮轴圆柱度为：_____。

图 3-61　凸轮轴磨损

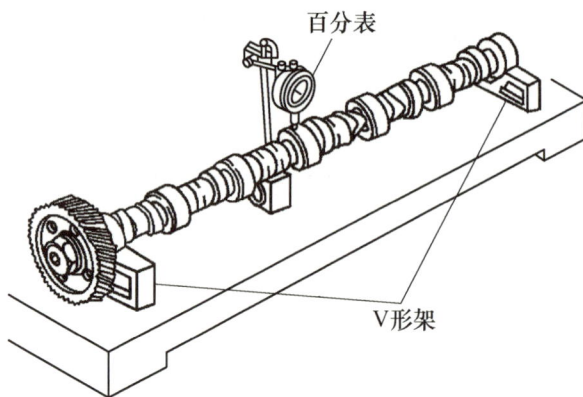

图 3-62　凸轮轴弯曲检测

4. 凸轮高度的检查

如图 3-64 所示，凸轮高度尺寸用千分尺进行测量，若测出的高度尺寸小于极限值时，应更换凸轮轴。

凸轮轴高度为：_____。

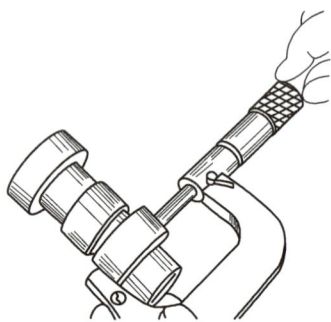

图 3-63　凸轮轴轴颈测量

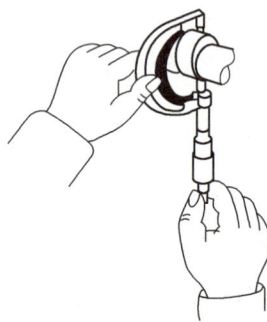

图 3-64　凸轮高度测量

5. 凸轮轴轴向间隙的检查与调整

（1）采用止推凸缘进行轴向定位的发动机检查轴向间隙　如图 3-65 所示，用塞尺插入凸轮轴第一道轴颈前端面与止推凸缘之间或正时齿轮轮毂端面与止推凸缘之间，塞尺的厚度值即为凸轮轴轴向间隙。一般为 0.10mm，使用极限为 0.25mm，如间隙不符合要求，可用增减止推凸缘的厚度来调整。

凸轮轴轴向间隙为：_____。

（2）顶置凸轮轴采用凸轮轴轴承盖定位的发动机检查轴向间隙　如图 3-66 所示，装上第一、五两道凸轮轴轴承盖，将百分表测头顶在凸轮轴轴端，移动凸轮轴（箭头所示）查看其轴向间隙，磨损极限值为 0.15mm。

凸轮轴轴向间隙为：_____。

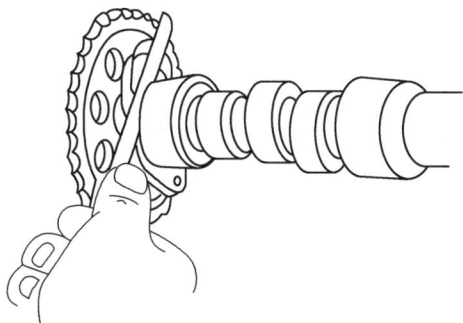

图 3-65　用塞尺测量轴向间隙

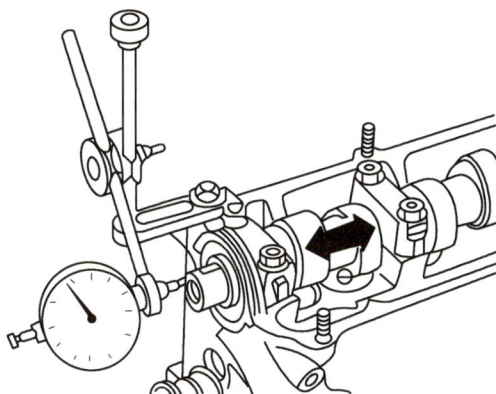

图 3-66　用百分表测量轴向间隙

6. 更换凸轮轴油封

1）拆卸 V 带和凸轮轴正时齿轮防护罩。

2）将曲轴置于第 1 缸压缩上止点。

3）松开张紧轮，取下正时带。

4）拆下凸轮轴正时链轮，取下半圆键。

5）将凸轮轴正时链轮紧固螺栓套上垫圈拧入凸轮轴。

6）用专用工具取出凸轮轴油封，如图 3-67 和图 3-68 所示。

7）安装顺序与拆卸顺序相反。安装时先在油封唇边及外圈涂上一层薄机油，用专用工具压入合适位置，如图 3-69 所示。

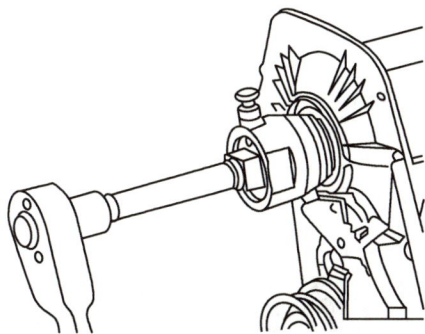

图 3-67　拆卸油封

图 3-68　凸轮轴油封

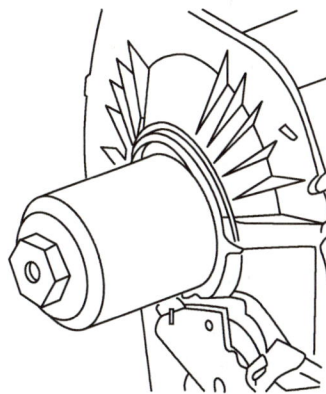

图 3-69　安装油封

任务测评

按任务测评表进行任务测评。

任务测评表

评 价 项 目		评 价 标 准	配　分	得　分
专业知识	40分	能描述凸轮结构	10	
		能描述凸轮功用	10	
		能描述凸轮轴轴向定位方法	10	
		能根据凸轮布置说出发动机工作顺序	10	
任务完成情况	40分	任务完成的情况	15	
		任务完成的质量	15	
		在小组完成任务过程中所起的作用	10	
职业素养	20分	能安全、规范地操作	10	
		能与小组成员团结协作	5	
		能积极整理、清洁工位	5	
综合评议				

任务七　正时机构检修

任务目标

1. 知识目标

熟悉正时机构的种类、特点、结构和工作过程；掌握正时机构的检修方法。

2. 技能目标

能根据维修手册制订正时机构的检修步骤；能正确检修正时机构零件，并确定修理方法。

3. 思政目标

能安全、规范地操作；能与小组成员团结协作；能积极整理、清洁工位，具有劳动意识。

任务准备

气门正时机构在保证凸轮轴和曲轴正确传动关系上起着重要作用，配气相位由气门正时机构来保障。气门正时机构一般有齿轮传动系统、链条传动系统和同步齿形带传动系统三种形式。

一、齿轮传动系统

正时齿轮传动具有传动平稳、可靠、不需调整等优点。多用于下置式和中置式凸轮轴的驱动。汽油机一般只用一对正时齿轮，即曲轴正时齿轮和凸轮轴正时齿轮，柴油机需要同时驱动喷油泵，所以增加一个中间齿轮，如图3-70所示。曲轴正时齿轮用中碳钢制造，凸轮轴正时齿轮则多用夹布胶木。凸轮轴正时齿轮的齿数为曲轴正时齿轮齿数的两倍，以实现传动比为2：1。

为了保证配气和点火正时，齿轮上都有正时记号，如图3-71和图3-72所示，装配时必须要将记号对齐。

二、链条传动系统

链条传动系统用于上置式和中置式凸轮轴的驱动，如图3-73和图3-74所示。链条传动系统主要由正时链、正时链轮、正时链张紧装置等组成，如图3-75～图3-77所示。凸轮轴正时链轮的齿数为曲轴正时链轮的两倍，以实现传动比为2：1。

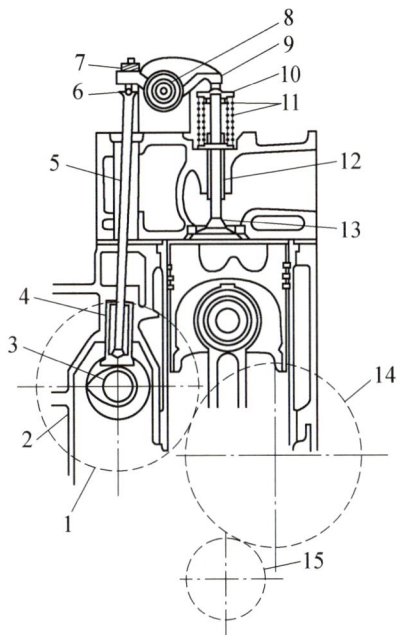

图 3-70　正时齿轮传动

1—凸轮轴正时齿轮　2—气缸体　3—凸轮 4—挺柱　5—推杆　6—调整螺钉　7—锁紧 螺母　8—摇臂轴　9—摇臂　10、11—气门 弹簧　12—气门导管　13—气门　14—惰轮 15—曲轴正时齿轮

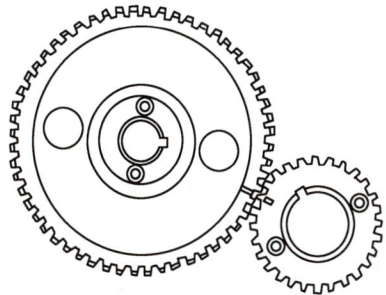

图 3-71　正时齿轮

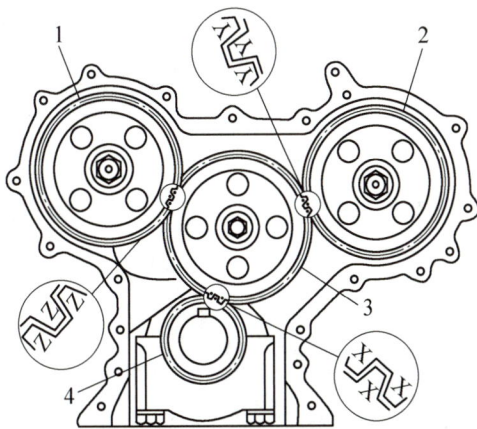

图 3-72　正时齿轮传动的正时记号

1—凸轮轴正时齿轮　2—喷油泵正时齿轮 3—惰轮　4—曲轴正时齿轮

链条一般为滚子链，工作时，应保持一定的张紧力，不易产生振动和噪声，为此，在链传动机构中装有导链板，并在链条松边装有张紧器。

张紧装置使正时链保持一定的张紧力，可分为机械式和液压式两种，应用较多的是液压式正时链张紧装置，如图 3-78 所示。当发动机工作时，利用机油压力推动液压缸活塞，使张紧链轮压紧正时链。

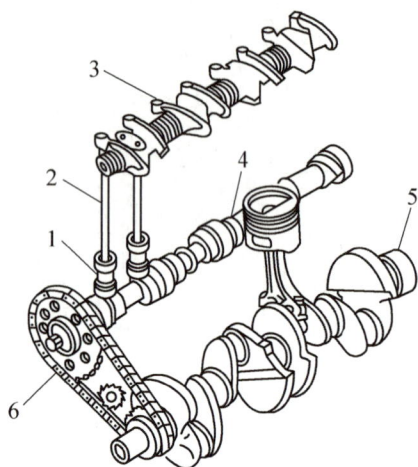

图 3-73　链条传动的中置凸轮轴配气机构

1—挺柱　2—推杆　3—摇臂总成
4—凸轮轴　5—曲轴　6—链条

图 3-74　链条传动的顶置凸轮轴配气机构

1—凸轮轴正时链轮　2—张紧器　3—正时链条
4—曲轴正时链轮　5—导链板

图 3-75　正时链条

图 3-76　链轮

图 3-77　张紧器

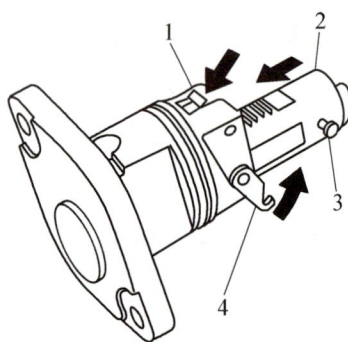

图 3-78　正时链张紧器的结构

1—凸轮限位器　2—套筒
3—定位销　4—挂钩

正时链条是钢结构的，寿命几乎和发动机的寿命相当，但是其结构复杂、成本高、噪声大、磨损后链节之间间距扩大可能影响正时的准确性。

正时链条在安装时，要注意对正链轮和链条上的正时记号，如图3-79所示。

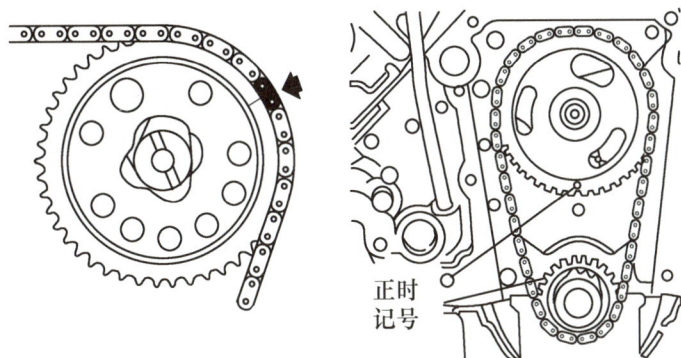

图3-79　正时记号

三、同步齿形带传动系统

同步齿形带传动系统多用于上置式凸轮轴的传动，如图3-80和图3-81所示。正时带一般由橡胶加上用来加强抗拉强度的金属丝或强力纤维构成，其结构简单、成本低、噪声小、不需要润滑，但是寿命有限，需要定期更换。另外，齿形伸缩小，适合精度高的传动。因此，有些现代轿车发动机采用同步齿形带传动。

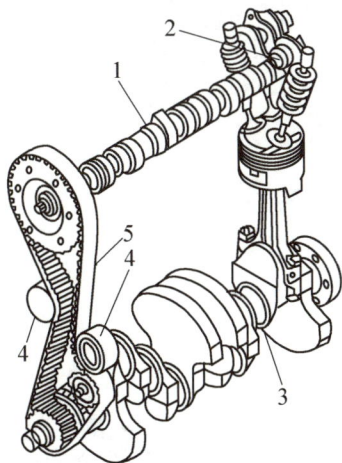

图3-80　正时同步齿形带传动的
单顶置凸轮轴配气机构

1—凸轮轴　2—摇臂轴　3—曲轴
4—张紧轮　5—同步带

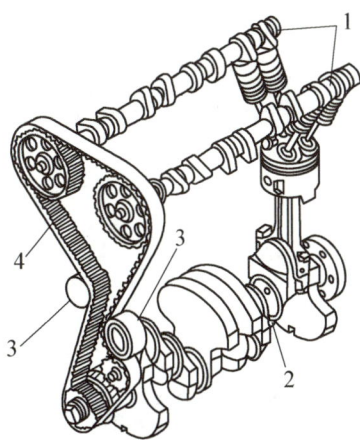

图3-81　正时同步齿形带传动的
双顶置凸轮轴配气机构

1—凸轮轴　2—曲轴　3—张紧轮　4—同步带

正时带传动装置主要由正时带、正时带轮和张紧轮等组成，如图3-82~图3-85所示。张紧轮靠弹簧压紧正时带，张紧轮也起到对正时带轴向定位的作用，惰轮则是用来改变传动带的行走路径。凸轮轴正时带轮的直径是曲轴同步带轮直径的两倍，传动比为2：1。

图 3-82　正时带

图 3-83　正时带轮

正时带负责发动机配气机构工作的准确协调，所以它对发动机的正常工作起着至关重要的作用。一旦正时带损坏，气门工作、点火工作会停止或者出现错误，发动机将不能工作，严重时活塞运动到上止点的时候就会和气门发生碰撞，导致气门杆撞弯，活塞顶撞凹，甚至气缸盖损坏。

由于正时带的重要性，厂家通常会根据设计以及实际情况来确定一个推荐的使用寿命，并且建议在推荐使用寿命周期到达的时候更换正时带。这个更换周期会在汽车的使用手册和维修手册中清楚地标明。汽车正时带的更换周期一般都是6~12万km。

图 3-84　张紧轮

图 3-85　惰轮

按照图 3-86 所示的正时记号安装正时带。

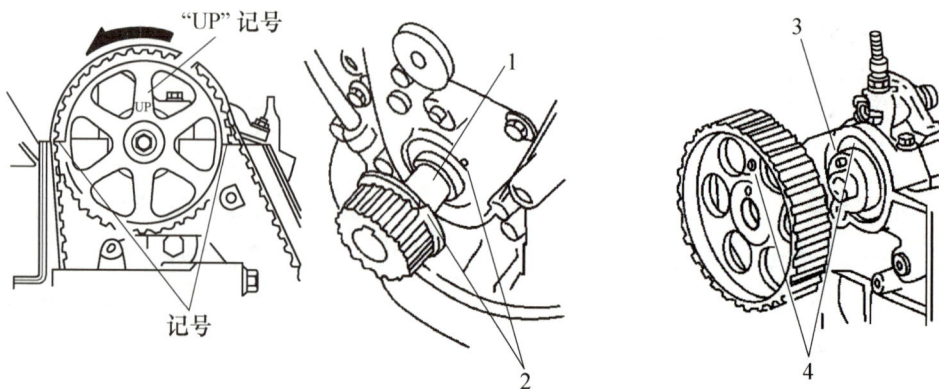

图 3-86　正时记号

1—曲轴　2—曲轴正时带轮的正时记号　3—凸轮轴　4—凸轮轴正时带轮的正时记号

任务计划

通过查阅资料，分组讨论，制订检测维修计划。

工具及设备准备	SR20 发动机、桑塔纳发动机、柴油机，百分表、塞尺、弹簧秤、游标卡尺、正时带张紧力检查表，工具车、零件车、棉丝、工作台		
操作流程	检修项目	步骤	操作要领

任务实施

1. 正时齿轮磨损的检查

在维修时，应检查正时齿轮有无裂损及磨损情况。磨损情况可用塞尺或百分表测量其齿隙，如图 3-87 所示。正时齿轮若有裂损或齿隙超过 0.35mm，应成对更换正时齿轮。

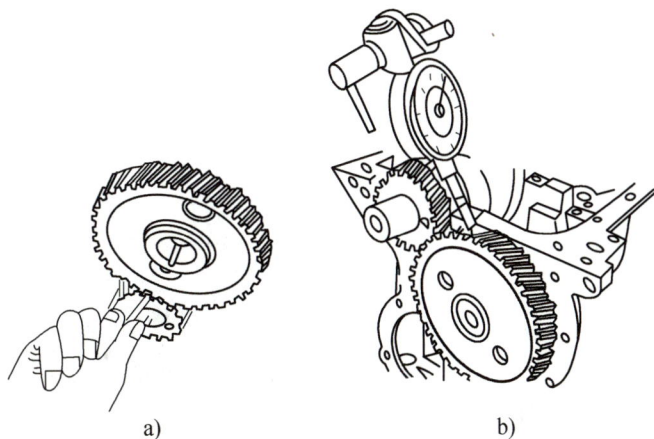

a)   b)

图 3-87 正时齿轮磨损检查
a）百分表检查 b）塞尺检查

正时齿轮齿隙为：_____。

2. 正时链条的检查

如图 3-88 所示，对链条施以一定的拉力拉紧后测量其长度，超过允许值时，应予以更换。

正时链条长度为：_____。

3. 正时链轮的检查

如图 3-89 所示，将链条分别包住凸轮轴正时链轮和曲轴正时链轮，用游标卡尺测量其直径，小于允许值时，应更换链条和链轮。

正时链轮直径为：_____。

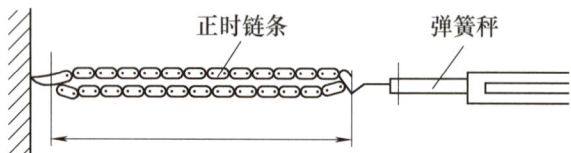

图 3-88　正时链条检查

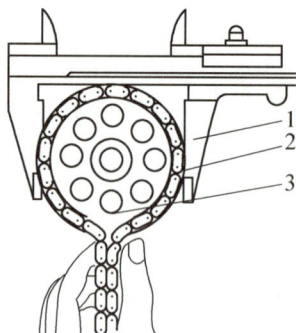

图 3-89　正时链轮检查

1—游标卡尺　2—正时链条　3—正时链轮

4. 正时带检查和更换

☆正时带更换注意事项

① 如果正时带被重复使用，标记带的转动方向。

② 正时带必须定期更换，更换周期一般为汽车行驶 6～12 万 km。

③ 正时带不可过松或过紧，过松跳齿，过紧容易断裂和损坏水泵轴承。

1）转动发动机至第 1 缸压缩上止点，并脱开蓄电池负极搭铁线。

2）拆下附属的传动带。

3）拆下曲轴带轮。

4）拆下正时带防护罩。

5）如果正时带再次使用，需在正时带上做好转动方向记号。

6）对正凸轮轴带轮正时记号。

7）拆下张紧装置和正时带，并检查正时带是否过度磨损、损伤或变质、齿形残缺，如需要，更换正时带，如图3-90所示。正时带常见缺陷如图3-91所示。

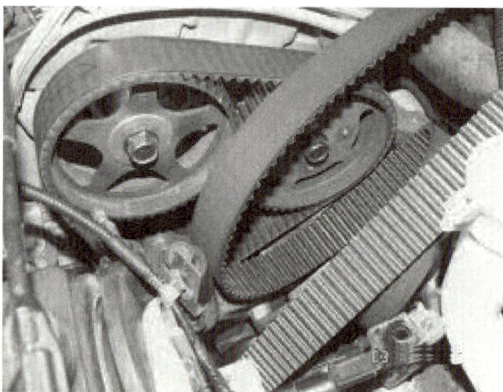

图 3-90　更换正时带

8）检查曲轴正时带轮对准正时记号。

9）安装所有新的组件和正时带。

10）安装张紧轮，并检查调整正时带松紧。检查方法如图3-92所示，检查正时带的张紧力，用手指在正时齿轮和中间齿轮之间捏住正时带，以刚好能转 90° 为合适，也可用正时带张紧力测量表进行测量，如图3-93所示。否则按图示方向旋转张紧轮。

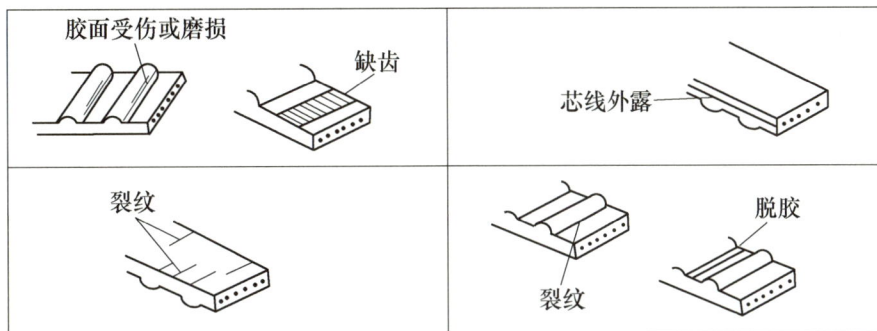

图 3-91　正时带常见缺陷

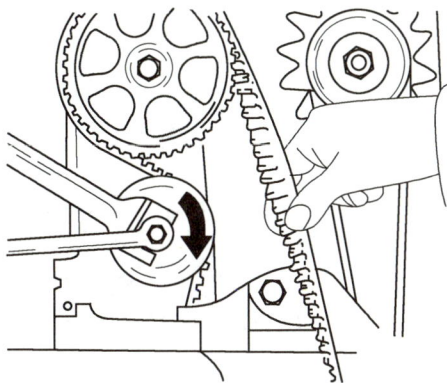

图 3-92　正时带松紧度扭转检查

图 3-93　正时带张紧力测量表

11）检查凸轮轴、曲轴带轮的正时记号。转动曲轴两圈后重新复查正时记号。

12）按照相反顺序安装好其他零件，恢复发动机正常状态。

13）使发动机空转，确定发动机工作状况是否良好。

5. 正时带轮检查

（1）外观检查　正时带轮主要是检查轮齿有无裂纹、严重磨损、剥落和机械损伤等。如有，应更换曲轴正时带轮。

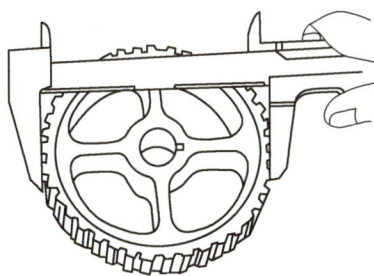

图 3-94　正时带轮直径的测量

（2）正时带轮直径的测量　如图 3-94 所示，用游标卡尺测量出曲轴正时带轮的直径尺寸，如果超出规定的极限值，则应更换曲轴正时带轮。

正时带轮直径为：＿＿＿＿＿＿＿＿＿＿＿＿＿＿＿＿＿＿＿＿。

任务拓展

【无声正时链条传动】

现代轿车发动机正时链条的功能决定对它的要求极其苛刻。它具有如下特殊性：

117

1）必须能够承受更高的抗拉力，没有异常的变形，保证正时的可靠性。

2）必须非常耐磨。

3）必须在运转过程中没有噪声。

4）更加可靠、更加长久的使用寿命。

因此上述四点决定了对正时链条材质、结构及加工工艺的要求非常严格。

马自达6轿车正时链条如图3-95所示，具有以下特点：

1）采用了特殊结构（图3-95）杆接型的金属传动链条，它和进、排气正时链轮及曲轴正时链轮的每个齿都能够相当完美地配合，极大地减小了在动力传递过程中金属链条和正时齿轮之间相啮合的噪声，因此称为"无声链条"。

2）正时链条的所有部件都是经过亚硝酸盐处理过的，从根本上改善了优质合金钢的物理特性，因此在动力传递过程中极大地提高了优质合金钢的耐磨性。

3）采用了精工制作工艺生产的正时链条的油压张紧装置，同时采用了油压力和弹簧的张紧力的两种合力，可以可靠地保证金属正时链条和曲轴正

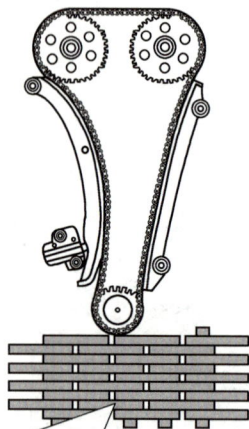

马自达6精钢杆接型金属正时链条

图3-95　马自达6轿车正时链条

时链轮及进、排气正时链轮随时随地充分接触，保持正时链条的张紧力不变，因此提高了正时链条的使用可靠性能及延长了使用寿命。

4）充足与合理的润滑，也在抗磨损和减小噪声及延长使用寿命上给予了充分的保证。

综上所述，马自达6正时链条结构先进性能优异，能够极大程度地减小金属传送带在运行时的噪声，确保发动机的动力输出稳定性，使用寿命长，只需很少维护就可保证它的耐久使用。

任务测评

按任务测评表进行任务测评。

任务测评表

评价项目		评价标准	配　分	得　分
专业知识	40分	能描述齿轮正时机构结构	10	
		能描述链条正时机构结构	10	
		能描述正时带正时机构结构	10	
		能说出正时记号作用	10	

（续）

评 价 项 目		评 价 标 准	配　　分	得　　分
任务完成情况	40 分	任务完成的情况	15	
		任务完成的质量	15	
		在小组完成任务过程中所起的作用	10	
职业素养	20 分	能安全、规范地操作	10	
		能与小组成员团结协作	5	
		能积极整理、清洁工位	5	
综合评议				

任务八　挺柱检修

任务目标

1. 知识目标

熟悉挺柱的结构和工作过程；掌握挺柱的检修方法。

2. 技能目标

能根据维修手册制订挺柱的检修步骤；能正确检修挺柱，并确定修理方法。

3. 思政目标

能安全、规范地操作；能与小组成员团结协作；积极整理、清洁工位，具有劳动意识。

任务准备

一、挺柱的功用

挺柱的功用是将凸轮的推力传给推杆或气门。它安装在气缸体或气缸盖相应镗出的导向孔中，常用镍铬合金铸铁或冷激合金铸铁制造。

二、挺柱的构造

挺柱常用的形式有普通挺柱和液压挺柱两种。

1. 普通挺柱

普通挺柱有以下两种形式，如图 3-96 和图 3-97 所示，一种为筒式（可以减轻重量），另一种为滚轮式（可以减轻磨损）。

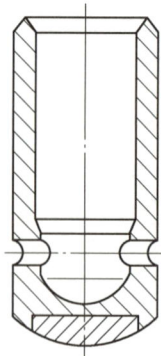

图 3-96　筒式机械挺柱

图 3-97　滚轮式挺柱

以上两种挺柱的发动机都必须有调整气门间隙的措施。气门间隙解决了材料热膨胀对气门工作的影响，但在发动机工作时发生撞击而产生噪声。为了解决这一矛盾，有些发动机采用了液压挺柱。

2. 液压挺柱

液压挺柱外形及结构如图 3-98 和图 3-99 所示，其由挺柱体、油缸、柱塞、球形阀和压力弹簧等组成。

图 3-98　液压挺柱外形

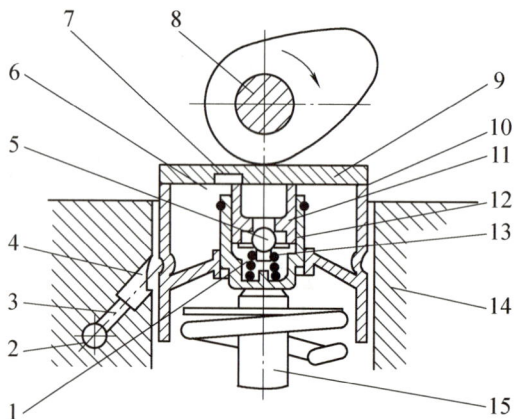

图 3-99　液压挺柱的结构

1—高压油腔　2—气缸盖油道　3—油孔　4—斜油孔
5—球阀　6—低压油腔　7—键形槽　8—凸轮轴
9—挺柱体顶面　10—挺柱体　11—柱塞　12—油缸
13—弹簧　14—缸盖　15—气门杆

挺柱体外圆柱面上有一环形油槽，油槽内有一进油孔与低压油腔相通，背面上有一键形槽将低压油腔与柱塞上部相通。油缸外圆与挺柱体内导向孔配合，内孔则与柱塞配合，两者都有相对运动。油缸底部的压力弹簧把球形阀压靠在柱塞底部的阀座上，当球阀关闭柱塞的中间孔时可将挺柱分成上部的低压油腔和下部的高压油腔。当球形阀开启后，则成为一个通腔。

装有液压挺柱的配气机构，在气门与传动机构中不需留有气门间隙，减小了噪声，简化了保养程序，如图3-100所示，其工作过程如下：

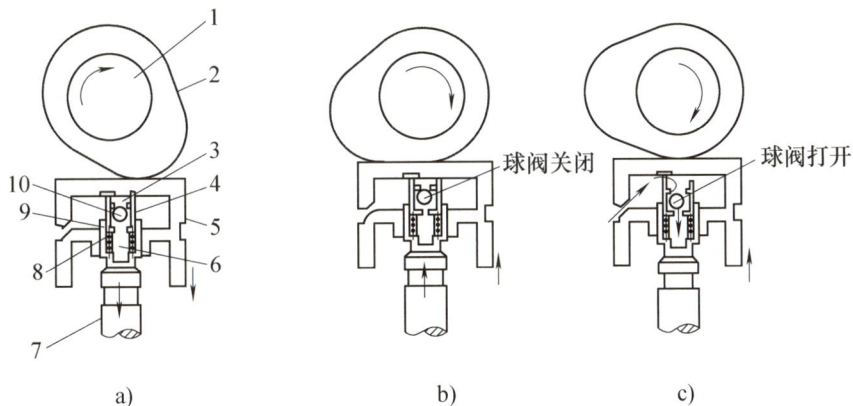

液压挺柱工作过程

图3-100　液压挺柱工作过程
a）气门打开过程　b）气门关闭过程　c）气门关闭以后
1—凸轮轴　2—凸轮　3—低压油腔　4—柱塞　5—挺柱体
6—高压油腔　7—气门杆　8—弹簧　9—油缸　10—球阀

1）当凸轮轴转动到凸轮开始推动液压挺柱时，球阀10关闭，在高压油腔内建立起一个压力。封在高压油腔内的机油不可压缩，液压挺柱作为一个刚性元件下移顶开气门杆7（图3-100a）。

2）凸轮轴继续转动，当凸轮向液压挺柱施加压力，使高压油腔6的压力升高时，微量机油通过泄油间隙泄出。阀门开启过程中挺柱被压缩，这种结构可保证挺柱的油缸9底面与液压挺柱顶面能随凸轮和阀门间距离的缩短而相应缩短（图3-100b）。

3）当凸轮轴转到凸轮离开液压挺杆上表面时（图3-100c）时，高压油腔的油压下降，油缸9和柱塞4在补偿弹簧8的作用下开始分离，直到凸轮与液压挺柱之间不存在间隙。球阀10打开时，低压油腔3内的机油可以流入高压油腔6，使低压油腔与高压油腔连通充满机油。这时液压挺柱顶面仍与凸轮紧贴。在气门受热膨胀时，柱塞4与油缸9进行轴向相对运动，高压油腔油液可经过油缸与柱塞间的缝隙挤入低压油腔，因此使用液压挺柱时，可以不预留气门间隙。

可以看出，气门受热膨胀时，柱塞和油缸进行轴向相对运动，高压油腔中的油液可经过油缸与柱塞间的缝隙挤入低压油腔，使挺柱自动"缩短"，保证气门关闭紧密。气门冷却收缩时，压力弹簧将液压缸向下推动，而使柱塞与挺柱体向上移动，高压油腔内压力下降，球阀打开，低压油腔油液进入高压油腔，挺柱自动"伸长"，保证配气机构无间隙。故使用液压挺柱时，可以不预留气门间隙，也不需调整气门间隙。

三、推杆

推杆的作用是把挺柱所受的推力传至摇臂。

推杆用钢管或钢杆制成，重量轻，刚度大。一端为球形（或配以下端头），与挺柱凹螺栓碗支承接触；另一端呈凹球碗形（或配以上端头），与摇臂一端的调整螺钉的球形头接触，如图 3-101 所示。采用球状连接的目的，是为了减少侧向力的影响。

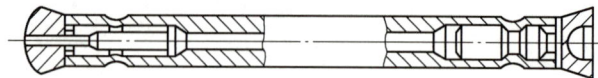

图 3-101　推杆

任务计划

通过查阅资料，分组讨论，制订检测维修计划。

工具及设备准备	桑塔纳发动机、柴油发动机，千分尺、塞尺、游标卡尺，工具车、零件车、棉丝		
操作流程	检修项目	步　骤	操作要领

任务实施

1. 普通挺柱的检修

检修普通挺柱时，如果出现以下情况应更换，如图 3-102 所示。

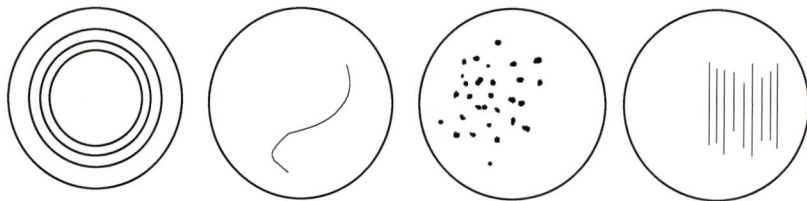

图 3-102　挺柱底部磨损情况

1）挺柱底部出现疲劳剥落时。

2）底部出现环形光环。

3）底部出现擦伤划痕时。

4）挺柱的圆柱面部分与导孔的配合间隙一般为 0.03 ~ 0.10mm。如果超过 0.12mm 时，应视情更换挺柱或导孔支架。装有衬套的结构可更换衬套。

挺柱的圆柱面部分与导孔的配合间隙为：_____。

2. 液压挺柱的检修

液压挺柱的常见故障是外表工作面磨损或损伤、挺柱内部配合表面磨损导致密封不良等。维修时，除按普通挺柱的检查项目和方法对液压挺柱体外表工作面的损伤情况检查外，还应注意：

1）液压挺柱与承孔的配合间隙一般为 0.01 ~ 0.04mm，使用极限为 0.10mm。逾期后应更换液压挺柱。

液压挺柱与承孔的配合间隙为：_____。

2）发动机总成修理时，如气门出现开启高度不足时，一般应更换挺柱。

更换挺柱后应检查挺柱与承孔的配合状况，检查的方法是：用食指和拇指捏住挺柱，转动挺柱时应灵活自如无阻滞，摆动挺柱应无旷量。

有些发动机规定用测量液压挺柱自由行程的方法检验其密封性。

起动发动机，使其运转直至散热器风扇打开，把发动机转速提高到 2500r/min，使其运转 2min，若液压挺柱还有噪声（起动时气门会产生不规则的噪声，属正常现象），可用下述方法查找液压挺柱的故障：

1）拆下气缸盖罩。

2）转动曲轴，使待查液压挺柱的凸轮向上。

3）用木棒或塑料棒压下液压挺柱如图 3-103 所示，气门打开前，如果自由行程超过 0.2mm，应更换液压挺柱。

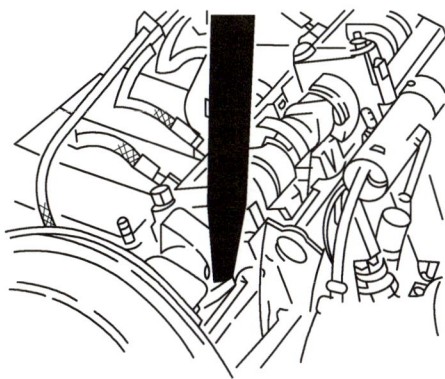

图 3-103　液压挺柱自由行程的检查

液压挺柱自由行程为：_____。

☆**液压挺柱检修注意事项**

①液压挺柱不可更换，按原位装回。

②装复前应排尽空气。

③应加注规定牌号的优质机油，并及时更换机油和机油滤清器。

3. 推杆的检测

推杆的常见损伤是端头磨损或杆身弯曲。

1）检查推杆两端头，若磨损严重或有损伤，应更换推杆。

2）如图 3-104 所示，推杆可在平板上来回滚动并用塞尺测量其弯曲变形量，也可用百分表检查推杆的弯曲变形量，推杆弯曲超过允许极限时，应更换推杆。

气门推杆弯曲度为：_____。

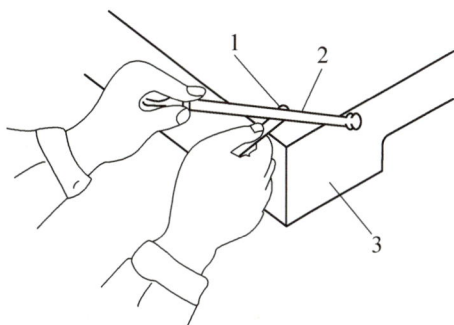

图 3-104　气门推杆弯曲检测

1—塞尺　2—推杆　3—平台

任务拓展

【液压挺柱清洁很重要】

轿车发动机工作时，常发生液压挺柱异响故障，但要确切地判断产生异响的挺柱比较困难，就是把全部液压挺柱进行分解检查也难以判断。若更换全部液压挺柱，则费用较高，不仅顾客不易接受，而且会造成不必要的浪费。

产生液压挺柱异响的主要原因是止回阀密封不良造成的挺柱高压油腔内油压不足或油缸外部油垢过多造成的油缸发卡。通常，只要对液压挺柱进行一次认真细致的清洁维护就可以排除故障（有效率达99%）。

具体操作方法如下：

1）在硬木板或铝板上用力向下磕打液压挺柱，使柱塞与油缸等零件从液压挺柱中脱出。

2）用旧细砂布将油缸外部的油垢清除干净。

3）将止回阀钢球与止回阀座孔（在柱塞上）清洁干净。必要时，可先将托架拆下，然后再清洁止回阀钢球与止回阀座孔。

4）在柱塞上涂少许机油，然后将柱塞和止回阀钢球等零件（回位弹簧除外）装入油缸中进行止回阀的密封性试验。试验方法是，将柱塞向油缸内压入，然后松开柱塞，并观察柱塞是否能向外弹出。若柱塞能向外弹出，则表明止回阀密封性能良好；反之，则要重新清洁止回阀钢球和止回阀座孔。

5）装复油缸内的所有零件。

6）将油缸轻轻敲入挺柱体中。

任务测评

按任务测评表进行任务测评。

任务测评表

评价项目		评价标准	配　分	得　分
专业知识	40分	能描述挺柱功用	10	
		能描述机械挺柱构造	10	
		能描述液压挺柱工作过程	10	
		能描述推杆功用	10	
任务完成情况	40分	任务完成的情况	15	
		任务完成的质量	15	
		在小组完成任务过程中所起的作用	10	
职业素养	20分	能安全、规范地操作	10	
		能与小组成员团结协作	5	
		能积极整理、清洁工位	5	
综合评议				

任务九　摇臂组件检修

任务目标

1. 知识目标

熟悉摇臂组件的结构和工作过程；掌握摇臂组件的检修方法。

2. 技能目标

能根据维修手册制订摇臂组件的检修步骤；能正确检测摇臂组件，并确定修理方法。

3. 思政目标

能安全、规范地操作；能与小组成员团结协作；能积极整理、清洁工位，具有劳动意识。

任务准备

一、摇臂组件的构造

摇臂组件如图3-105所示，摇臂通过衬套空套在摇臂轴上，摇臂轴通过支座固定在缸盖上。为了防止摇臂轴向窜动，每两摇臂之间装有定位弹簧。摇臂轴为空心管状结构，机油从缸体上的主油道经缸体、缸盖和支座中的油道进入摇臂轴内（该轴两端用碗形塞堵死），然后经摇臂轴上的径向孔进入摇臂与轴之间进行润滑。摇臂支承孔则有油孔通向油槽，机油可顺此油槽流向摇臂两端，润滑两端的接合面。摇臂轴支座并非都有油道，不可装错。

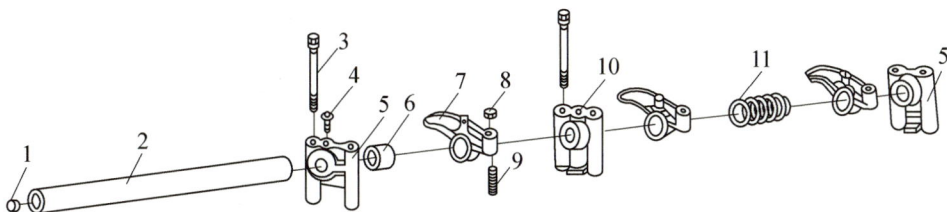

图3-105　摇臂组件

1—堵塞　2—摇臂轴　3—螺栓　4—摇臂轴螺钉　5—摇臂轴支座　6—衬套　7—摇臂
8—锁紧螺母　9—调整螺钉　10—摇臂轴中间支座　11—定位弹簧

二、摇臂

摇臂起杠杆作用，它将推杆的作用力或凸轮的作用力改变方向而传给气门杆推动气门。一般用铸铁或铸钢制成。如图 3-106 所示，气门摇臂制成不等长的，靠气门一边比靠推杆一边的臂约长 30%~50%，这样可获得较大的气门升程，而减少推杆与挺柱的移动量，从而也减少了它们往复运动产生的惯性力。气门摇臂一端为扁圆的工作面，与气门杆端相接触；另一端为带球头的调整螺钉，与推杆相接触，以调整气门间隙。中部为摇臂轴承，装有青铜衬套，与摇臂轴相结合。

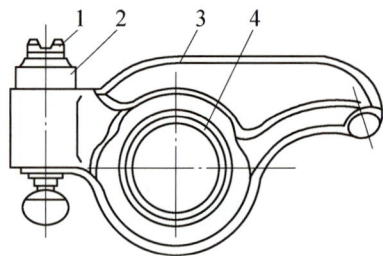

图 3-106　普通摇臂构造

1—气门间隙调整螺钉　2—锁紧螺母
3—摇臂　4—摇臂衬套

摇臂有各种形式，如图 3-107~图 3-110 所示。

图 3-107　滚轮摇臂

图 3-108　普通摇臂

图 3-109　三角摇臂

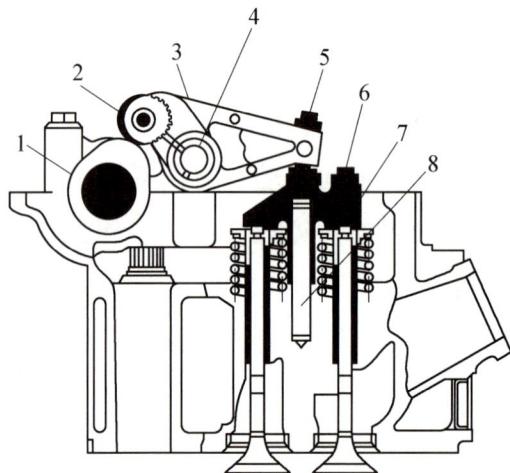

图 3-110　顶置凸轮轴的摇臂组件

1—凸轮轴　2—滚柱　3—气门摇臂　4—气门摇臂轴
5—调节螺钉（1）　6—调节螺钉（2）
7—横臂　8—导向销

三、摇臂轴

摇臂轴的作用是支承摇臂。它是一根中空的圆轴，用几个支座架安装在气缸盖上，如图 3-111 和图 3-112 所示。摇臂与支座架之间装有防止摇臂轴向移动的弹簧，轴的内孔与主油道相通，以便供给机油。摇臂轴用碳钢制成，为了耐磨，它的工作面一般都经过表面淬火。

图 3-111　摇臂轴

图 3-112　摇臂轴组件

任务计划

通过查阅资料，分组讨论，制订检测维修计划。

工具及设备准备	SR20 发动机摇臂组件，千分尺、百分表及表组、检测平台、V 形架，工具车、零件车、棉丝、工作台		
操作流程	检修项目	步　骤	操作要领

任务实施

1. 技术要求

1）摇臂头部应光洁平整，摇臂头部磨损量不大于 0.50mm。

2）摇臂衬套与摇臂轴的配合间隙不大于 0.07mm。

3）气门调整螺钉的螺孔损坏时，一般应予以更换。

4）摇臂轴径向圆跳动的极限值为 0.06mm。

2. 检修内容

1）检查摇臂有无裂纹、机械损伤和严重磨损，摇臂工作面有无缺口、凹陷、沟槽、麻点和划痕等缺陷，如果存在缺陷应更换摇臂。

2）安装有气门间隙调整螺钉的摇臂，检查调整螺钉、锁紧螺母和摇臂上的螺孔是否完好，若有损坏应更换。

3）带滚动轴承的浮动式摇臂，检查其轴承，若磨损严重或损坏应更换摇臂。

4）如图 3-113 所示，用手转动和晃动摇臂轴上的摇臂，检查摇臂和摇臂轴的配合情况。如图 3-114 所示，也可测量摇臂衬套内径和摇臂轴外径，检查其配合间隙，若间隙超过允许极限，应更换零件或总成。

图 3-113　手动检查摇臂和摇臂轴间隙

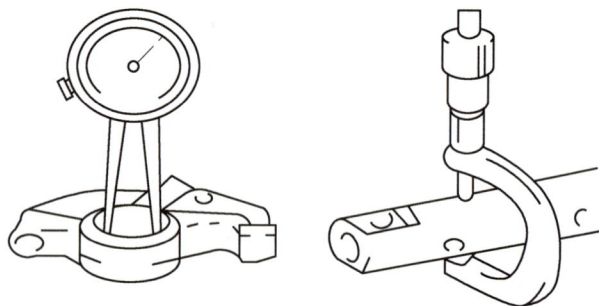

图 3-114　测量摇臂和摇臂轴间隙

5）检查摇臂轴有无裂纹或严重的磨损、弯曲变形等，如果有，则更换摇臂轴。

6）如图 3-115 所示，用百分表测量摇臂轴的弯曲变形，若超过 0.06mm 的允许极限，应更换摇臂轴。

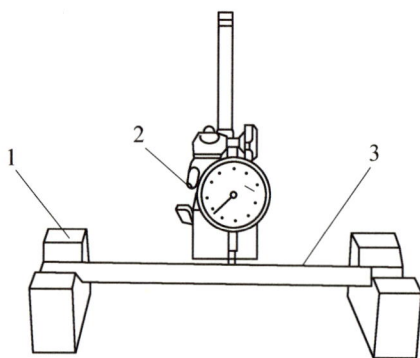

图 3-115　摇臂轴弯曲检测

1—V 形架　2—百分表　3—摇臂轴

任务拓展

【两个气门，三个摇臂】

本田发动机装有 VTEC 机构，"VTEC" 是英文 Variable Valve Timing and Lift Electronic Control System 的缩写，中文意思为：可变气门正时及升程电子控制系统。

发动机每个气缸和普通的高速发动机一样，都配置有两个进气门和两个排气门，不过，它的两个进气门有主、次之分，即主进气门和次进气门。每个气门均由单独的凸轮通过摇臂来驱动。驱动主、次进气门的凸轮分别叫作主、次凸轮。与主、次进气门接触的摇臂分别叫作主、次摇臂。主、次摇臂之间有一个特殊的中间摇臂，它不与任何气门直接接触。三个摇臂并列在一起，均可在摇臂轴上转动。在主、次摇臂和中间摇臂相对应的凸轮轴上铸有三个不同升程的凸轮，分别为主凸轮（慢正时、中升程）为中间尺寸，次凸轮（慢正时、低升程）尺寸最小，中间凸轮（快正时、高升程）尺寸最大。中间摇臂的一端和中间凸轮接触，另一端在低速时可自由活动。

三个摇臂在靠近气门的一端均有一个油缸孔。油缸孔中都安置有靠油压控制的活塞，它们依次为正时活塞、主同步活塞、中间同步活塞和次同步活塞。

VTEC 不工作时，正时活塞和主同步活塞位于主摇臂缸内，与中间摇臂等宽的中间同步活塞位于中间摇臂油缸内，次同步活塞和弹簧一起则位于次摇臂油缸内。正时活塞的一端和液压油道相通，油道的开闭由 ECU 通过 VTEC 电磁阀来控制。

发动机处于低速工况时，ECU 无指令，油道内无油压，活塞位于各自的油缸内，各个摇臂均独自做上下运动。主摇臂紧随主凸轮开闭主进气门，供给发动机在低速工况时所需的混合气；次凸轮迫使次摇臂微微起伏，次进气门微微开闭；中间摇臂虽然随着中间凸轮大幅度运动，但它对任何气门均不起作用。此时发动机处于单进、双排气门工作状态，吸入的混合气不到高速时的一半。因所有气缸参与工作，发动机的运转十分平顺均衡。

发动机处于中速工况时，ECU 控制中速油路开启，液压油驱动中速转换活塞，使主、次摇臂连接在一起，中速凸轮起作用，驱动两个气门运转。

发动机处于高速工况时，ECU 控制打开高速油路，液压油推动高速转换活塞，主、次和中间摇臂连接在一起，由高速凸轮驱动，获得最大的功率。

任务测评

按任务测评表进行任务测评。

任务测评表

评价项目		评价标准	配　分	得　分
专业知识	40分	能描述摇臂组件的组成	10	
		能描述摇臂构造	10	
		能描述摇臂种类	10	
		能描述摇臂轴构造	10	

（续）

评价项目		评价标准	配　　分	得　　分
任务完成情况	40 分	任务完成的情况	15	
		任务完成的质量	15	
		在小组完成任务过程中所起的作用	10	
职业素养	20 分	能安全、规范地操作	10	
		能与小组成员团结协作	5	
		能积极整理、清洁工位	5	
综合评议				

任务十　配气机构故障诊断

任务目标

1. 知识目标

掌握配气机构异响的故障现象和原因；熟悉配气机构故障诊断常用仪器设备和故障诊断方法。

2. 技能目标

能根据故障现象制订故障诊断步骤；能分析故障原因，并排除故障。

3. 思政目标

能安全、规范地操作；能与小组成员团结协作；能积极整理、清洁工位，具有劳动意识。

任务计划

通过查阅资料，分组讨论，制订检测维修计划。

工具及设备准备	491QE 发动机，听诊器、气缸压力表、机油壶、拆装工具，工具车、零件车、棉丝		
操作流程	检 修 项 目	步　　骤	操 作 要 领

任务实施

一、气门异响故障诊断

1. 故障现象描述

怠速时，在气门室处发出连续不断的有节奏的"嗒嗒"声，响声清脆，若有多只气门脚响，则声音杂乱，且断火试验响声无变化。

2. 故障原因分析

1）气门脚润滑不良，或因磨损、调整不当造成气门间隙过大。

2）气门间隙处两接触面不平。

3）气门杆与气门导管配合间隙过大。

4）摇臂轴配合松旷。

3. 故障诊断步骤

1）转速增高响声增大，节奏加快。怠速、低速时响声明显，中速以上变得模糊杂乱。

2）负荷、温度、缸位对气门脚无影响，断火试验异响无变化。

3）怠速下在气门室或气门罩处听诊异响非常明显，气门脚响清脆有节奏，在发动机周围就能听到较为清晰的响声。

4）将气门室盖拆下，在怠速时用适当厚度的塞尺插入气门间隙处，若响声消失或减弱即可确诊为该气门间隙过大；插入塞尺后，气门没有间隙，若响声不变，可用螺钉旋具撬动气门杆，若响声消除，说明气门杆与导管磨损严重。

二、液压挺柱异响故障诊断

1. 故障现象描述

1）发动机怠速运转时发出有节奏的金属敲击声，中速以上响声减弱或消失。

2）用听诊器查听，凸轮轴附近响声明显，断火试验，响声无变化。

2. 故障原因分析

1）挺柱与导孔配合面磨损严重。

2）挺柱液压偶件磨损。

3）润滑油供油不足。

国 家 标 准

※在用发动机：各气缸压力应不小于设计规定值的25%，每缸压力与各缸平均压力的差：汽油机应不小于8%，柴油机应不小于10%。

※大修竣工的发动机：压力应符合原设计规定。每缸压力与各缸平均压力的差：汽油机应不小于8%，柴油机应不小于10%。

---

3. 故障诊断步骤

1）改变发动机转速并用听诊器查听响声的变化。怠速时发动机顶部响声明显，中速以上响声减弱或消失，断火试验响声无变化，即为液压挺柱响。

2）具体部位可用听诊器根据响声变化来判断。

3）在起动时，液压挺柱有不大的响声是正常的（润滑油未充分进入液压挺柱），发动机转速达到2500r/min后继续运转2min，若挺柱仍有响声，应先检查调整机油压力。若机油压力正常，则应更换液压挺柱。

三、气缸压缩压力不足故障诊断

1. 故障现象描述

一辆卡罗拉轿车，发动机怠速不稳，有点冒黑烟，在起步时需连续抖动节气门方可起步，经检查，电路及油路均正常，分析可能为发动机气缸压力异常。

2. 故障原因分析

影响气缸压力不足的因素如下：

1）气缸磨损。

2）活塞环损坏。

3）活塞磨损。

4）气门、气门座损坏。

5）气门导管磨损。

6）气缸垫损坏。

7）气门间隙。

3. 故障诊断步骤

（1）测前准备

1）检查蓄电池电量充足。

2）用规定的力矩拧紧气缸盖螺栓。

3）彻底清洗空气滤清器或更换新的空气滤清器。

4）发动机达到正常的工作温度（冷却液温度为80~90℃，油温为70~90℃）。

5）用起动机带动卸除全部火花塞的发动机运转，转速为200~300r/min，柴油机转速为500r/min，或按原厂规定转速运转。

（2）用气缸压力表测量

1）先用压缩空气吹净火花塞周围的脏物。

☆检测注意事项

☞不能在冷车时测缸压。由于温度和大气压等因素的影响，只有在发动机达到正常的工作温度时测得的缸压才具有实质性的参考价值。

☞ 对于电喷车在测试中必须拆下燃油泵熔丝或其他继电器、熔丝再测量，否则往往会导致"淹缸"以及缸压偏低的情况。

☞ 测试过程中，必须将节气门全部打开。否则会由于燃烧室内进气量不足，从而导致缸压偏低。

☞ 由于缸压测量具有一定的偶然性，只测一次往往不准确，只有经过2~3次测试然后取其平均值，测试结果才有效。测试中起动机运转时间不能过长或过短。时间过长会过多消耗电能危害起动。

2）拆下全部火花塞（如是柴油机，则应拆除喷油器），对于汽油机还应把点火系统次级高压线拔下并可靠搭铁，以防止电击或着火。

3）把专用气缸压力表的锥形橡皮头插在被测量气缸的火花塞孔内，扶正压紧（图3-116）（柴油机是在喷油器安装孔内装上气缸压力表接头）。

4）将节气门置于全开位置，用起动机带动曲轴转动3~5s（不少于4个压缩行程），待压力表表针指示并保持最大压力读数后停止转动。

5）取下压力表，在表3-3记下读数。按下单向阀使压力表指针回零。按此法依次测量各缸，每缸测量次数不少于2次，每缸测量结果取算术平均值，与标准值相比较，分析结果，判断气缸工作状况。

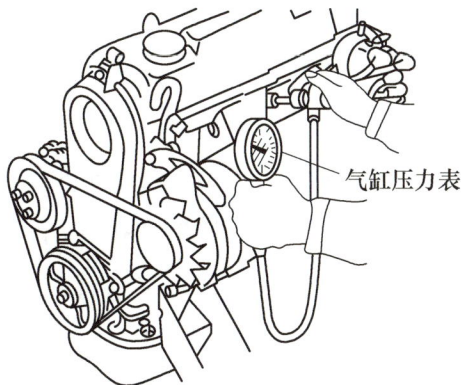

气缸压力表

图3-116 气缸压力测量

表3-3 气缸压力检测记录

气缸序号	标准压力/kPa	实测压力
1号气缸	1200	
2号气缸	1200	
3号气缸	1200	
4号气缸	1200	
最大与最小压力值误差		
结论		

（3）测量结果分析

1）若测得的结果超出原厂标准，说明燃烧室内积炭过多，气缸垫过薄或缸体和缸盖接合平面经多次维修磨削过多造成。

2）测得的结果如低于原厂标准，说明气缸密封性变差，可向该缸火花塞孔内注入20～30mL机油，然后用气缸压力表重测气缸压力。

若第二次测得的压力值比第一次高，接近标准压力，表明是气缸、活塞环、活塞磨损过大或活塞环对口、卡死、断裂及缸壁拉伤等原因造成气缸密封不严。

若第二次测得的压力值与第一次略同，即仍比标准压力低，说明进、排气门或气缸垫密封不良。

若两次结果均表明某相邻气缸压力都相当低，说明是两相邻处的气缸垫烧损窜气。

若在测量气缸压力后，针对压力低的气缸，常采用如下简易办法：

打开散热器盖、加机油口，用一条胶管，一头接在压缩空气气源（600kPa以上），另一头通过锥形橡皮头插在火花塞或喷油器孔内。

摇转发动机曲轴，使被测气缸活塞处于压缩终了上止点位置，然后将变速器挂入低速档，拉紧驻车制动器。

打开压缩空气开关，注意倾听发动机漏气声。如果在进气管口处听到漏气声，说明进气门关闭不严；如果在排气消声器口处听到漏气声，说明排气门关闭不严。如果在散热器加水口处看到有气泡冒出，说明气缸垫不密封造成气缸与水套相通；如果在加油口处听到漏气声，说明气缸活塞配合副磨损严重。

（4）测试完毕　装回火花塞，并接通燃油供给管路，把工量具等放回原位。

任务拓展

【气缸压力表】

气缸压缩压力是指发动机压缩终了时的压力。气缸压力与机油黏度、气缸活塞组配合情况、配气机构调整的正确性和气缸垫的密封性等因素有关。所以，测量发动机气缸的压力，可以诊断气缸、活塞组的密封情况，活塞环、气门、气缸垫密封性是否良好和气门间隙是否适当等。

气缸压缩压力用气缸压力表进行检测。

气缸压力表是一种气体压力表，由表头、导管、单向阀和接头等组成，气缸压力表的接头有两种：一种为锥形或阶梯形的橡胶接头，可以压紧在火花塞或喷油器孔上；另一种为螺纹管接头，可以拧紧在火花塞或喷油器孔内，如图3-117和图3-118所示。

气缸压力表还装有能通大气的单向阀。当单向阀处于关闭位置时，可保持压力表指针位置，以便于读数。当按下单向阀按钮使其处于开启位置时，可使压力表指针回零。几种常见车型气缸压缩压力值见表3-4。

图 3-117　汽油机用气缸压力表

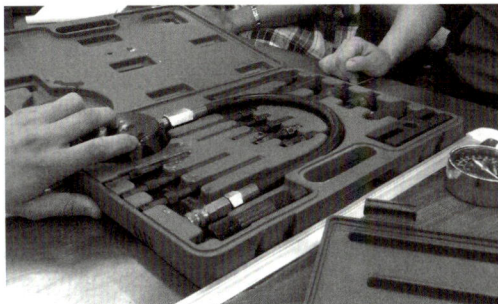

图 3-118　柴油机用气缸压力表

表 3-4　几种常见车型气缸压缩压力值

发动机型号	压　缩　比	气缸压缩压力值/kPa	各缸压力差/kPa
奥迪 100 1.8L	8.5	新车 800～1000，极限 650	不大于 300
捷达 EA827	8.5	900～1100	不大于 300
桑塔纳 AJR 1.8L	9.3	1000～1350	不大于 300
富康 TU3	8.8	1200	不大于 300
解放 CA6102	7.4	930	不大于 300
东风 EQ6100	6.75	833	不大于 300
五十铃 4JB1	18.2	3100	不大于 350

任务测评

按任务测评表进行任务测评。

任务测评表

评 价 项 目		评 价 标 准	配　分	得　分
专业知识	40 分	能描述气门异响特点	10	
		能描述液压挺柱异响特点	10	
		能描述气缸压力不足的原因	10	
		能描述气缸压力不足的诊断方法	10	
任务完成情况	40 分	任务完成的情况	15	
		任务完成的质量	15	
		在小组完成任务过程中所起的作用	10	
职业素养	20 分	能安全、规范地操作	10	
		能与小组成员团结协作	5	
		能积极整理、清洁工位	5	
综合评议				

项 目 回 顾

本项目介绍了配气机构的组成和功用、各组成零件的结构和装配关系，及其各零部件的检测和修理方法，要求学生能正确、熟练地运用工具和量具进行拆装和测量。在拆装和检修的过程当中，规范操作流程，培养学生安全意识；小组合作探究，培养学生团队协作能力；准确检测数据，培养学生精益求精的工匠精神；整理清洁工位，培养了学生环保意识和劳动精神。

项 目 练 习

一、选择题

1. 顶置式气门的气门间隙的调整部位在（　　　）。

　　A. 挺柱上　　　　　　　　B. 推杆上　　　　　　　　C. 摇臂上

2. 解放 CA6102 型发动机曲轴与凸轮轴的传动方式是（　　　）。

　　A. 齿轮传动　　　　　　　B. 链条传动　　　　　　　C. 齿形带传动

3. 曲轴正时齿轮与凸轮轴正时齿轮的传动比是（　　　）。

　　A. 1:1　　　　　　　　　B. 1:2　　　　　　　　　C. 2:1

4. 四冲程发动机的曲轴转速为 3000r/min 时，则同一气缸的进气门，在 1min 内开闭的次数应该是（　　　）。

　　A. 3000 次　　　　　　　B. 1500 次　　　　　　　C. 750 次

5. 发动机的进、排气门锥角一般是（　　　）。

　　A. 15°　　　　　　　　　B. 45°　　　　　　　　　C. 30°

6. 安装不等距气门弹簧时，螺距小的一端应朝向（　　　）。

　　A. 气门头部　　　　　　　B. 气门尾部

7. 四冲程六缸发动机，各同名凸轮之间的相对位置夹角应当是（　　　）。

　　A. 120°　　　　　　　　　B. 90°　　　　　　　　　C. 60°

8. 摇臂的两端臂长是（　　　）。

　　A. 相等的　　　　　　　　B. 靠气门端较长　　　　　C. 靠推杆端较长

9. 顶置式气门的气门间隙的调整部位在（　　　）。

　　A. 挺柱上　　　　　　　　B. 推杆上　　　　　　　　C. 摇臂上

二、判断题

1. 气门间隙是指气门与气门座之间的间隙。　　　　　　　　　　　　　　　（　　　）

2. 在气门升程相同的情况下，气门锥角越大，气流通过断面越大。　　　　　（　　　）

3. 进气门头部直径通常要比排气门大，而进气门锥角比排气阀的小。　　　（　　）

4. 采用双气阀弹簧时，两个弹簧的旋向必须相同。　　　　　　　　　（　　）

5. 凸轮轴的转速比曲轴的转速快一倍。　　　　　　　　　　　　　　（　　）

6. 挺柱在工作时，既有上下往复运动，又有旋转运动。　　　　　　　（　　）

7. 进气持续角等于进气提前角和进气迟闭角之和。　　　　　　　　　（　　）

8. 曲轴正时齿轮是由凸轮轴正时齿轮驱动的。　　　　　　　　　　　（　　）

9. 多缸发动机各缸同名气门的结构和尺寸是完全相同的，可以互换。　（　　）

10. 气门间隙过大时，发动机在热态下可能发生漏气，发动机功率下降。（　　）

三、思考题

1. 在轿车上常采用什么形式的配气结构？有何特点？

2. 配气机构有哪些专业术语？有哪些英文符号？

3. 利用周末课余时间到修理厂走访，看看配气机构中哪些零部件容易损坏？这些零部件要做哪些检测和维修？

4. 发动机的进气门和排气门的工作面的锥角一般采用多大角度？

5. 什么是气门间隙？为何留气门间隙？如何检查调整？

6. 为什么在采用普通挺柱的发动机配气机构中要留气门间隙？为什么在采用液压挺柱的发动机配气机构中不留气门间隙？

7. 进、排气门为什么要早开晚闭？

8. 如何根据凸轮轴判定发动机的工作顺序？

9. 为什么有的配气机构中采用两个套装的气门弹簧？

10. 总结一下，轿车的配气机构中有哪些新技术？

四、技能点

1. 指认配气机构的组成，说出各部分的名称，简述其功用。

2. 结合 SR20 发动机，讲解配气机构的工作过程。

3. 检查调整气门间隙。

4. 拆装正时齿形同步带。

5. 拆装正时链条。

6. 拆装正时齿轮。

7. 用气门座铰刀铰削气门。

8. 研磨气门与气门座，并检查气门与气门座的密封性。

9. 更换气门导管和气门油封。

10. 拆装气门组件。

项目四 汽油机燃料供给系统维修

项目描述

一辆威朗轿车起动时，起动机正常运转，发动机无法正常起动。进厂经检测后，确定需进行燃料供给系统维修。

项目分析

作为一名修理工，如何完成汽油机燃料供给系统的维修呢？首先识别汽油供给系统的组成，按照维修手册的要求，对汽油供给系统的滤清器、汽油泵、喷油器、油压调节器等各部分进行拆解、检测、维修，恢复其技术状态，排除汽油机燃料供给系统的故障，保证发动机的正常运转。

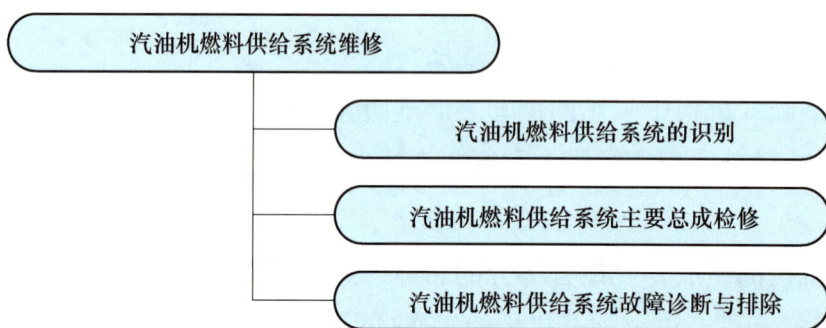

```
汽油机燃料供给系统维修
    ├─ 汽油机燃料供给系统的识别
    ├─ 汽油机燃料供给系统主要总成检修
    └─ 汽油机燃料供给系统故障诊断与排除
```

任务一　汽油机燃料供给系统的识别

任务目标

1. 知识目标

了解汽油机燃料供给系统的组成；掌握混合气的形成过程以及汽油机对混合气的要求。

2. 技能目标

能准确识别汽油机燃料供给系统的零部件。

3. 思政目标

能安全、规范地操作；能与小组成员团结协作；能积极整理、清洁工位，具有劳动意识。

任务准备

一、汽油机燃料供给系统的功用

汽油机燃料供给系统的功用是根据发动机的不同工况，配制一定数量和浓度的可燃混合气送入气缸，在接近压缩终了时点火燃烧而膨胀做功。

汽油机的正常燃烧大约分为两个阶段：第一阶段是发火期，即从火花塞产生火花，促使火花附近的混合气急剧氧化，温度升高到出现第一个火焰；第二阶段是火焰推进期，此时活塞在上止点附近，火焰前峰以 $30\sim70\text{m/s}$ 的速度逐渐向四周推进到最远处，气缸内的压力和温度很快升高，直到可燃混合气燃烧完全为止。

二、汽油机燃料供给系统的组成

汽油机燃料供给系统主要由燃油供给装置、空气供给装置、混合气形成装置和废气排出装置 4 部分组成。

（1）燃油供给装置　燃油供给装置的主要功用是完成燃料的储存、滤清和输送，并将燃料以一定压力定时、定量地喷入进气歧管或燃烧室。燃油供给装置可分为化油器燃油供给装置和电控燃油供给装置，现代汽油机都已采用电控燃油供给装置。电控燃油供给主要包括燃油箱、电动输油泵、汽油滤清器、油压调节器、油轨和电动喷油器等。

（2）空气供给装置　空气供给装置的主要功用是供给发动机清洁的空气，包括空气滤清器和进气管等。为了增加进气量，提高经济性，许多汽油发动机装有进气增压装置。

（3）混合气形成装置　混合气形成装置的主要功用是使燃油与空气混合形成混合气。汽油机的混合气形成在进气歧管或气缸内进行。

（4）废气排出装置　废气排出装置的主要功用是将燃烧后的废气排出气缸，包括排气管、排气消声器和三元催化装置等。

三、发动机对混合气浓度的要求

汽油经过雾化、蒸发与空气按一定比例混合而成的气体称为可燃混合气。可燃混合气中汽油的含量称为可燃混合气浓度。

1. 空燃比和过量空气系数

混合气浓度用空燃比 R 和过量空气系数 α 表示。

$$\text{空燃比 } R = \frac{\text{空气质量}}{\text{燃油质量}}$$

$$\text{过量空气系数 } \alpha = \frac{\text{燃烧过程中实际供给的空气质量}}{\text{理论上完全燃烧时所需要的空气质量}} = \frac{\text{实际空燃比}}{\text{理论空燃比}}$$

理论上 1kg 汽油完全燃烧需要 14.7kg 空气。空燃比 $R=14.7$（$\alpha=1$）的混合气称为标准混合气（也称为理论混合气）；$R<14.7$（$\alpha<1$）的混合气称为浓混合气；$R>14.7$（$\alpha>1$）的混合气称为稀混合气。

2. 可燃混合气浓度对发动机工作的影响

（1）标准混合气（$\alpha=1$）　理论上标准混合气燃烧最完全，但实际上汽油与空气的混合不能达到绝对均匀，因此标准混合气燃烧并不是最完全，不能达到最大功率和最低耗油率。

（2）稍浓混合气（$\alpha=0.88\sim0.95$）　稍浓混合气由于汽油含量较多，汽油分子密集，燃烧速率最快，热量损失小，能使发动机获得最大功率。但由于空气量不足、燃烧不完全，经济性降低。

（3）过浓混合气（$\alpha<0.88$）　过浓混合气由于空气严重不足，燃烧不完全，动力性、经济性均变坏，导致发动机排气管冒黑烟、放炮，燃烧室积炭，排气污染严重。

（4）稍稀混合气（$\alpha=1.05\sim1.15$）　稍稀混合气可以保证汽油分子获得足够的空气而完全燃烧，因而经济性最好，但由于参与燃烧的燃料相对减少，燃烧速度减慢，功率有所降低。

（5）过稀混合气（$\alpha>1.15$）　过稀混合气由于空气量过多，燃烧速度变慢，热量损失加大，导致功率显著减小，耗油率显著增加。同时，发动机出现回火和拍击声，发动机过热，加速性变坏。

由上述可知，如果要发动机发出较大功率，即动力性好，应使用稍浓混合气，这样耗油量要大些，即要牺牲一点经济性。如果要耗油率较低，即经济性较好，则要使用稍稀混合气，这就要损失一点功率。故混合气浓度在 0.88 ~ 1.11 范围内最有利。

四、汽油机对混合气的要求

1. 汽油机工作的特点

（1）工况变化范围很大　负荷可从 0 变到 100%，转速可从最低稳定转速变到最高转速，而且有时工况变化非常迅速。

（2）中等负荷下工作时间长　在汽车行驶的大部分时间内，发动机是在中等负荷下工作的。轿车发动机负荷经常是 40%~60%，而货车为 70%~80%。

2. 汽油机各种使用工况对混合气浓度的要求

（1）稳定工况对混合气浓度的要求　发动机的稳定工况是指发动机已经完成预热，转入正常运转，且在一定时间内没有转速或负荷的突然变化。稳定工况可按负荷大小划分 3 个范围。

① 怠速工况。要求提供较浓的混合气（$\alpha = 0.6 \sim 0.8$）。

② 小负荷工况。要求供给较浓混合气（$\alpha = 0.7 \sim 0.9$）。

③ 中等负荷工况。要求经济性为主，混合气 $\alpha = 0.9 \sim 1.1$。

④ 大负荷及全负荷工况。要求发出最大功率 P_{emax}，$\alpha = 0.85 \sim 0.95$。

（2）过渡工况对混合气浓度的要求　汽车在运行中还有以下几种工况，它们对混合气浓度有特殊的要求：

① 起动工况。要求供给极浓的混合气（$\alpha = 0.2 \sim 0.6$）。

② 暖机工况。暖机过程中，混合气的浓度应当随温度的升高，从起动时的极浓混合气逐渐过渡到稳定怠速所要求的混合气浓度。

③ 加速工况。在节气门突然开大时，强制多供油，额外增加供油量，及时使混合气加浓到足够的程度。

五、汽油机燃料供给系统的工作过程

汽油机燃料供给系统分为化油器发动机燃料供给系统和电控发动机燃料供给系统，现在汽车发动机上都已采用电控发动机燃料供给系统。

电控汽油机燃料供给系统的工作过程如下：

1）发动机 ECU 接收进气流量或进气管绝对压力、发动机转速、冷却液温度、进气温度、节气门位置等传感器输入的信号。

2）ECU 根据进气流量或进气管绝对压力和转速信号这两个主要参数，决定该工况下的基本燃油供给量。其他各种参数包括冷却液温度、进气温度、大气压力、蓄电池电压、节气门变化速率（加减速）、排气中氧含量等，起修正作用。

3）ECU 将收到的参数与存储在 ROM 中的参考数据进行比较，从而确定该状态下发动机所需的喷油量，控制喷油器喷油。

4）喷油器喷出的汽油和空气混合形成混合气，进入燃烧室燃烧，燃烧后的废气通过排气系统排到发动机外。

任务计划

通过查阅资料，分组讨论，制订检测维修计划。

工具及设备准备	汽油发动机 1 台		
操作流程	检 修 项 目	步　　骤	操 作 要 领

任务实施

观察汽油机，识别电控汽油机燃料供给系统各组成部分。把燃料供给系统的主要部分名称填写在空格中。

汽油机型号：＿＿＿＿＿＿＿＿＿＿

（1）＿＿＿＿＿＿　　（2）＿＿＿＿＿＿　　（3）＿＿＿＿＿＿

（4）＿＿＿＿＿＿　　（5）＿＿＿＿＿＿　　（6）＿＿＿＿＿＿

任务测评

按任务测评表进行任务测评。

任务测评表

评 价 项 目		评 价 标 准	配　　分	得　　分
专业知识	40分	能描述汽油机燃料供给系统的组成	15	
		能描述汽油机燃料供给系统各部分的功用	15	
		能描述汽油机燃料供给系统各部分的安装位置	10	
任务完成情况	40分	任务完成的情况	15	
		任务完成的质量	15	
		在小组完成任务过程中所起的作用	10	

（续）

评价项目		评价标准	配　分	得　分
职业素养	20 分	能安全、规范地操作	5	
		能与小组成员团结协作	5	
		能积极整理、清洁工位	10	
综合评议				

任务二 汽油机燃料供给系统主要总成检修

任务目标

1. 知识目标

了解汽油机燃料供给系统的组成部分；掌握汽油机燃料供给系统主要总成的检修方法。

2. 技能目标

能规范检修汽油机燃料供给系统主要总成。

3. 思政目标

能安全、规范地操作；能与小组成员团结协作；能积极整理、清洁工位，具有劳动意识。

任务准备

汽油机燃料供给系统主要总成有燃油箱、汽油泵、汽油滤清器、油压调节器和喷油器，如图 4-1 所示。

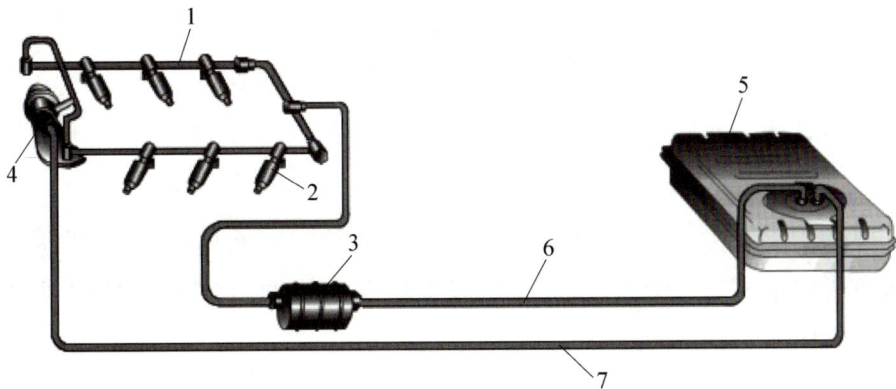

图 4-1　汽油机燃料供给系统组成图

1—油轨　2—喷油器　3—汽油滤清器　4—油压调节器　5—燃油箱　6—进油管　7—回油管

一、汽油泵

电动汽油泵是燃料供给系统的主要部件。电动汽油泵在发动机 ECU 的控制下，向燃油供给系统提供所需的具有一定压力的汽油。电动汽油泵有涡轮式、滚柱式和齿轮式 3 种，现代汽油机常采用涡轮式电动汽油泵。

涡轮式电动汽油泵主要由燃油泵电动机、涡轮泵、单向阀和安全阀组成，如图 4-2 所示。

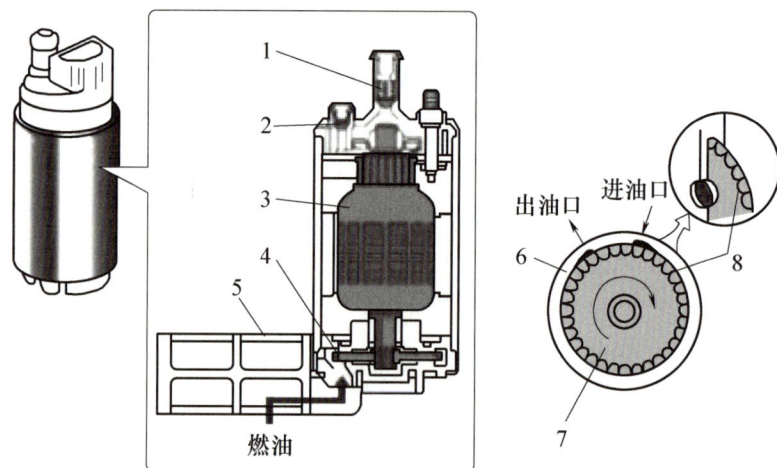

图 4-2　涡轮式电动汽油泵

1—单向阀　2—安全阀　3—电动机　4、7—叶轮　5—燃油泵滤清器
6—壳体　8—叶片

燃油泵电动机通电时，电动机驱动涡轮泵叶片旋转，由于离心力的作用使叶轮周围小槽内的叶片贴紧泵壳，将燃油从进油室带往出油室。由于进油室的燃油不断减少，形成一定的真空度，将燃油从进油口吸入；而出油室燃油不断增多，燃油压力升高，当达到一定值时，顶开出油口单向阀输出。电动机是永磁直流电动机，在接线时，注意燃油泵上接线端子有"＋""－"之别，若接错会影响油泵的正常运转。

电动燃油泵上的单向阀（止回阀）可在发动机停机后使燃油系统保持残压，以便发动机下次起动迅速。有时早晨起动车辆时需起动多次才能着车，常和此阀关闭不严引起系统油压低有很大关系。

电动燃油泵上的安全阀（限压阀）是防止燃油系统堵塞后（如燃油滤清器长期使用未及时更换造成堵塞）烧坏燃油泵。当以上情况出现时，安全阀使燃油旁路，起到保护燃油泵的作用。

电子燃油泵上的滤网是发动机燃油系统的第一道过滤装置，用来过滤汽油中直径较大的杂质和胶质，保护油泵电动机。汽油中杂质和胶质较多时，会影响电动燃油泵的泵油量，严重时会导致电动燃油泵无法吸油，此时需清洗油泵滤网和汽油箱。电动燃油泵滤网破损后，应更换电动燃油泵总成。

二、喷油器

现代汽油机采用电动喷油器。喷油器由针阀偶件、电磁线圈、进油口、喷油口和壳体等组成，喷油器不工作时，回位弹簧通过衔铁使针阀紧压在阀座上，防止滴油。当电磁线圈通电时，产生电磁吸力将衔铁吸起，带动针阀离开阀座，回位弹簧被压缩，进油口的压力油通过轴针与喷口的环隙从喷口喷出。当电磁线圈断电时，电磁吸力消失，回位弹簧迅速将针阀关闭，喷油器停止喷油，如图4-3所示。

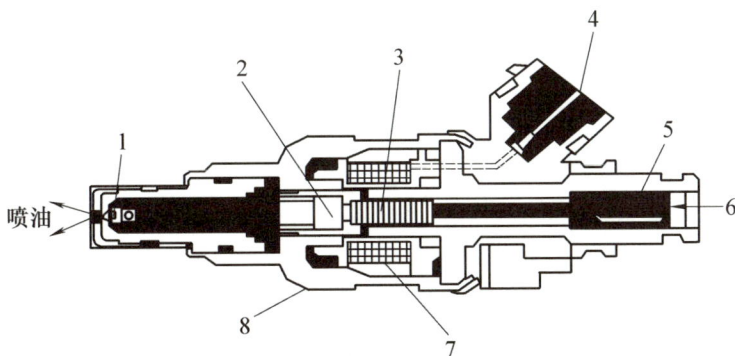

图4-3 喷油器结构图

1—喷油针阀 2—衔铁 3—回位弹簧 4—电插头 5—滤网 6—进油口
7—电磁线圈 8—壳体

喷油器按针阀喷口不同分为轴针式喷油器和孔式喷油器，孔式喷油器包括球阀式和片阀式两种，如图4-4所示。

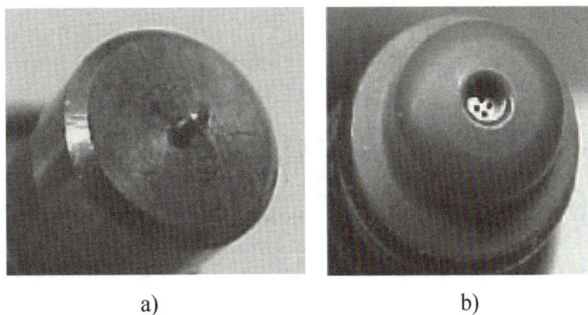

a)   b)

图4-4 喷油器的种类

三、油压调节器

油压调节器的作用是根据进气歧管真空度的变化来调节进入喷油器的燃油压力，使燃油压力与进气歧管压力之差保持不变，让喷油压力在不同的节气门开度下保持定值。

任务计划

通过查阅资料，分组讨论，制订检测维修计划。

工具及设备准备	汽油发动机 1 台		
操作流程	检 修 项 目	步　　骤	操 作 要 领

任务实施

一、检修汽油泵

1）找到电动汽油泵，观察电动汽油泵上的附件。

安装位置是_____，电动汽油泵的附件有_____。

2）关闭点火开关，拆下电路插头。

电路的用途是_____。

3）卸掉油路油压，拆下油管。

油管连接描述：_____。

4）拧松油泵压盖，取出电动汽油泵。

观察油泵总成结构：_____。

观察汽油泵滤网，如果有破损，则_____。

汽油泵通电检查工作情况：_____。

5）装复电动汽油泵，连接好电路和油管。

6）拆装汽油泵时注意：应释放燃油系统的压力并关闭用电设备。

二、检修喷油器

1）找到喷油器，观察喷油器外部结构。

安装位置是_____，喷油器的附件有_____。

2）关闭点火开关，拆下电路插头。

电路的用途是_____。

3）卸掉油路油压，拆下油轨，取下喷油器。

油管连接描述：_____。

观察喷油器结构：_____。

观察喷油器滤网，如果有破损，则_____。

喷油器通电检查工作情况（图4-5）：_____。

检查喷油器的雾化情况：_____。

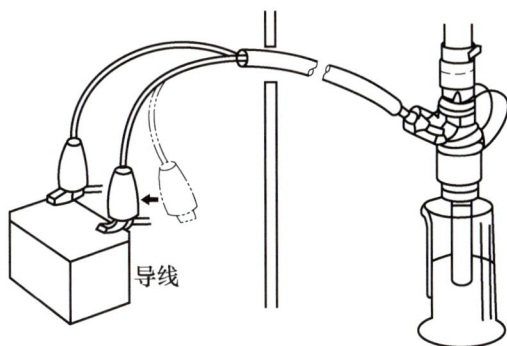

图4-5　喷油器通电检查

4）装复喷油器，连接好电路和油管。

安装喷油器时应更换O形密封圈，将喷油器装入油轨时应不断转动喷油器，以免损坏O形密封圈。用手转动喷油器，如果不能平顺转动，说明O形密封圈安装不当，应重新安装喷油器。装完后要用扭力扳手按规定力矩拧紧油轨的连接螺栓（一般为5N·m左右）。

5）拆装喷油器时注意：应释放燃油系统的压力并关闭用电设备。

任务测评

按任务测评表进行任务测评。

任务测评表

评价项目		评价标准	配　　分	得　　分
专业知识	40分	能描述喷油器的功用	15	
		能描述汽油泵的功用	15	
		能描述油压调节器的功用	10	
任务完成情况	40分	任务完成的情况	15	
		任务完成的质量	15	
		在小组完成任务过程中所起的作用	10	
职业素养	20分	能安全、规范地操作	5	
		能与小组成员团结协作	5	
		能积极整理、清洁工位	10	
综合评议				

任务三　汽油机燃料供给系统故障诊断与排除

任务目标

1. 知识目标

了解汽油机燃料供给系统的故障；掌握汽油机燃料供给系统常见故障的排除方法。

2. 技能目标

能准确判断常见汽油机燃料供给系统的故障原因并排除故障。

3. 思政目标

能安全、规范地操作；能与小组成员团结协作；能积极整理、清洁工位，具有劳动意识。

任务计划

通过查阅资料，分组讨论，制订检测维修计划。

工具及设备准备	汽油发动机 1 台		
操作流程	检修项目	步　骤	操 作 要 领

任务实施

一、汽油机燃料供给系统不供油的故障排除

1. 故障现象

发动机不能起动。

2. 故障原因分析

1）燃油箱缺油。

2）汽油泵损坏或不工作。

3）油路或滤清器堵塞。

4）油路密封不良（漏气）。

3. 故障诊断步骤

1）检查燃油箱是否有燃油，观察燃油警告灯，必要时加油。

2）打开点火开关听油泵运转声来检查油泵电路是否正常工作。

3）用油压表检测燃油系统的油压，将滤清器到燃油分配管之间油路断开，接上油压表，拧紧管接头，起动起动机测出油压的高低。若油压不正常，则是油路问题，需检查油路密封情况、滤网和滤清器堵塞情况。

二、汽油机燃料供给系统供油压力过低的故障排除

1. 故障现象

汽油机运转不稳定、动力不足、加速不良和熄火等现象。

2. 故障原因分析

1）油泵故障。

2）油压调节器损坏。

3）油路或滤清器堵塞。

3. 故障诊断步骤（图4-6）

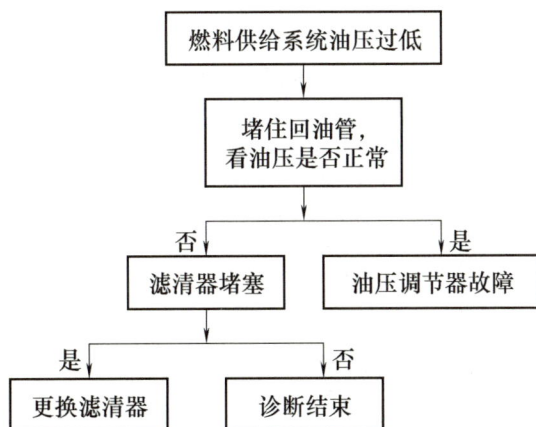

图4-6　供油压力过低的故障诊断步骤

三、汽油机燃料供给系统供油压力过高的故障排除

1. 故障现象

汽油机混合气过浓，出现油耗增加、排气冒黑烟等现象。

2. 故障原因分析

1）油压调节器损坏。

2）回油路堵塞。

3. 故障诊断步骤（图4-7）

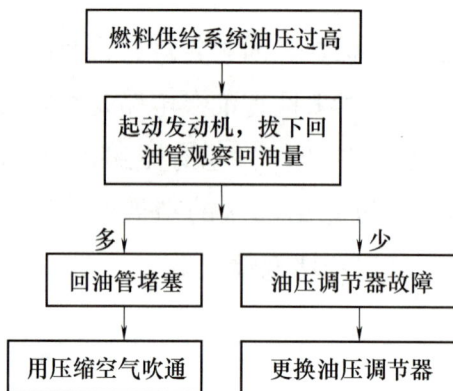

```
┌─────────────────────┐
│   燃料供给系统油压过高   │
└─────────────────────┘
           │
           ▼
┌─────────────────────┐
│   起动发动机，拔下回     │
│   油管观察回油量        │
└─────────────────────┘
      多 │        │ 少
        ▼          ▼
┌──────────┐  ┌──────────┐
│ 回油管堵塞  │  │ 油压调节器故障 │
└──────────┘  └──────────┘
      │              │
      ▼              ▼
┌──────────┐  ┌──────────┐
│ 用压缩空气吹通 │  │ 更换油压调节器 │
└──────────┘  └──────────┘
```

图4-7　供油压力过高的故障诊断步骤

任务测评

按任务测评表进行任务测评。

任务测评表

评价项目		评价标准	配　分	得　分
专业知识	40分	能描述汽油机燃料供给系统不供油的原因	15	
		能描述汽油机燃料供给系统供油压力过低的原因	15	
		能描述汽油机燃料供给系统供油压力过高的原因	10	
任务完成情况	40分	任务完成的情况	15	
		任务完成的质量	15	
		在小组完成任务过程中所起的作用	10	
职业素养	20分	能安全、规范地操作	5	
		能与小组成员团结协作	5	
		能积极整理、清洁工位	10	
综合评议				

项目回顾

　　本项目介绍了汽油机燃料供给系统的组成和功用、各组成零件的结构和装配关系，及其主要总成部件的检测和修理方法，要求学生能正确、熟练地运用工具和量具进行拆装和测量。在拆装和检修的过程当中，规范操作流程，培养学生安全意识；小组合作探究，培养学生团队协作能力；准确检测数据，培养学生精益求精的工匠精神；整理清洁工位，培养学生环保意识和劳动精神。

项 目 练 习

一、判断题

1. 怠速控制按进气方式可分为节气门直动式和旁通气道式两种。　　　　　（　　）

2. 目前大多数电动汽油泵是装在燃油箱内部的。　　　　　（　　）

3. 喷油器堵塞会造成系统油压过高。　　　　　（　　）

4. 电动燃油泵是一种由小型交流电动机驱动的燃油泵。　　　　　（　　）

5. MPI 为多点喷射，即一个喷油器给 3 个以上的气缸喷油。　　　　　（　　）

6. 内装式燃油泵不易产生气阻和燃油泄漏，且噪声小。　　　　　（　　）

7. 汽油机进气系统的作用是测量进入发动机工作时的进气量和控制怠速。　（　　）

8. 压力调节器的作用是使燃油压力与进气管压力之差保持恒定。　　　　　（　　）

9. 电控燃油喷射能实现空燃比的精确控制。　　　　　（　　）

二、选择题

1. 威朗轿车发动机进气测量方式为（　　　）。

　　A. D 型进气检测　　B. L 型进气检测　　　　C. LH 型进气检测

2. 间接测量方式检测进气量的装置是（　　　）。

　　A. 进气压力传感器　　　　　　　　　B. 热线式空气流量传感器

　　C. 卡门旋涡式空气流量传感器　　　　D. 热膜式空气流量传感器

3. 能够调节燃料供给系统供油压力的是（　　　）。

　　A. 燃油压力调节器　　　　　　　　　B. 燃油滤清器

　　C. 喷油器　　　　　　　　　　　　　D. 燃油脉动阻尼器

4. 采用顺序喷射方式时，一般喷油是在（　　　）进行的。

　　A. 压缩上止点前　　B. 排气上止点后　　　C. 排气结束前　　　D. 压缩上止点后

5. 对喷油量起决定作用的是（　　　）。

　　A. 氧传感器　　　　　　　　　　　　B. 冷却液温度传感器

　　C. 空气流量传感器　　　　　　　　　D. 节气门位置传感器

6. 电磁喷油器的喷油量主要取决于（　　　）。

　　A. 油管油压　　　　B. 点火提前角　　　　C. 喷油时间　　　D. 工作温度

三、思考题

1. 汽油机燃料供给系统由哪几部分组成？各部分的功用是什么？

2. 汽油机可燃混合气是如何形成的？

3. 汽油泵是怎样工作的？

4. 喷油器是怎样工作的？

5. 汽油机燃料供给系统不供油的原因有哪些？

四、技能点

1. 正确检查汽油泵。

2. 正确检查喷油器。

3. 规范诊断汽油机燃料供给系统常见故障。

项目五　柴油机燃料供给系统维修

项目描述

一辆装有柴油发动机的汽车起动时，发动机转速失控，响声巨大，振动强烈，排气管冒出伴有火团的浓浓黑烟。进厂经检测后，确定需进行燃油供给系统维修。

项目分析

作为一名修理工，如何完成柴油机燃料供给系统的维修呢？首先识别柴油机燃料供给系统的组成，按照维修手册的要求对燃料供给系统的输油泵、喷油器、柴油滤清器、喷油泵、调速器、增压器以及油泵供油正时等各部分进行拆解、检测和维修，恢复其技术状态，排除燃料供给系统的故障，保证发动机的正常运转。

```
柴油机燃料供给系统维修
    ├── 柴油机燃料供给系统的识别
    ├── 柴油输油泵的检修
    ├── 柴油滤清器的检修
    ├── 喷油器的检修
    ├── 喷油泵的检修
    ├── 废气涡轮增压器的检修
    ├── 识别高压共轨电控柴油喷射系统
    └── 柴油机燃料供给系统故障诊断与排除
```

任务一　柴油机燃料供给系统的识别

任务目标

1. 知识目标

认识柴油机燃料供给系统的组成；掌握柴油机燃料供给系统的作用。

2. 技能目标

能正确指认柴油机燃料供给系统各组成。

3. 思政目标

能安全、规范地操作；能与小组成员团结协作；能积极整理、清洁工位，具有劳动意识。

任务准备

一、柴油机燃料供给系统的功用

柴油机燃料供给系统的功用是定时、定量、定压地向气缸喷入与负荷相适应的清洁柴油油雾，以形成能够燃烧的可燃混合气，并排出废气。

二、柴油机燃料供给系统的组成

柴油机燃料供给系统主要由燃油供给装置、空气供给装置、混合气形成装置和废气排出装置四部分组成。

（1）燃油供给装置　燃油供给装置的主要功用是完成燃料的储存、滤清和输送，并将燃料以一定压力定时、定量地喷入燃烧室。根据发动机工作时的燃油压力不同，燃油供给装置可分为低压油路和高压油路两部分。低压油路主要包括燃油箱、输油泵、柴油滤清器和低压油管等，高压油路主要包括喷油泵、喷油器和高压油管等。燃油供给装置可分为机械燃油供给装置和电控燃油供给装置。图5-1所示为柴油机机械燃料供给系统，图5-2所示为柴油机电控燃料供给系统。

（2）空气供给装置　空气供给装置的主要功用是供给发动机清洁的空气，包括空气滤清器和进气管等。为了增加进气量，提高经济性，许多柴油发动机装有进气增压装置。

（3）混合气形成装置　混合气形成装置的主要功用是使燃油与空气混合形成混合气。柴油机的混合气形成装置就是燃烧室。

（4）废气排出装置　废气排出装置的主要功用是将燃烧废气排出气缸，包括排气

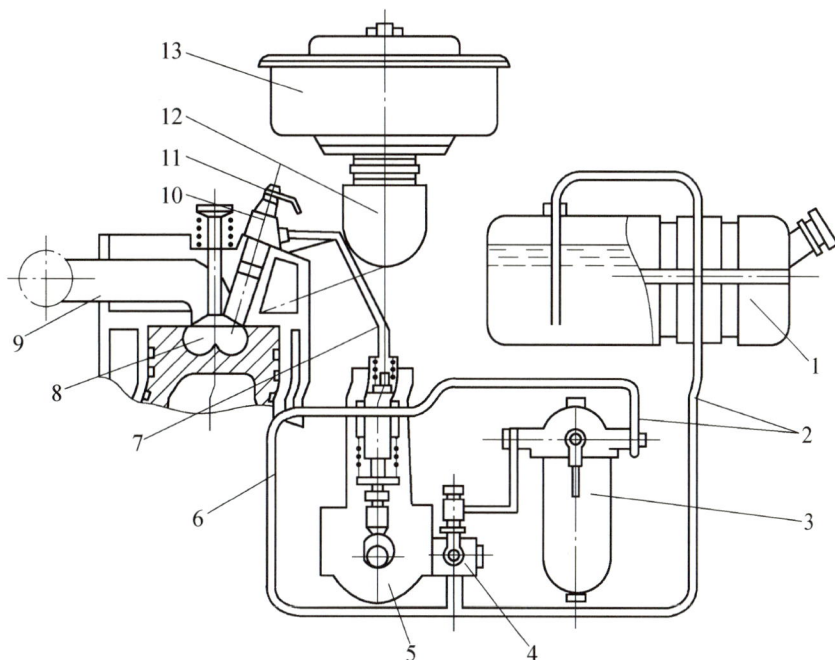

图 5-1　柴油机机械燃料供给系统

1—燃油箱　2—低压油管　3—柴油滤清器　4—输油泵　5—喷油泵　6—喷油泵回油管　7—高压油管

8—燃烧室　9—排气管　10—喷油器　11—喷油器回油管　12—进气管　13—空气滤清器

图 5-2　柴油机电控燃料供给系统

1—燃油箱　2—柴油滤清器　3—喷油泵　4—高压油管　5—轨压传感器　6—油轨

7—限压阀　8—回油管　9—电动喷油器　10—喷油 ECU　11—发动机 ECU

管和排气消声器等。

　　柴油机的空气供给装置、废气排气装置与汽油机基本相同。

三、柴油机燃料供给装置的工作过程

在输油泵的作用下，柴油从燃油箱被吸出，经过油水分离器除去柴油中的水分，再压向柴油滤清器过滤，干净的柴油进入柱塞式喷油泵提高压力，再经高压油管送到喷油器，以细小雾状喷入燃烧室，与空气混合、燃烧，推动活塞做功。多余的柴油从回油管流回柴油滤清器。

柴油机燃料供给系统有以下特点：

1. 低压油路

低压油路从燃油箱到喷油泵入口，油压一般为 0.15~0.3MPa。

2. 高压油路

高压油路从喷油泵到喷油器，机械燃料供给系统的油压大于 10MPa，电控燃料供给系统的油压大于 160MPa。

3. 回油路

输油泵的供油量比喷油泵的最大喷油量大 3~4 倍，大量多余的燃油经喷油泵进油室一端的限压阀和回油管流回输油泵进口或直接流回燃油箱。喷油器工作间隙泄漏的极少数柴油也经回油管流回燃油箱。

为了保证各气缸供油的一致性，连接喷油泵和喷油器的钢制高压油管的直径和长度是相等的。

四、燃烧室的形状

当活塞到达上止点时，气缸盖和活塞顶组成的密闭空间称为燃烧室。燃烧室分为直接喷射式燃烧室和分隔式燃烧室两大类。

1. 直接喷射式燃烧室

直接喷射式燃烧室由凹顶活塞顶部与气缸盖底部所包围的单一内腔组成，几乎全部容积都在活塞顶面上。燃油自喷油器直接喷射到燃烧室中，借喷出油柱的形状和燃烧室形状的匹配以及燃烧室内空气涡流运动迅速形成混合气。

缸盖底面是平的，活塞顶部下凹，直接喷射式燃烧室的常见形式有 ω 形和球形等，如图 5-3 所示。

2. 分隔式燃烧室

分隔式燃烧室由两部分组成，一部分位于活塞顶与气缸盖底面之间，称为主燃烧室，另一部分在气缸盖中，称为副燃烧室。这两部分通过一个或几个孔道相连。分隔式燃烧室的常见形式有涡流室式燃烧室和预燃室式燃烧室两种，如图 5-4 所示。

涡流室式燃烧室的副燃烧室是球形或圆柱形的涡流室，其容积占燃烧室总容积的 50%~80%，涡流室有切向通道与主燃烧室相通。预燃室式燃烧室的缸盖上有预燃室，

图5-3　直接喷射式燃烧室

a）ω形　b）球形

1—燃烧室　2—喷油器　3—活塞　4—气缸体　5—气门

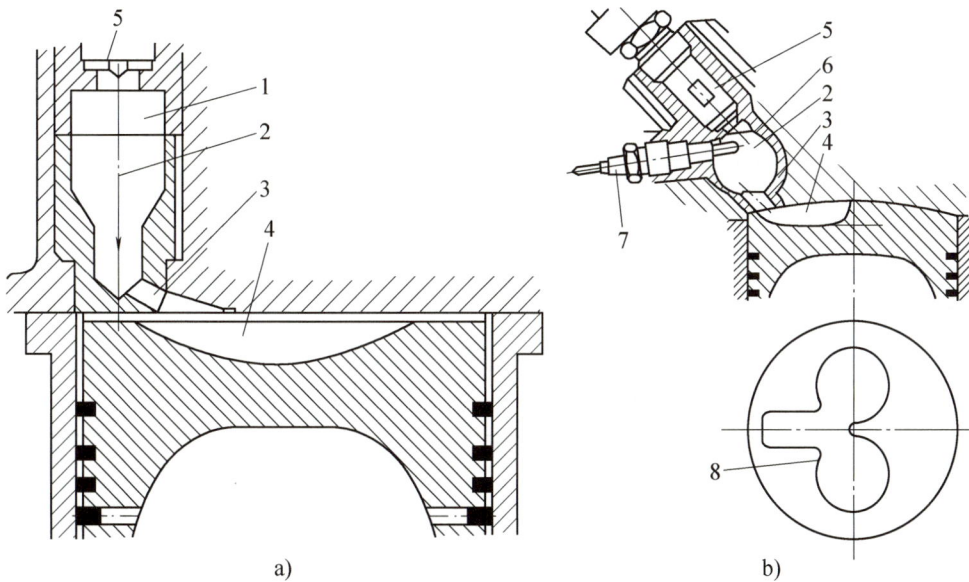

图5-4　分隔式燃烧室

a）预燃室式燃烧室　b）涡流室式燃烧室

1、2—预燃烧室　3—通道　4—主燃烧室　5—喷油器　6—副燃烧室　7—预热塞　8—气流运动轨迹

占燃烧室总容积的1/3，预燃室与主燃烧室之间有通道。

五、柴油机燃烧的特点

柴油机可燃混合气的形成和燃烧都是在燃烧室内进行的。当活塞接近压缩上止点时，柴油喷入气缸，与高温高压的空气接触、混合，经过一系列物理、化学变化才开始燃烧。之后边喷射、边燃烧。其混合气的形成和燃烧是一个非常复杂的过程，其主要特点如下：

1）柴油的混合和燃烧都是在燃烧室内进行的。

2）混合与燃烧的时间很短。

3）柴油黏度大，不易挥发，必须以雾状喷入。

4）可燃混合气的形成和燃烧过程是同时连续重叠进行的，即边喷射、边混合、边燃烧。

要使燃烧过程进行得好，混合气形成质量的好坏是关键，所以对混合气形成的要求如下：

1）必须要有足够的空气量和适当的柴油量。

2）喷油时刻要准确，与混合气形成的规律相适应。

① 喷油过早：混合气提前形成，并在活塞到达上止点前像爆炸似的同时着火燃烧，这就给正在上行的活塞造成一个短时间阻力，并严重"敲缸"，工作粗暴。

② 喷油过迟：混合气在活塞下行时才开始形成和燃烧，这样燃烧空间增大，从气缸壁面传走的热量增加，造成发动机过热，燃烧压力降低，气体压力推动活塞的效果减小，甚至有可能使部分混合气来不及燃烧而随废气排出去。

3）喷油形状应与燃烧室形状相适应，形成均匀的混合气。

4）具有合适的气流搅动和燃料性能。

任务计划

通过查阅资料，分组讨论，制订检测维修计划。

工具及设备准备	柴油发动机 1 台		
操作流程	检 修 项 目	步　　骤	操 作 要 领

任务实施

一、观察柴油机，识别柴油机燃料供给系统各组成部分。把主要部分名称填写在空格中

柴油机型号：＿＿＿＿＿＿＿＿＿

（1）＿＿＿＿＿＿　　（2）＿＿＿＿＿＿　　（3）＿＿＿＿＿＿

（4）＿＿＿＿＿＿　　（5）＿＿＿＿＿＿

二、根据观察到的柴油机燃料供给系统的各部分结构，总结柴油机燃料供给系统的四大装置组成，填写表5-1

表5-1　柴油机燃料供给系统的四大装置组成

四　大　装　置	主要组成零件
柴油供给装置	
空气供给装置	
混合气形成装置	
废气排出装置	

任务拓展

【柴油型号】

柴油和汽油都是石油制品。在石油蒸馏过程中，温度在200～350℃范围内的馏分即为柴油。柴油分为轻柴油和重柴油。轻柴油用于高速柴油机，重柴油用于中、低速柴油机。汽车柴油机均为高速柴油机，所以使用轻柴油。

1. 轻柴油的牌号和规格

轻柴油按其质量分为优等品、一等品和合格品3个等级，每个等级按柴油的凝点分为5、0、-10、-20、-35和-50共6种牌号。其代号分别为RCZ-5、RC-0、RC-10、RC-20、RC-35，"R"和"C"是"燃"和"柴"字的汉语拼音首字母。

2. 轻柴油的使用性能

为了保证高速柴油机正常、高效地工作，轻柴油应具有良好的发火性、低温流动性、蒸发性、化学安定性、防腐性和适当的黏度等。

（1）发火性　发火性指柴油的自燃能力，用十六烷值评定。

（2）蒸发性　蒸发性指柴油蒸发汽化的能力，用柴油馏出某一百分比的温度范围，即馏程和闪点表示。

（3）低温流动性　用柴油的凝点和冷滤点评定低温流动性。

（4）黏度　黏度是评定柴油稀稠度的一项指标，黏度随温度变化而变化，当温度升高时，黏度减小，流动性增强；反之，当温度降低时，黏度增大，流动性减弱。

3. 轻柴油的选择

按照当地当月风险率为10%的最低气温选用轻柴油牌号。

任务测评

按任务测评表进行任务测评。

任务测评表

评 价 项 目		评 价 标 准	配 分	得 分
专业知识	40分	能描述柴油发动机燃料供给系统的组成	15	
		能描述柴油发动机燃料供给系统各部分的功用	15	
		能描述柴油发动机燃料供给系统各部分安装位置	10	
任务完成情况	40分	任务完成的情况	10	
		任务完成的质量	20	
		在小组完成任务过程中所起的作用	10	
职业素养	20分	能安全、规范地操作	5	
		能与小组成员团结协作	5	
		能积极整理、清洁工位	10	
综合评议				

任务二　柴油输油泵的检修

任务目标

1. 知识目标

掌握输油泵的作用及构造。

2. 技能目标

能独立拆装输油泵。

3. 思政目标

能安全、规范地操作；能与小组成员团结协作；能积极整理、清洁工位，具有劳动意识。

任务准备

一、输油泵的功用

输油泵的功用是将柴油从燃油箱中吸出，并克服滤清器等的阻力，以一定的压力和流量输往高压油泵。机械燃料供给系统常用活塞输油泵，电控燃料供给系统常用齿轮输油泵。

二、活塞输油泵的构造及工作过程

1. 结构

活塞输油泵装在喷油泵侧面，由凸轮轴的偏心轮驱动，包括壳体、活塞、推杆、阀门及手油泵等。

2. 工作过程

如图 5-5 所示，活塞将泵体内腔分为前、后两腔。偏心轮转动，活塞在推杆及弹簧的作用下做往复运动。工作过程分述如下：

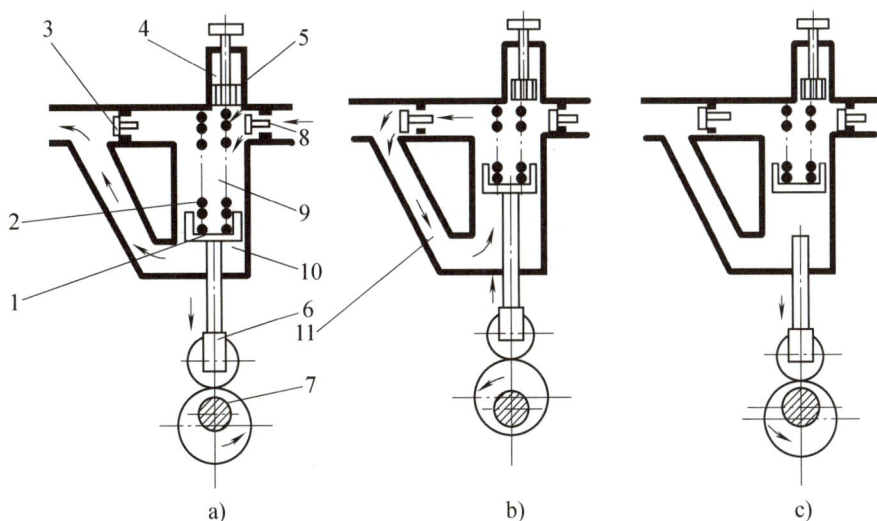

图 5-5　活塞输油泵的工作原理图

a）泵油　b）吸油　c）泵油量大于吸油量

1—活塞　2—活塞弹簧　3—出油阀　4—手泵腔　5—手泵活塞　6—滚轮架　7—凸轮轴

8—进油阀　9—活塞上腔　10—活塞下腔　11—油道

（1）输油准备过程　偏心轮转动顶起滚轮体推动推杆，克服弹簧力使活塞前移，前腔容积减小，油压增加，将进油阀关闭，出油阀开启，前腔的柴油经出油阀进入后腔。

（2）输油与进油过程　凸起部分转过滚轮，弹簧作用使活塞后移，后腔油压升高，将柴油压入滤清器；同时，前腔产生吸力，吸入柴油。完成输油、进油两个过程。

（3）输油量的自动调节　喷油泵需要的油量减小或滤清器堵塞，活塞后腔油压升高，弹簧仅能将活塞推到与油压平衡位置，活塞与推杆分离。活塞行程减小，输油量减小；反之，满负荷需要的油量增大，活塞行程最大，输油量最大，自动调节输油量。

（4）手油泵泵油　需排除低压油路中的空气时，可用手油泵泵油。手压泵不用时，应将其手柄拧紧，防止漏气。

3. 输油泵的安装

输油泵安装时，必须注意输油泵泵体和喷油泵泵体之间垫片的厚度。若垫片过厚，输油泵推杆行程小，泵油量减少；若垫片过薄，推杆与活塞发生干涉。

三、齿轮输油泵的构造及工作过程

齿轮输油泵安装在喷油泵后端盖上，由喷油泵凸轮轴驱动，包括壳体、进油口、出油口和一对外啮合齿轮等，如图5-6所示。

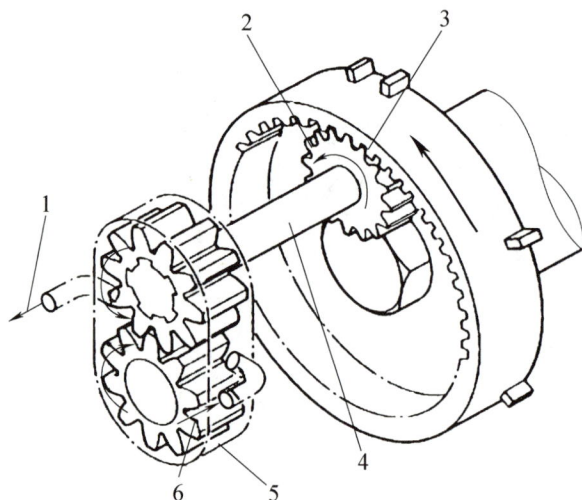

图5-6　齿轮输油泵的结构

1—燃油出口　2—驱动齿轮　3—齿圈　4—驱动轴　5—壳体　6—燃油进口

柴油机工作时，喷油泵凸轮轴带动齿圈，齿圈带动驱动齿轮，驱动齿轮带动输油泵主动齿轮，主动齿轮驱动输油泵从动齿轮转动，柴油被从容积变大一侧的吸油腔吸入，通过齿槽从容积变小一侧的压油腔压出，如图5-7所示。

输油泵壳体集成了溢流阀和旁通阀总成，溢流阀总成由钢球、弹簧及紧固螺钉组成，旁通阀总成由柱塞、弹簧及紧固螺钉组成。当输油泵的燃油压出端压力过大时，溢流阀打开，使燃油压出端与燃油吸入端短接，从而防止由于压力过高而造成燃油细滤器破裂；旁通阀的主要作用是当用手油泵泵油时，旁通阀打开，向柱塞腔提供燃油通道，发动机正常工作时，旁通阀关闭，如图5-8所示。

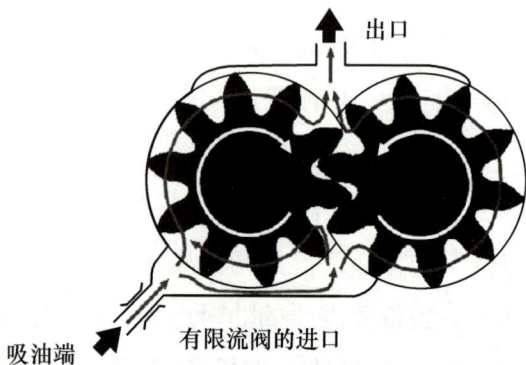

图5-7　齿轮输油泵的工作原理图

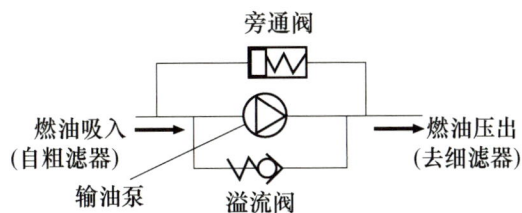

图 5-8　齿轮输油泵旁通阀和溢流阀

任务计划

通过查阅资料，分组讨论，制订检测维修计划。

工具及设备准备	CA6102 柴油机输油泵，常用拆装工具，工具车、零件车、棉丝、工作台		
	检修项目	步　骤	操作要领
操作流程			

任务实施

一、观察柴油机上的活塞输油泵，回答下列问题

1. 安装位置

输油泵在柴油机上的安装位置：_____。

2. 连接关系

输油泵上有几根油管？_____。

输油泵上油管的连接关系：_____

_____。

二、活塞输油泵的拆卸和装配

（1）活塞输油泵的拆卸

1）拆下手油泵，取下进油阀。

2）拆下活塞孔的螺塞，取下活塞回位弹簧和活塞。

3）拆下滚轮体卡簧，取下滚轮体。

4）拆下出油阀。

（2）活塞输油泵的装配

1）检查输油泵各配合部位间隙。

2）检查进、出油阀密封及损坏情况。

3）检查泵体有无裂纹及螺纹乱扣现象。

4）检查手泵活塞上的密封圈是否损坏或磨损。

5）检查各弹簧有无变形或折断。

6）清洗干净后，按与拆卸相反的顺序装配。

7）安装完后，检查活塞输油泵的技术状态。

三、观察柴油机上的齿轮输油泵，回答下列问题。

1. 安装位置

输油泵的安装位置： _____。

2. 连接关系

输油泵上有几根油管？ _____。

输油泵上油管的连接关系： _____

_____。

3. 齿轮输油泵的拆装

输油泵的拆卸步骤： _____

_____。

输油泵的安装步骤： _____

_____。

任务测评

按任务测评表进行任务测评。

任务测评表

评 价 项 目		评 价 标 准	配　分	得　分
专业知识	40 分	能描述输油泵的组成	15	
		能描述输油泵各部分的功用	15	
		能描述输油泵的安装位置	10	
任务完成情况	40 分	任务完成的情况	20	
		任务完成的质量	10	
		在小组完成任务过程中所起的作用	10	
职业素养	20 分	能安全、规范地操作	5	
		能与小组成员团结协作	5	
		能积极整理、清洁工位	10	
综合评议				

任务三　柴油滤清器的检修

任务目标

1. 知识目标

掌握滤清器的类型和作用。

2. 技能目标

能独立更换柴油滤清器。

3. 思政目标

能安全、规范地操作；能与小组成员团结协作；能积极整理、清洁工位，具有劳动意识。

任务准备

在柴油机燃料供给系统中，有柱塞偶件、出油阀偶件和喷油器偶件三大精密偶件，这就要求柴油必须保持清洁。柴油滤清器的功用是清除柴油中的杂质和水分，以延长精密偶件的使用寿命。双级柴油滤清器如图 5-9 所示。柴油滤清器通常有以下 3 种类型：

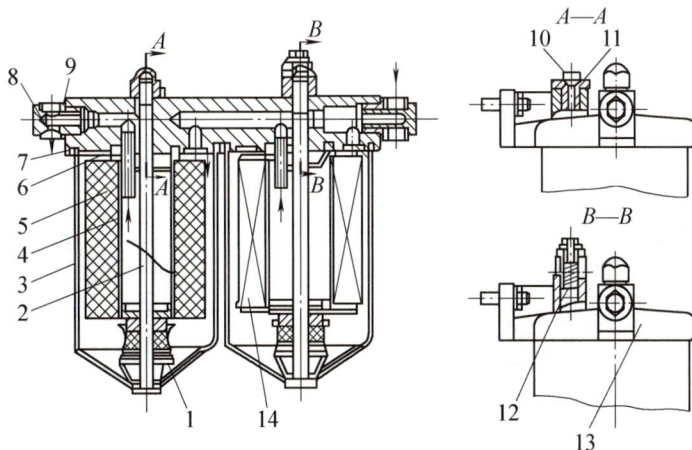

图 5-9　双级柴油滤清器

1—滤芯衬垫　2—中心螺栓　3—壳体　4—滤芯内筒　5—毛毡滤芯　6—滤芯密封圈
7—壳体密封圈　8—油管接头　9—油管接头垫　10—放气螺钉　11—螺塞
12—限压阀　13—滤清器盖　14—纸质滤芯

1. 柴油沉淀器

柴油沉淀器为滤网式透明沉淀杯结构，串联在燃油箱与滤清器之间，分离柴油中

笔记框

的杂质颗粒和水分，又称为油水分离器。

2. 柴油粗滤器

柴油粗滤器过滤柴油中较大的杂质，柴油粗滤器有可拆卸式粗滤器和一次性粗滤器两种。可拆卸式粗滤器的纸质滤芯和一次性粗滤器如图5-10所示。

3. 柴油细滤器

柴油细滤器过滤柴油中较小的杂质。

如图5-11所示，有的燃油粗滤器带有油水分离器且其上端盖有手油泵、放气螺钉和油温传感器，其下端装有油水传感器。手油泵用来在柴油机起动前排除低压油路中的空气，油温传感器用来监测燃油的温度，油水传感器用来监测燃油中的含水率。当来自燃油箱的柴油经进油口进入油水分离器并经出油口流出，柴油中的水分在分离器内从柴油中分离出来并沉积在壳体的底部，浮子随着积水的增多而上浮。当浮子到达规定的放水水位时，液面传感器将电路接通，仪表板上的警告灯发出放水信号，这时驾驶人应及时旋松放水塞放水。

图5-10　可拆卸式粗滤器的纸质
滤芯和一次性粗滤器

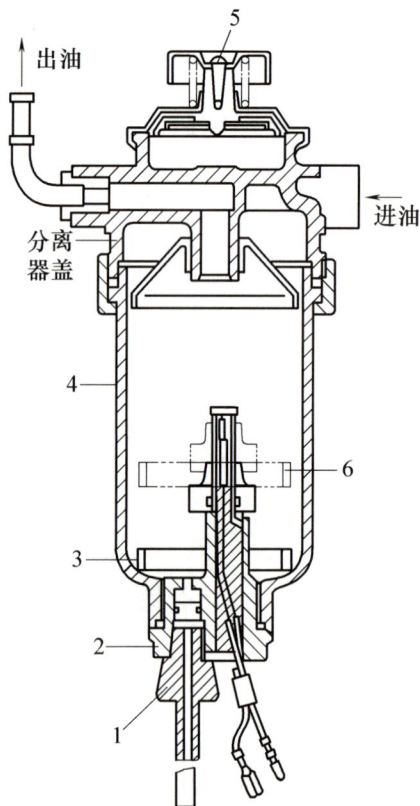

图5-11　带有手油泵的燃油滤清器

1—防水塞　2—液面传感器　3—浮子　4—放水水位
5—壳体　6—手动泵

柴油粗滤器和柴油细滤器在电控燃料供给系统中的安装位置如图5-12所示。

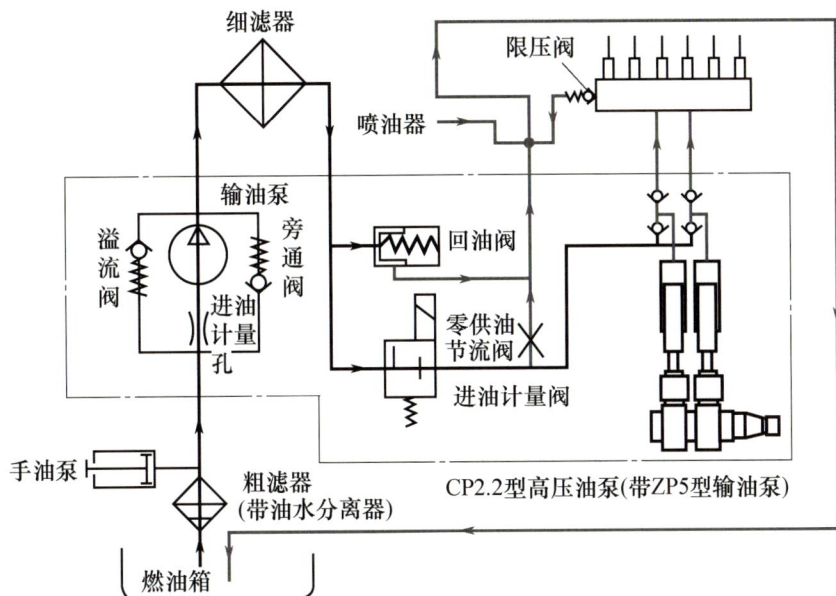

图 5-12 柴油粗滤器和柴油细滤器在电控燃料供给系统中的安装位置

任务计划

通过查阅资料，分组讨论，制订检测维修计划。

工具及设备准备	CA6102 柴油滤清器，常用拆装工具、柴油滤清器专用拆装工具，工具车、零件车、棉丝		
操作流程	检修项目	步　骤	操作要领

任务实施

一、观察柴油机上的滤清器

1. 安装位置

柴油粗滤器在柴油机上的安装位置：_____。

柴油细滤器在柴油机上的安装位置：_____。

2. 连接关系

粗滤器上有几根油管？_____。

粗滤器上油管的连接关系：_____

_____。

细滤器上有几根油管：_____。

细滤器上油管的连接关系： _____

_____。

二、拆装滤清器

1）选择合适的工具。

2）拧下柴油滤清器中心螺栓，拆下柴油滤清器，或用专用工具直接拧下一次性柴油滤清器。

3）堵住中心孔清洗后，用气泵吹净。

4）装柴油滤清器时涂密封圈润滑脂。

5）排放空气。

6）收拾工具。

任务测评

按任务测评表进行任务测评。

任务测评表

评价项目		评价标准	配　分	得　分
专业知识	40分	能描述滤清器的类型	15	
		能描述柴油滤清器的功用	15	
		能描述滤清器的安装位置	10	
任务完成情况	40分	任务完成的情况	10	
		任务完成的质量	20	
		在小组完成任务过程中所起的作用	10	
职业素养	20分	能安全、规范地操作	10	
		能与小组成员团结协作	5	
		能积极整理、清洁工位	5	
综合评议				

任务四　喷油器的检修

任务目标

1. 知识目标

掌握喷油器各部分的名称、作用，能够正确判断喷油器的技术状态。

2. 技能目标

能够熟练拆装喷油器并进行维修。

3. 思政目标

能安全、规范地操作；能与小组成员团结协作；能积极整理、清洁工位，具有劳动意识。

任务准备

一、喷油器的功用和要求

喷油器的功用是将喷油泵供给的高压柴油以一定的压力、呈雾状喷入燃烧室。

对喷油器的要求：雾化均匀，喷射干脆利落，无后滴现象，油束形状与方向适应燃烧室。

二、喷油器的种类

喷油器按控制方式可分为机械喷油器和电动喷油器两种。在机械燃料供给系统中采用机械喷油器，在电控燃料供给系统中采用电动喷油器。

喷油器按结构形式可分为开式和闭式两大类。目前，车用柴油机均采用闭式喷油器。这种喷油器在不喷油时，其针阀封闭喷孔，使喷油器的油腔与燃烧室隔开。其常见的形式有孔式喷油器和轴针式喷油器两种，如图5-13所示。

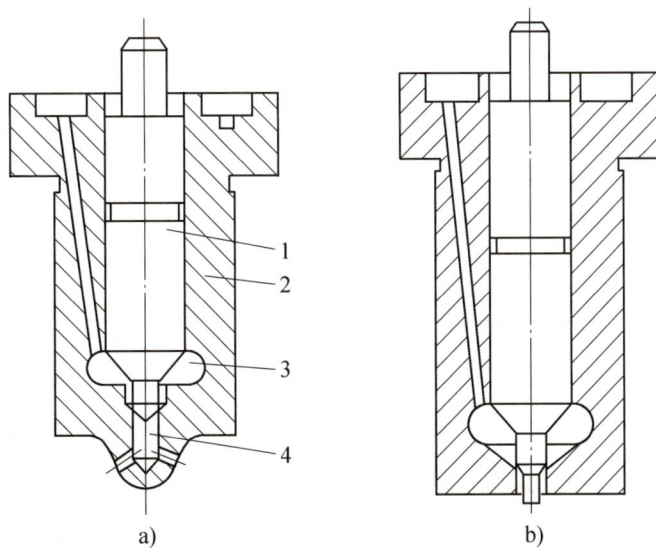

图5-13　喷油器

a）孔式喷油器　b）轴针式喷油器

1—针阀　2—针阀体　3—高压油腔　4—压力室

三、机械喷油器

机械喷油器由喷油嘴、壳体和调压件 3 部分组成。喷油嘴由针阀和阀体组成，并用螺套装在壳体上，在针阀体上套有铜锥体，使气缸密封并帮助喷油嘴散热。壳体用来安装调压件和进油管、回油管等部件，并利用其定位销正确地将喷油嘴定位。调压件是控制和调节喷油嘴开启压力的装置，由调压弹簧、调压螺钉、护帽及推杆组成。通过调压螺钉或调压垫片改变调压弹簧预紧力可调整喷油压力。

1. 机械孔式喷油器

孔式喷油器适用于直接喷射燃烧室，孔数为 2 ~ 8 个，孔径为 0.2 ~ 0.8mm。

孔式喷油器主要部件是喷油嘴或喷油头，由针阀和针阀体组成，用优质轴承钢制成，其相互配合的滑动圆柱面间隙仅为 0.001 ~ 0.0025mm，通过高精密加工或研磨选配而得，不同喷油嘴偶件不可互换。针阀中部的环形锥面（承压锥面）位于针阀体的环形油腔中，其作用是承受由油压产生的轴向推力，使针阀上升。针阀下端的锥面（密封锥面）与针阀体相配合，起密封喷油器内腔的作用。针阀上部有凸肩，当针阀关闭时，凸肩与喷油器体下端面的距离为针阀最大升程，其大小决定了喷油量的多少，一般升程为 0.4 ~ 0.5mm。针阀体与喷油器体的接合处有 1 ~ 2 个定位销防止针阀体转动，以免进油孔错位，如图5-14所示。

（1）工作过程

1）喷油。当喷油泵开始供油时，高压柴油从进油口进入喷油器体内，沿油道进入喷油器针阀体环形槽内，再经斜油道进入针阀体下面的高压油腔内，高压柴油作用在针阀锥面上，并产生向上抬起针阀的作用力，当此力克服了调压弹簧的预紧力后，针阀就向上升起，打开喷油孔，柴油经喷油孔喷入燃烧室。

2）停油。当喷油泵停止供油时，高压油管内油压骤然下降，作用在喷油器针阀的锥形承压面上的推力迅速下降，在弹簧力的作用下，针阀迅速关闭喷孔，停止喷油。

3）回油。进入针阀体环形油腔的少量柴油，经喷油嘴偶件配合表面之间的间隙流到调压弹簧端，进入回油管，流回滤清器，用来润滑喷油嘴偶件。

针阀的开启压力（喷油压力）的大小取决于调压弹簧的预紧力。不同的发动机有不同的喷油压力要求，可通过调压螺钉调整，旋入时压力增大，旋出时压力减小。

有的喷油器调压弹簧的预紧力是由调压垫片调整的，这种喷油器也称为低惯量孔式喷油器。

（2）特点

1）喷孔的位置和方向与燃烧室形状相适应，以保证油雾直接喷射在燃烧室壁上。

2）喷射压力较高。

3）喷油头细长，喷孔小，加工精度高。

2. 机械轴针式喷油器

（1）构造　针阀下端的密封锥面向下延伸出一个轴针，其形状有倒锥形和圆柱形两种，轴针伸出喷孔外，使喷孔成为圆环状的狭缝。一般只有一个喷孔，直径为 1 ~ 3mm，喷油压力较低（12 ~ 14MPa），如图 5-15 所示。

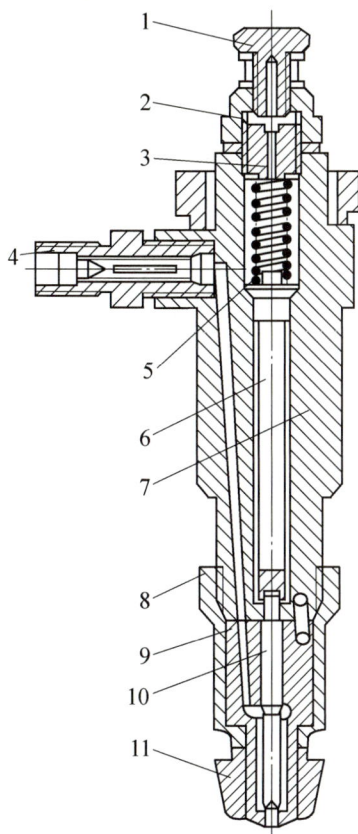

图 5-14　孔式喷油器

1—回油管螺栓　2—调压螺钉护帽

3—调压螺钉　4—进油管接头

5—调压弹簧　6—顶杆　7—喷油

器体　8—紧固螺套　9—针阀体

10—针阀　11—喷油器锥体

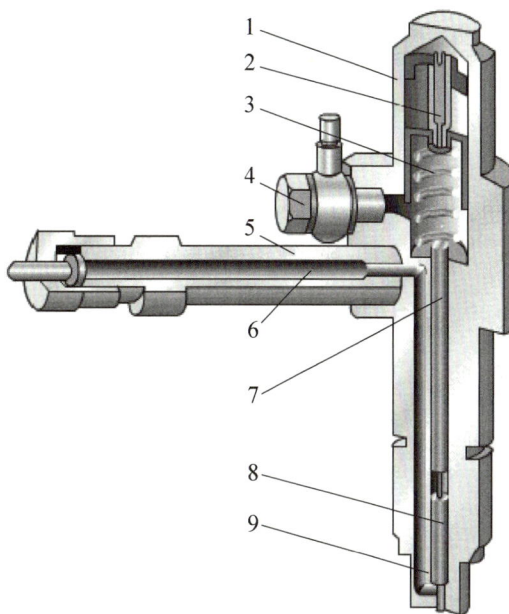

图 5-15　轴针式喷油器

1—喷油器体　2—调压螺钉　3—调压弹簧

4—回油管螺栓　5—进油管接头　6—滤芯

7—顶杆　8—针阀　9—针阀体

孔式喷油器工作原理

（2）特点

1）不喷油时针阀关闭喷孔，使高压油腔与燃烧室隔开，燃烧气体不致冲入油腔内引起积炭堵塞。

2）喷孔直径较大，便于加工且不易堵塞。

3）针阀在油压达到一定压力时开启，供油停止时，在弹簧的作用下立即关闭，轴针对喷孔有自洁作用。

4）不能满足对喷油质量有特殊要求燃烧室的需要。

四、电动喷油器

电动喷油器由针阀偶件、控制柱塞、电磁阀和壳体等部分组成，如图 5-16 所示。电动喷油器的针阀偶件采用孔式针阀偶件。其工作过程如下：

1. 喷油器关闭

电磁阀不通电，铁心在弹簧压力的作用下使球阀紧紧堵住泄油阀，控制柱塞弹簧的作用力和控制油腔内的压力大于控制柱塞承压锥面上的燃油压力，控制柱塞下移，喷油嘴针阀关闭，喷油器不喷油。

2. 喷油器打开

电磁阀通电，铁心上移，球阀打开，燃油从控制油腔上方泄油孔泄油，控制柱塞弹簧的作用力和控制油腔内的作用力小于控制柱塞承压锥面的燃油的作用力，控制柱塞上移，喷油嘴针阀开启而喷油。

3. 喷油器回位

当喷油量满足要求后，电磁阀在 ECU 的控制下断电，球阀关闭，泄油孔被堵住，控制油腔内压力上升，很快超过了针阀锥面上向上的燃油压力，针阀快速关闭，喷油结束。

电磁阀通电时间受 ECU 控制，电磁阀通电时间越长，喷油器喷油量越多。从针阀开始升起的喷油始点到喷油终点，喷油压力始终保持在与油轨压力相等的高压状态下进行。

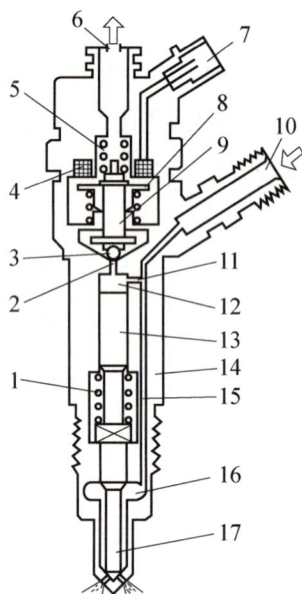

图 5-16 电动喷油器的结构

1—控制柱塞弹簧 2—泄油孔 3—球阀
4—电磁线圈 5—电磁阀弹簧 6—回油口
7—电磁阀插座 8—电磁阀 9—铁心
10—进油口 11—进油孔 12—控制油腔
13—控制柱塞 14—壳体 15—进油道
16—压力油腔 17—针阀偶件

任务计划

通过查阅资料，分组讨论，制订检测维修计划。

工具及设备准备	CA6102 柴油机，常用拆装工具，工具车、零件车、棉丝、工作台		
操作流程	检修项目	步骤	操作要领

任务实施

一、观察机械喷油器，回答下列问题。

1. 安装位置

机械喷油器在柴油机上的安装位置：＿＿＿＿＿＿＿＿＿＿＿＿＿＿＿。

2. 连接关系

机械喷油器上有几根油管？＿＿＿＿＿＿＿＿＿＿＿＿＿＿＿＿＿＿。

喷油器上油管的连接关系：＿＿＿＿＿＿＿＿＿＿＿＿＿＿＿＿＿＿。

二、解体和装配机械喷油器

1. 解体喷油器

1）将喷油器固定在台虎钳上。

2）拆下针阀体紧固螺母。

3）取下针阀偶件。

4）拆下调压弹簧螺母。

5）取下调压弹簧、顶杆和调压螺钉。

6）对照喷油器的结构图，观察喷油器各部分结构，并回答下列问题。

轴针式喷油器和孔式喷油器有什么区别？＿＿＿＿＿＿＿＿＿＿＿＿。

喷油器内部有几条油道？＿＿＿＿＿＿＿＿＿＿＿＿＿＿＿＿＿＿＿。

调压装置由哪些零件组成？＿＿＿＿＿＿＿＿＿＿＿＿＿＿＿＿＿＿。

2. 检查喷油器

解体后的喷油器零件清洗后进行技术检查：

1）检查针阀。若发现其密封锥面或导向面暗淡无光，说明针阀已磨损，其前端有暗黄色的伤痕，说明针阀因过热而拉毛；其导向面有咬住或黏滞的痕迹，说明针阀已变形。有上述任何情况之一，均应更换针阀偶件。

2）检查针阀体。针阀体前端若有严重烧蚀现象，应更换针阀与针阀体偶件。

3）检查针阀与针阀体的配合情况。如图 5-17 所示，针阀与针阀体清洗干净后，将针阀放入针阀体，使其倾斜45°，抽出针阀1/3，放松后，针阀应能靠自重均匀、缓慢地滑入针阀体；若有黏滞现象，应将针阀偶件放入柴油中来回拉动针阀进行研磨，直到针阀能自由滑动为止；若有严重的黏滞现象，应更换针阀偶件。装复喷油器时，必须保证零件清洁，按与分解相反的顺序进行，并检查其性能。

针阀偶件的技术状态是否合格：＿＿＿＿＿＿＿＿＿＿＿＿＿＿＿＿。

3. 装配喷油器

经过技术检查的喷油器零件清洗后按下列步骤装配：

1）将针阀、针阀体和紧固螺母装到喷油器体上，螺母的拧紧力矩为 60～80N·m。

2）从喷油器体上部装入顶杆、调压弹簧、调压螺钉，拧上调压螺钉紧固螺母。

3）安装进油管接头。总成调试完毕后，安装护帽。

三、机械喷油器检查调试

按以下步骤在喷油器试验器（图5-18）上检验喷油器，并记录检验结果。

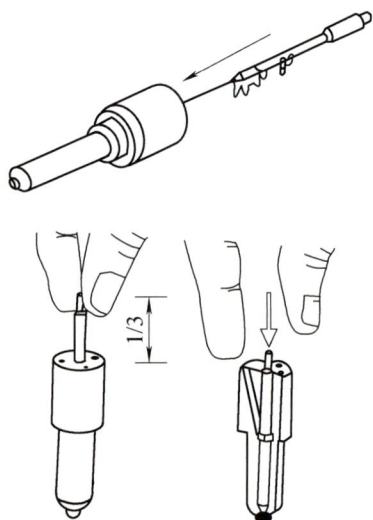

图 5-17　针阀偶件的检查　　　　图 5-18　喷油器试验器

1. 密封性检验

将喷油压力调整到低于标准喷油压力 2MPa 的状态下，保持 10s，喷油器喷油口不得出现渗油现象，回油口不得有大量回油现象，否则应拆检喷油器。

2. 喷油压力检查调整

以 60～80 次/min 的速度压油，当喷油器开始喷油时，油压表上的指示压力即为喷油器的喷油压力，检查是否符合要求。若不符合，可以通过调整喷油器调压螺钉或调整垫片来达到要求的压力。同一台柴油机的喷油压力差应不超过 1.0MPa。

3. 喷雾质量的检查

以 60～80 次/min 的速度压油，观察喷雾质量，要求喷出的燃油呈雾状，不应有明显的雾状偏斜和飞溅油粒、连续的油柱和局部浓稀不均匀现象；喷射应干脆，具有喷油器偶件结构相应的响声；多次喷射后，针阀体端面或头部不得出现油液积聚现象；喷雾锥角和射程应符合要求，如图5-19所示。

记录喷油器检验数据。

1）喷油器密封情况：＿＿＿＿＿＿＿＿＿＿＿＿＿＿＿＿＿＿＿＿＿＿＿＿＿＿＿。

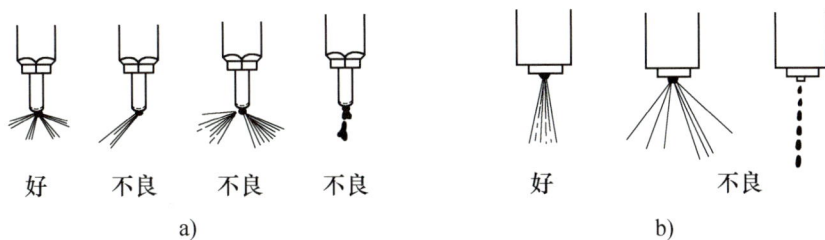

图 5-19 喷油器喷雾质量

a）孔式喷油器 b）轴针式喷油器

2）喷油器雾化情况：_____。

3）喷油压力为_____，是否需要调整：_____。

4）喷油器技术状态是否合格：_____。

四、观察柴油机上的电动喷油器，回答下列问题。

1. 安装位置

电动喷油器在柴油机上的安装位置：_____。

2. 连接关系

电动喷油器上有几根油管？_____。

电动喷油器线束上有几根导线？_____。

喷油器上油管的连接关系：_____。

五、电动喷油器的检查与调试

在高压共轨试验台（图 5-20）上检验电动喷油器，并记录检验结果。

1）关闭共轨试验台电动机开关，将喷油器的供油接头连接在共轨管上，并将回油管和喷油管分别与计量单元相连。

2）插上喷油器电插头，固定喷油器，关闭透明防护罩。

3）起动共轨试验台电动机，在 ECU 上进行参数设置。选择共轨油泵型号和喷油器型号，选定喷油次数为 500 次。

4）在共轨试验台上设置参数，见表 5-2。

表 5-2 参数表

项　　目	参　　数		
	轨压/MPa	信号脉宽/μs	信号频率
喷油器清洗（Clear run）	50	1000	17
密封性测试（Leak test）	50	0	17
全负荷测试（VL test）	50	1500	17
怠速测试（LL test）	40	1000	17
预喷测试（VE test）	30	700	17

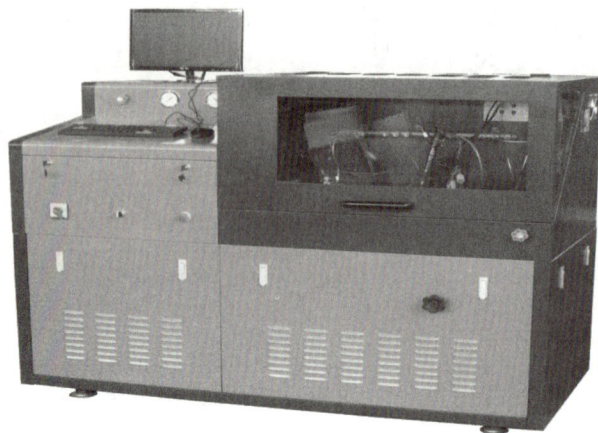

图 5-20　高压共轨试验台

5）记录 3 组全负荷、怠速、预喷测试项目的喷油量和回油量，填入表 5-3。算出平均值，与标准对应参数相比较，在误差 10％ 的范围内，判断喷油器是否满足要求。

表 5-3　数据表

参　　数	项　　目		平均值
	全负荷测试（VL test）		
喷油量/mL			
回油量/mL			
参　　数	项　　目		平均值
	怠速测试（LL test）		
喷油量/mL			
回油量/mL			
参　　数	项　　目		平均值
	预喷测试（VE test）		
喷油量/mL			
回油量/mL			

检测结论：电动喷油器技术状态＿＿＿＿＿＿＿＿＿＿＿＿＿＿＿＿＿＿＿＿＿＿＿。

任务测评

按任务测评表进行任务测评。

任务测评表

评价项目		评价标准	配　　分	得　　分
专业知识	40 分	能描述喷油器的构造	15	
		能描述喷油器的功用	10	
		能描述喷油器的安装位置	15	

（续）

评价项目		评价标准	配分	得分
任务完成情况	40分	任务完成的情况	10	
		任务完成的质量	20	
		在小组完成任务过程中所起的作用	10	
职业素养	20分	能安全、规范地操作	10	
		能与小组成员团结协作	5	
		能积极整理、清洁工位	5	
综合评议				

任务五　喷油泵的检修

任务目标

1. 知识目标

掌握喷油泵各部分的名称和作用。

2. 技能目标

能够熟练掌握喷油泵的拆装流程及拆装的注意事项；能够正确判断喷油泵的技术状态，并进行维修；能遵守喷油泵检修的技术要求及安全操作规程。

3. 思政目标

能安全、规范地操作；能与小组成员团结协作；能积极整理、清洁工位，具有劳动意识。

任务准备

喷油泵又称为高压油泵，它是柴油机燃料供给系统中最重要的一个总成。它的功用是把低压柴油转变为高压柴油，输送给喷油泵或共轨管。

喷油泵一般固定在柴油机机体一侧的支架上，由柴油机曲轴通过齿轮驱动，曲轴转两周，喷油泵的齿轮轴转一周。喷油泵的齿轮轴和凸轮轴用联轴节连接，调速器安装在喷油泵的后端。

柴油机常用的喷油泵按其工作原理的不同可分为机械柱塞式喷油泵和电控喷油泵两种类型。

一、机械柱塞式喷油泵

1. 对喷油泵的工作要求

1）泵油压力要保证喷射压力和雾化质量的要求。

2）供油量应符合柴油机工作所需的精确数量。

3）保证按柴油机的工作顺序，在规定的时间内准确供油。

4）供油量和供油时间可调整，并保证各缸供油均匀。

5）供油规律应保证柴油燃烧完全。

6）供油开始和结束，动作敏捷，断油干脆，避免滴油。

2. 机械柱塞式喷油泵的结构

机械柱塞式喷油泵由分泵、油量调节机构、传动机构、泵体、供油提前角自动调节器、调速器和润滑系统七部分组成，如图 5-21 所示。

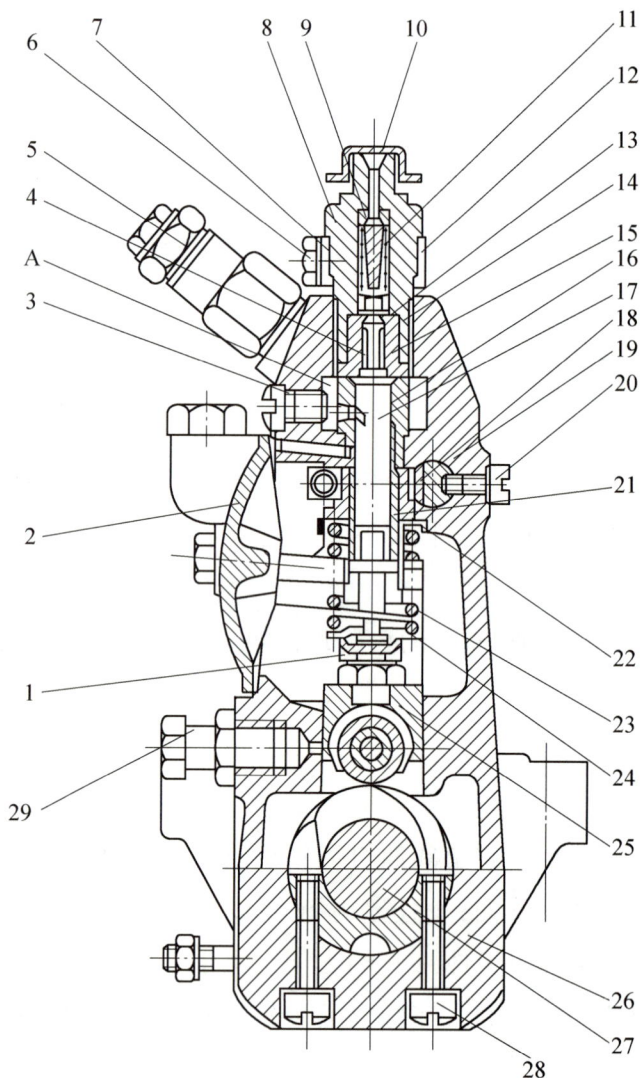

图 5-21　A 型喷油泵的结构

1—调整螺钉　2—检查窗盖　3—挡油螺钉　4—出油阀　5—限压阀部件　6—槽形螺钉

7—前夹板　8—出油阀压紧座　9—减容器　10—护帽　11—出油阀弹簧　12—后夹板

13—O 形密封圈　14—垫圈　15—出油阀座　16—柱塞套　17—柱塞　18—可调齿圈

19—调节齿杆　20—齿杆限位螺钉　21—控制套筒　22—弹簧上支座　23—柱塞弹簧

24—弹簧下支座　25—滚轮架　26—泵体　27—凸轮轴　28—紧固螺钉

29—润滑油进油空心螺栓　A—低压油腔

（1）分泵 分泵是带有一副柱塞偶件和出油阀偶件的泵油机构，分泵的数目与发动机的缸数相等。每个气缸都有一个分泵，各缸的分泵结构尺寸完全一样。

分泵的主要零件由出油阀偶件、柱塞偶件、出油阀弹簧、柱塞弹簧和出油阀压紧座等组成，如图 5-22 所示。

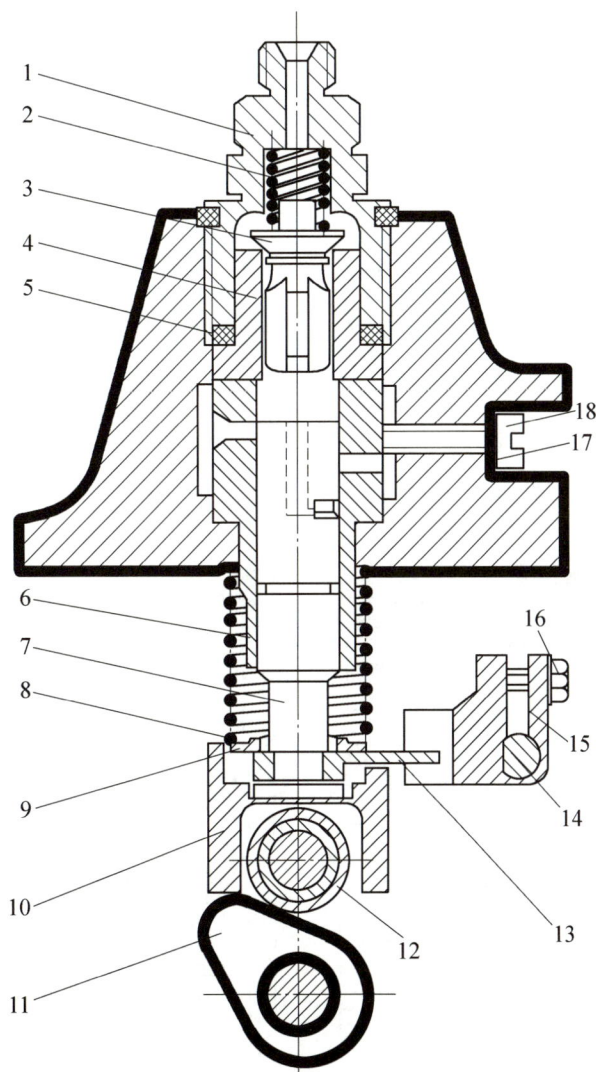

图 5-22 柱塞泵分泵

1—出油阀压紧座 2—出油阀弹簧 3—出油阀 4—出油阀座 5—垫片 6—柱塞套 7—柱塞
8—柱塞弹簧 9—弹簧座 10—滚轮架 11—凸轮 12—滚轮 13—调节臂 14—供油拉杆
15—调节叉 16—夹紧螺钉 17—垫片 18—定位螺钉

1）出油阀偶件。出油阀和出油阀座是一对精密偶件，配对研磨后不能互换，其配合间隙为 0.01mm，如图 5-23 所示。

出油阀是一个单向阀，在弹簧压力的作用下，阀上部圆锥面与阀座严密配合，其作用是在停止供油时，将高压油管与柱塞上端空腔隔绝，防止高压油管内的油倒流入喷油泵内。出油阀的下部呈十字断面，既能导向，又能通过柴油。出油阀的锥面下有一个小的圆柱面，称为减压环带，在供油时，减压环带上行离开阀座，在供油终了回油时，出油阀下落，减压环带下边缘落入阀座内时则使上方容积很快增大，使高压油管内的油压迅速下降，停止喷油迅速干脆，避免喷孔处产生后滴油现象。

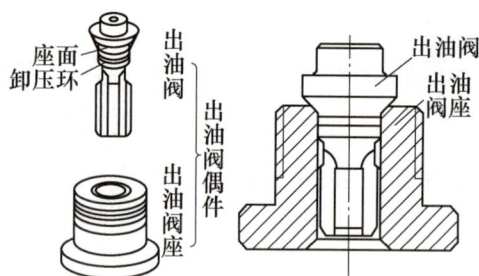

图 5-23　出油阀偶件

　　2）柱塞偶件。柱塞和柱塞套也是一对精密偶件，经配对研磨后不能互换，要求有高精度、小的表面粗糙度值和好的耐磨性，其径向间隙为 0.002~0.003mm。

　　柱塞头部圆柱面上切有斜槽，并通过径向孔、轴向孔与顶部相通，尾部有油量调节臂，通过转动调节臂可改变柱塞的循环供油量；柱塞套上制有进、回油孔，均与泵上体内低压油腔相通，柱塞套装入泵上体后，应用定位螺钉定位。

　　工作时，在喷油泵凸轮轴的凸轮与柱塞弹簧的作用下，使柱塞做上、下往复运动，从而完成泵油任务，泵油过程可分为以下 3 个阶段，如图 5-24 所示。

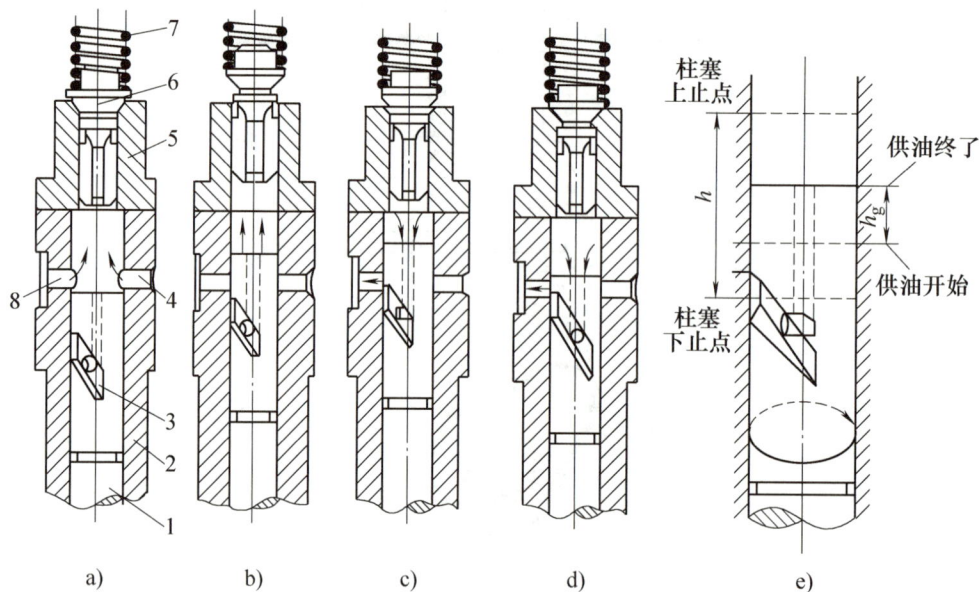

图 5-24　柱塞式喷油泵的泵油原理图

1—柱塞　2—柱塞套　3—斜槽　4、8—油孔　5—出油阀座　6—出油阀　7—出油阀弹簧

　　① 进油过程。当凸轮的凸起部分转过去后，在弹簧力的作用下，柱塞向下运动，柱塞上部空间产生真空度，当柱塞上端面把柱塞套上的进油孔打开后，充满在油泵上体低压油腔内的柴油经油孔进入泵油室，柱塞运动到下止点，进油结束。

　　② 供油过程。当凸轮轴转到凸轮的凸起部分顶起滚轮体时，柱塞弹簧被压缩，柱塞向上运动，燃油受压，一部分燃油经油孔流回喷油泵上体油腔。当柱塞顶面遮住套筒上进油孔的上缘时，由于柱塞和套筒的配合间隙很小，使柱塞顶部的泵油室成为一

个密封油腔，柱塞继续上升，泵油室内的油压迅速升高，泵油压力大于出油阀弹簧力与高压油管剩余压力之和时，推开出油阀，高压柴油经出油阀进入高压油管，通过喷油器喷入燃烧室。

③停油过程。柱塞向上供油，当上行到柱塞上的斜槽（停供边）与套筒上的回油孔相通时，泵油室与柱塞头部的中心孔和径向孔及斜槽相通，油压骤然下降，出油阀在弹簧力的作用下迅速关闭，停止供油。此后柱塞还要上行，当凸轮的凸起部分转过去后，在弹簧的作用下，柱塞又下行，又开始了下一个循环。

结论：① 柱塞往复运动总行程是不变的，由凸轮的升程决定。

② 柱塞每循环的供油量大小取决于供油行程，供油行程不受凸轮轴控制，是可变的。

③ 供油开始时刻不随供油行程的变化而变化。

④ 转动柱塞可改变供油终了时刻，从而改变供油量。

（2）油量调节机构　油量调节机构是通过转动柱塞，从而改变供油行程，以改变循环供油量。多缸机要调整各缸分泵供油均匀性。

A 型泵采用齿杆式油量调节机构，调节齿杆左右移动可带动可调齿圈转动，可调齿圈通过控制套筒带动柱塞旋转而改变供油量，如图 5-25 所示。

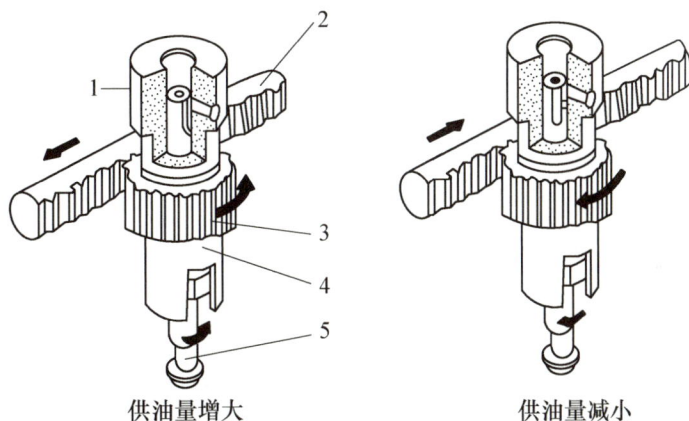

供油量增大　　　　　　　　　　　供油量减小

图 5-25　齿杆式油量调节机构
1—柱塞套　2—油量调节齿杆　3—可调齿圈　4—控制套筒　5—柱塞

Ⅱ号泵采用的是拨叉式油量调节机构，供油拉杆由调速器控制，上装有调节拨叉，柱塞调节臂球头插在调节叉槽内，左右拉动供油拉杆，带动柱塞一起转动，如图 5-26所示。

（3）传动机构　传动机构由凸轮轴和滚轮体总成组成。喷油泵凸轮轴是曲轴通过齿轮驱动的，曲轴转两圈，凸轮轴转一圈，各缸喷油一次，两者速比为2∶1。

凸轮轴的凸轮外形根据不同燃烧室的要求而有不同的轮廓，不同的凸轮轮廓，供油规律不同。

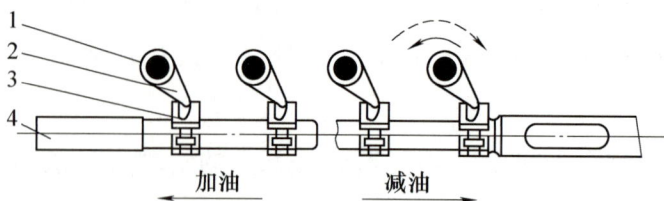

加油　　　减油

图 5-26　拨叉式油量调节机构

1—柱塞　2—调节臂　3—拨叉　4—供油拉杆

挺柱体部件的作用是将凸轮的运动平稳地传递给柱塞，并且可以适量调整柱塞的供油时间。常见的供油时间调整方式有螺钉调节式和垫块调节式。

（4）泵体　泵体是喷油泵的骨架，一般用铝合金铸造而成。A 型泵的泵体是整体式，泵体侧面开有窗口，以便修理时调整各缸的喷油量。

（5）供油提前角自动调节器　供油提前角自动调节器（图 5-27）的作用是随柴油机转速的变化，自动调节喷油泵的供油提前角。

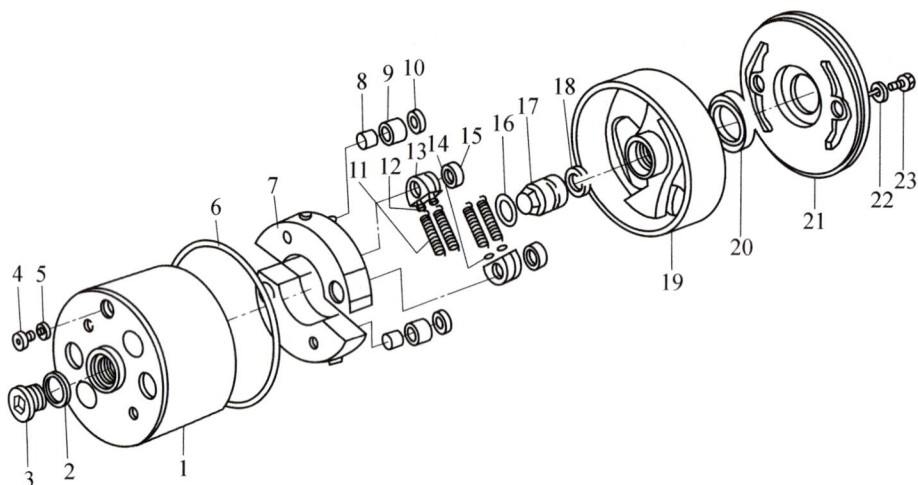

图 5-27　供油提前角自动调节器

1—调节器壳体　2、10—垫圈　3—放油螺塞　4—丝堵　5、22—垫片　6、16—O 形密封圈　7—飞块
8—滚轮内座圈　9—滚轮　11—弹簧　12、14、18—弹簧垫圈　13—弹簧座　15—定位圈　17—螺母
19—从动盘　20—油封　21—盖　23—螺栓

喷油泵的供油提前角是指喷油泵开始向高压油管供油时所对应的喷油泵凸轮轴转角。喷油提前角是指喷油器开始喷油到活塞行至上止点时所转过的曲轴转角。喷油过早，导致着火燃烧过早，气缸压力过早提高，功率下降，油耗上升，起动困难，产生敲缸声音；喷油过晚，导致着火燃烧过晚，此时活塞已下行，空间容积增大，燃烧条件变差，导致排气冒黑烟，油耗上升，功率下降，排气温度升高，发动机过热。

喷油泵通常由柴油机曲轴前端的正时齿轮带动一组齿轮来驱动。为了保证供油正时，在正时齿轮、中间齿轮和喷油泵驱动齿轮上都刻有正时记号，安装时各处的正时标记都必须相应对齐，才能保证喷油系统有正确的喷油时刻。

（6）调速器　柴油机的机械式柱塞喷油泵上装有调速器，电控柴油机上没有调速器。调速器的功用是根据发动机负荷变化而自动调节供油量，从而保证发动机的转速稳定在很小的范围内变化。当发动机负荷稍有变化时，导致发动机转速变化。当负荷减小时，转速升高，转速升高导致柱塞泵循环供油量增加，循环供油量增加导致转速进一步升高，这样不断地恶性循环，造成发动机转速越来越高，最后飞车；反之，当负荷增大时，转速降低，转速降低导致柱塞泵循环供油量减少，循环供油量减少又导致转速进一步降低，这样不断地恶性循环，造成发动机转速越来越低，最后熄火。

（7）喷油泵润滑系统　油泵的柱塞偶件和出油阀偶件靠流过的柴油润滑，而驱动机构中的油泵凸轮轴、挺柱体部件、轴承以及油量调节机构，都是靠喷油泵底部的润滑油进行飞溅润滑。所以油泵凸轮轴两端加有油封防止漏油，若有损坏，应及时更换，否则会导致严重后果。喷油泵中的润滑油用油标尺检查，若不足，应及时添加。

二、电控喷油泵

电控喷油泵常采用径向柱塞油泵，能快速地向共轨管稳定供油，保持共轨管内燃油的压力为 $160\sim200\mathrm{MPa}$。

共轨管为一个高强度的无缝钢管，用来储存高压油，抑制燃油压力波动，保持燃油压力恒定，使喷油计量更精确。共轨管上装有限压阀、轨压传感器和高压油管，高压油管把共轨管内的高压柴油输送给电动喷油器。

限压器安装于共轨管的回油口端，采用溢流阀的原理即用弹簧控制柱塞阀的锥形阀门，当共轨管内的压力超过规定值时，即开启回油口，防止油压过高。

喷油泵主要由低压进油口、高压出油口、燃油计量阀、驱动轴和壳体组成，如图 5-28 所示。

电控喷油泵的工作过程如图 5-29 所示。

当泵油柱塞向下止点运行时，燃油经过进油阀进入泵油室。在泵油柱塞进入下止点以后再开始上升时进油阀被关闭，燃油被压缩，达到共轨压力时，出油阀被打开，燃油被压入高压管路。在泵油柱塞到达上止点时，由于泵油室的油压突然降低，出油阀被关闭，过程重新开始。

喷油泵为大流量泵，在小负荷工况时，高压油会过量，过量的油不断地流进回油箱，加大了柴油机的损失。喷油泵有一个泵组装有停油电磁阀，ECU 根据转速和加速踏板的信号，将停油电磁阀通电，其推杆就关闭进油阀，使该泵组因不进油而停止泵油（空转），只有其他两个泵组工作。当进入大负荷工况时，ECU 使停油电磁阀断电，让该泵组恢复泵油。

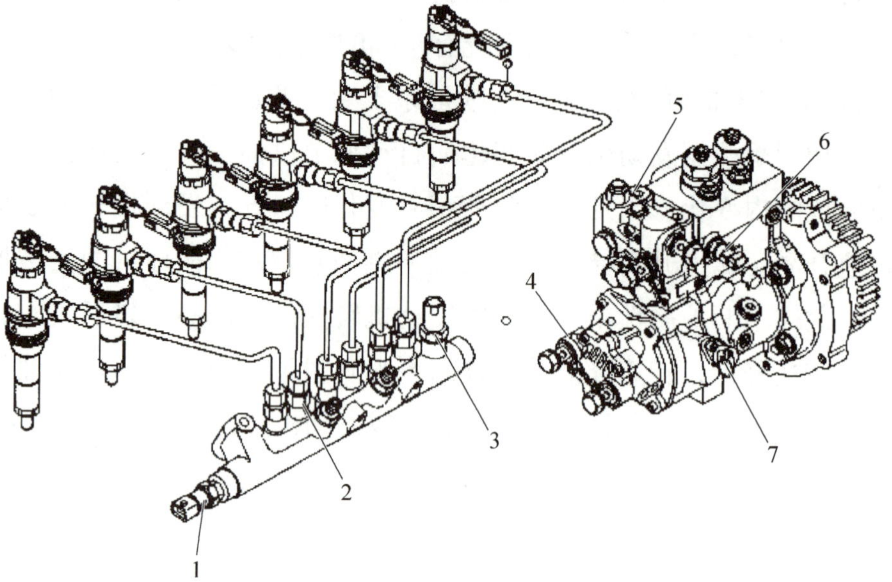

图 5-28　电控共轨喷油泵供油系统

1—轨压传感器　2—高压出油口　3—限压阀　4—输油泵
5—燃油计量阀　6—油温传感器　7—凸轮轴传感器

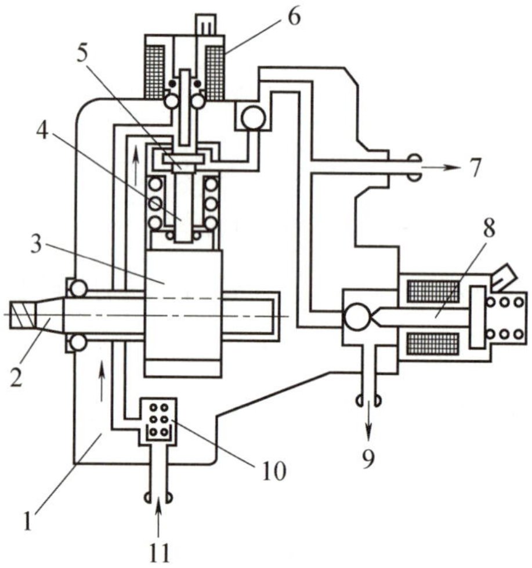

图 5-29　电控喷油泵的工作过程

1—壳体　2—驱动轴　3—偏心轮　4—柱塞　5—泵腔　6—停油电磁阀　7—通蓄压器
8—油压控制阀　9—回油口　10—安全阀　11—进油口

安全阀的任务是阻止气泡进入喷油泵，开启压力为 0.05 ~ 0.15MPa。

如果蓄压器内油压超过规定值（160MPa），ECU 根据共轨管内压力传感器的反馈信号使燃油计量阀断电而开启，通过回油管排出部分燃油而使油压降低；如果共轨管内油压低于规定值，ECU 控制燃油计量阀通电而使油压升高。ECU 用占空比的方式控制燃油计量阀的开闭时间，不断调节，保持恒定的共轨管内的油压，防止油压的波动，以便精确地控制喷油量。

任务计划

通过查阅资料，分组讨论，制订检测维修计划。

工具及设备准备	柴油机，常用拆装工具，工具车、零件车、棉丝、工作台		
操作流程	检修项目	步　骤	操作要领

任务实施

一、观察柴油机上的机械柱塞式喷油泵，回答下列问题。

1. 安装位置

机械柱塞式喷油泵在柴油机上的位置：_____。

2. 连接关系

机械柱塞式喷油泵上有几根油管？_____。

机械柱塞式喷油泵上油管的连接关系：_____

_____。

二、拆装机械柱塞式喷油泵

1. 放油

先堵住低压油路进、出油口和高压油管接头：防止污物进入油路，用柴油清洗泵体外部。

2. 拆下附件

将油泵固定在专用拆装架上，拆下输油泵总成及泵体底部螺塞。

3. 分离滚轮体和凸轮轴

转动凸轮轴，使1缸滚轮体处于上止点，将滚轮体托板（或销钉）插到调整螺钉与锁紧螺母之间（或挺柱体锁孔中），使两者脱离。

4. 拆后壳

拆下调速器后盖固定螺钉，将调速器后壳后移并倾斜适当角度，拨开连接杆上的锁夹或卡销，使供油齿杆和连接杆脱离。用尖嘴钳取下起动弹簧、取下调速器后壳总成。

5. 拆供油提前角自动调节器

用专用扳手固定住供油提前角自动调节器，在喷油泵另一端用专用套筒拆下调速飞块支座固定螺母，用顶拔器拉下飞块支座总成，用专用套筒拆下供油提前角自动调节器固定螺母，用顶拔器拉下供油提前角自动调节器。

6. 拆凸轮轴部件

拆卸前，应先检查凸轮轴的轴向间隙（0.05~0.10m）。将测得值与标准值进行比较，即可在装配时知道应增垫片的厚度。拆下前轴承盖，收好调整垫片，拆下凸轮轴支承轴瓦。用木槌从调速器一端敲击凸轮轴，将轴和轴承一起从泵体前端取下。若需要更换轴承，可用顶拔器拉下轴承。

7. 分解滚轮体

将泵体检视窗一侧向上放平。从油底塞孔中装入滚轮挺柱顶持器，顶起滚轮部件，拔出挺柱托板（或销钉），取出滚轮体总成。按上述方法，依次取出各缸滚轮体总成。再取出柱塞弹簧、弹簧上座和下座、油量控制套筒，旋出齿杆限位螺钉，取出供油齿杆，旋出出油阀压紧座，用专用工具取出油阀偶件及减容器、出油阀弹簧、柱塞偶件，按顺序放在专用架上。

8. 清洗分解后的零件，按与拆卸相反的顺序装配。

记录机械柱塞式喷油泵拆装要点：_____
_____。

三、柱塞偶件和出油阀偶件的检查

1. 柱塞偶件的检查

1）柱塞副的外观（图5-30）检查。检查柱塞副外观，发现有以下情况之一时应更换：柱塞表面有明显的磨损痕迹、柱塞弯曲或头部变形、柱塞或柱塞套有裂纹、柱塞头部斜槽及环槽边缘有剥落或锈蚀、柱塞套端面及内孔表面有锈蚀或显著的刻痕。

检验结果为_____。

2）柱塞的滑动性试验（图5-31）。先用洁净的柴油仔细清洗柱塞副，涂上干净的柴油后进行试验。将柱塞套倾斜60°左右，将柱塞拉出约1/3全行程。放手后，柱塞应在自重的作用下平稳地滑入套筒内。转动柱塞后重复上述试验，柱塞均应平稳地滑入套筒内。

检验结果为_____。

图5-30　柱塞偶件外观

图5-31 柱塞的滑动性试验

3）柱塞的密封性试验（图5-32）。用手指堵住套筒上端孔和侧面进油孔，另一手向外拉柱塞，应感觉有吸力；放松柱塞时，柱塞应能迅速回位。将柱塞转动几个不同位置，反复试验几次，若每次都能符合上述要求，说明柱塞偶件配合良好。

检验结果为 _____。

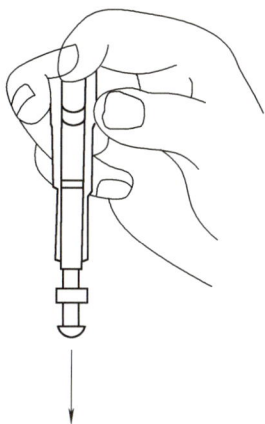

图5-32 柱塞的密封性试验

2. 出油阀偶件的检查

1）出油阀偶件的外观检验（图5-33）。目测检查出油阀偶件，工作面不应有刻痕及锈蚀，密封锥面应光泽明亮、完整连续，光亮带宽度应不超过 0.5mm，出油阀垫片应完好无损，否则应更换。

检验结果为 _____。

2）滑动试验。将泡过柴油的出油阀偶件处于垂直状态，把阀芯从座孔中抽出 1/3 左右，松开后，阀芯应能靠自重平稳地落入阀座，无卡滞现象；将阀芯转动几个位置，反复试验，若每次都能符合上述要求，说明出油阀偶件配合良好。

图5-33 出油阀偶件的外观检验

检验结果为 _____。

3）出油阀的密封性实验（图5-34）。在做滑动性实验时，用手指堵塞出油阀座下方的孔，出油阀阀芯下落到减压环带进入阀座时应能停住。在此位置时，用手指轻轻压入出油阀阀芯，放松手指后，出油阀阀芯应能马上弹回原位置。手指从下端面移开时，阀芯应在自重的作用下完全落座。

检验结果为 _____。

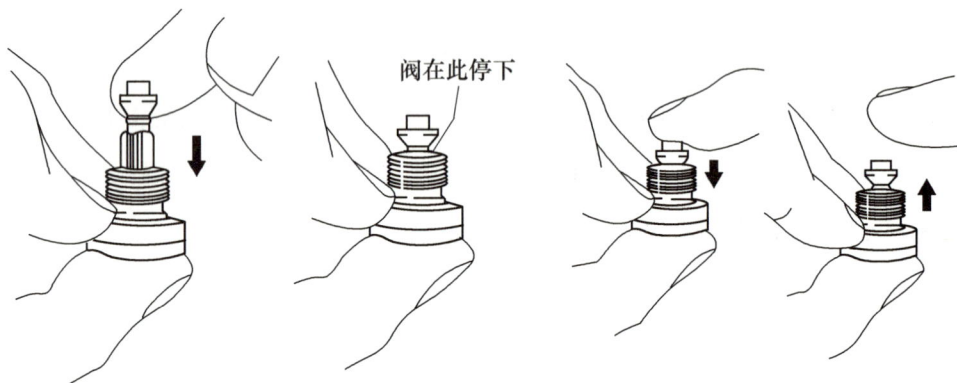

图 5-34　出油阀的密封性实验

四、观察柴油机上的电控喷油泵，回答下列问题。

1. 安装位置

电控喷油泵在柴油机上的位置：_____。

2. 连接关系

电控喷油泵上有几根油管？_____。

电控喷油泵线束上有几根导线？_____。

电控喷油泵上油管的连接关系：_____

_____。

五、喷油泵调试

机械柱塞式喷油泵在喷油泵试验台上进行调试，主要调试项目包括供油正时、供油量和调速器。

电控喷油泵调试在高压共轨试验台上进行，主要调试项目包括共轨泵的密封性、共轨泵的内压、共轨泵的比例电磁阀、共轨泵的输油泵性能、共轨泵的流量、实时测量共轨压力。

🔧 任务测评

按任务测评表进行任务测评。

任务测评表

评价项目		评价标准	配　分	得　分
专业知识	40分	能描述柱塞式喷油泵的组成	15	
		能描述柱塞式喷油泵的功用	15	
		能描述柱塞式喷油泵的拆装注意事项	10	
任务完成情况	40分	任务完成的情况	10	
		任务完成的质量	20	
		在小组完成任务过程中所起的作用	10	
职业素养	20分	能安全、规范地操作	10	
		能与小组成员团结协作	5	
		能积极整理、清洁工位	5	
综合评议				

任务六　废气涡轮增压器的检修

任务目标

1. 知识目标

掌握废气涡轮增压器的功用和组成，知道其工作原理。

2. 技能目标

会正确维护废气涡轮增压器。

3. 思政目标

能安全、规范地操作；能与小组成员团结协作；能积极整理、清洁工具，具有劳动意识。

任务准备

一、功用

增压系统的功用就是利用增压器提高进气压力，以增加进气中氧分子含量，提高发动机的动力性和经济性。

由于采用增压技术的发动机功率可提高30%～100%，甚至更多，而且采用增压技术对缩小发动机结构尺寸、降低燃油消耗、减少排放污染也非常有利。因此，目前大多数车用柴油机和部分车用汽油机都广泛采用增压技术。

车用发动机一般采用废气涡轮增压系统，利用废气能量驱动增压器工作。

二、废气涡轮增压系统的工作过程

常用的废气涡轮增压系统主要由空气滤清器、增压器和中冷器等组成。增压器主要由涡轮和压气机两个基本部分组成，如图5-35所示。

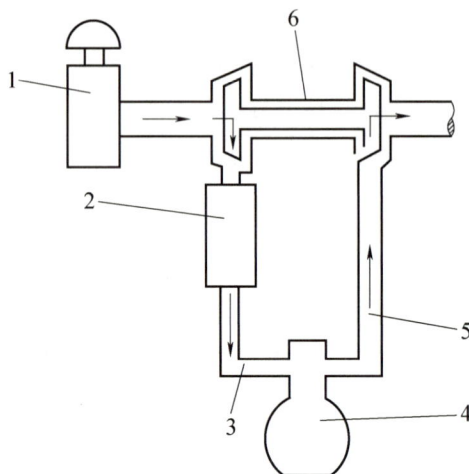

图5-35　废气涡轮增压系统的组成

1—空气滤清器　2—中冷器　3—进气歧管　4—发动机　5—排气歧管　6—增压器

柴油机工作时，由排气歧管排出的高温、高压废气流经增压器的涡轮壳，利用废气通道截面的变化（由大到小）来提高废气的流速，使高速流动的废气按一定方向冲击涡轮，并带动压气机叶轮一起旋转。同时，经滤清后的空气被吸入压气机壳，旋转的压气机叶轮将空气甩向叶轮边缘出气口，提高空气的流速和压力，并利用压气机出气口处通道截面的变化（由小到大）进一步提高空气压力，增压后的空气经中冷器和进气歧管进入气缸。

中冷器结构与冷却系统中的散热器相同，功用是使增压后的空气进入气缸前，进行中间冷却，以降低进气温度，进一步提高发动机进气量。

三、废气涡轮增压器的结构

废气涡轮增压器主要由涡轮、压气机叶轮、旁通阀和壳体等组成，如图5-36所示。

涡轮部分主要利用废气能量产生驱动压气机的动力，通过控制流经涡轮的废气流量或改变废气冲击涡轮的方向可控制压气机的增压强度。

压气机是增压器的转动部分。它利用离心原理将进入气缸的空气压缩，提高其压力。

增压器中采用的支承轴承为全浮式浮动轴承，轴与轴承、轴承与轴承座孔之间均

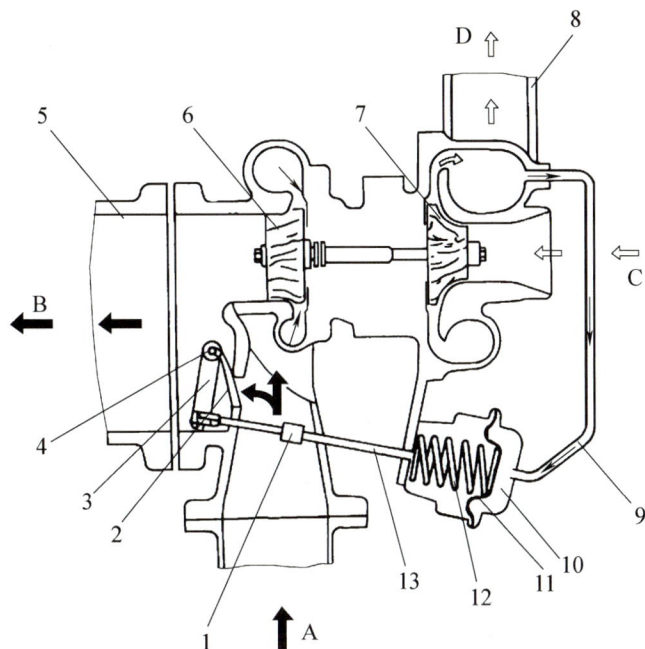

图 5-36　废气涡轮增压器的结构

1—调节螺母　2—旁通阀　3—摇臂　4—销轴　5—排气总管　6—涡轮　7—压气机叶轮

8—进气管　9—引气管　10—密封压力室　11—膜片　12—弹簧　13—联动推杆

A—废气进口　B—废气出口　C—新鲜空气　D—增压空气

有一定的间隙。

润滑与冷却装置主要由轴承壳和进油管、出油管等零部件组成。增压器一般都采用机油进行润滑和冷却，机油经油管和增压器轴承壳进行循环。

旁通阀是由增压压力来控制的。当增压压力达到预定值时，旁通阀打开，将部分多余废气排掉，控制涡轮增压器的增压比，使发动机气缸内的爆发压力不超过发动机机械负荷的允许值。

任务计划

通过查阅资料，分组讨论，制订检测维修计划。

工具及设备准备	废气涡轮增压器，常用拆装工具，工具车、零件车、棉丝、工作台		
操作流程	检 修 项 目	步　　骤	操 作 要 领

任务实施

一、观察柴油机上的废气涡轮增压器（图5-37），回答下列问题。

1）废气涡轮增压器安装在柴油机什么位置？ _____。

2）废气涡轮增压器主要组成部分是： _____
_____。

图5-37　废气涡轮增压器

二、废气涡轮增压器的正常使用与维护

1）空气滤清器、涡轮和压气机必须定期清洗或更换，以保证压气机进气清洁。

2）使用新增压器或经过维修的增压器前，应拨动其转子，检查是否转动灵活、有无异响。在工作中，如果增压器发出尖锐的响声，应立即停机检查。工作时增压器有振动现象，一般是由于叶轮、轴或涡轮损坏所至，应予修复或更换。

3）必须保证增压器的可靠润滑，润滑油要清洁，油压、油温要正常，油管不能有漏油现象。如果增压器长时间停机，使用前应通过加油孔加入约60mL的润滑油。

4）在柴油机起动时，必须让发动机怠速运转3～5min，以便使润滑油润滑轴承密封圈；熄火前，使其怠速运转3～5min，以便让润滑油冷却增压器，防止烧坏密封圈、轴承咬死或轴承壳变形。

任务测评

按任务测评表进行任务测评。

任务测评表

评价项目		评价标准	配　分	得　分
专业知识	40分	能描述废气涡轮增压器的功用	10	
		能描述废气涡轮增压器的组成	15	
		能描述废气涡轮增压器的工作原理	15	
任务完成情况	40分	任务完成的情况	10	
		任务完成的质量	20	
		在小组完成任务过程中所起的作用	10	
职业素养	20分	能安全、规范地操作	10	
		能与小组成员团结协作	5	
		能积极整理、清洁工位	5	
综合评议				

任务七　识别高压共轨电控柴油喷射系统

任务目标

1. 知识目标

了解电控柴油喷射系统的特点；掌握电控柴油喷射系统的组成。

2. 技能目标

能指认电控柴油喷射系统的各个零部件。

3. 思政目标

能安全、规范地操作；能与小组成员团结协作；能积极整理、清洁工位，具有劳动意识。

任务准备

一、电控柴油喷射系统的特点

柴油机电控燃油喷射系统的研究开发始于 20 世纪 70 年代，20 世纪 80 年代进入应用阶段，20 世纪 90 年代得到迅速发展。共轨式电控燃油喷射系统是比较理想的燃油喷射系统，它不再采用喷油系统柱塞泵分缸脉动供油原理，而是用一个设置在喷油泵和喷油器之间具有较大容积的共轨管，把喷油泵输出的燃油蓄积起来并稳定压力，再通过高压油管输送到每个喷油器上，由喷油器上的电磁阀控制喷射的开始和终止。

电磁阀起作用的时刻决定喷油定时，起作用的持续时间和共轨压力决定喷油量，由于该系统采用压力时间式燃油计量原理，因此又可称为压力时间控制式电控喷射系统。与传统的机械方式比较，电控柴油喷射系统具有如下优点：

1）对喷油定时的控制精度高，反应速度快。

2）对喷油量的控制精确、灵活、快速，喷油量可随意调节，可实现预喷射和后喷射，改变喷油规律。

3）喷油压力高（高压共轨电控柴油喷射系统的喷油压力高达200MPa），不受发动机转速影响，优化了燃烧过程。

4）无零部件磨损，长期工作稳定性好。

5）结构简单，可靠性好，适用性强。

高压共轨电控柴油喷射系统主要由低压油路、高压油路、传感与控制几部分组成。

二、电控柴油喷射系统的组成

1. 低压油路

低压油路由油箱、柴油粗滤器、电动输油泵和柴油细滤器等组成，其作用是产生低压柴油，输送给喷油泵，其结构原理与传统的柴油供给系统低压油路相似。

进油油路：输油泵将柴油从燃油箱中抽出经过柴油粗滤器（带油水分离器）过滤后，再次经过燃油细滤器过滤，此时油路分成两部分，一部分经过进油计量阀计量后送至喷油泵柱塞腔，另一部分送至回油阀，回油阀与进油计量阀并联，以保证进油计量阀的输入端压力恒定。

回油油路：喷油器的回油总管、共轨限压阀的回油管都接到喷油泵的回油管接头上，然后一起通过总回油管回到燃油箱。

2. 高压油路

高压油路由喷油泵、限压阀、高压油管、高压存储器（共轨管）、流量限制器、限压阀和电动喷油器等组成。其基本作用是产生高压（160MPa左右）柴油。

1）喷油泵：其作用是产生高压油。

2）限压阀：安装在喷油泵旁边或共轨管上。其作用是根据发动机负荷状况调整和保持共轨管中的压力。

3）共轨管：其作用是存储高压油，保持压力稳定。共轨管容积具有削减喷油泵的供油压力波动和每个喷油器喷油过程引起的压力振荡的作用，可使高压油轨中的压力波动控制在5MPa以下。但其容积又不能太大，以保证共轨有足够的压力响应速度，以快速适应柴油机工况的变化。共轨管上安装有压力传感器、限压阀和流量限制器。

4）电动喷油器：电动喷油器是共轨式燃油系统中最关键和最复杂的部件，它的作用是根据 ECU 发出的控制信号，通过控制电磁阀的开启和关闭，将高压油轨中的燃油以最佳的喷油定时、喷油量和喷油率喷入柴油机的燃烧室。

柴油流动路线：燃油箱→粗滤器（手油泵或电动泵）→输油泵（在喷油泵后端）→细滤器→喷油泵→共轨管→喷油器。

3. 传感与控制部分

传感与控制部分包括传感器、ECU 和执行机构。

高压共轨喷油器的喷油量、喷油时间和喷油规律除了取决于柴油机的转速、负荷外，还跟众多因素有关，如进气流量、进气温度、冷却液温度、燃油温度、增压压力、电源电压、凸轮轴位置、废气排放等，所以必须采用相应传感器，采集相关数据。由各种传感器采集的数据，都被送入 ECU，并与存储在里面的大量经过试验得到的最佳喷油量、喷油时间和喷油规律的数据进行比较、分析，计算出当前状态的最佳参数。根据 ECU 计算出的最佳参数，再通过执行机构（电磁阀等），控制电动输油泵、喷油泵、废气再循环等机构工作，使喷油器按最佳的喷油量、喷油时间和喷油规律进行喷油。

三、电控柴油喷射系统的工作过程

燃油箱内的柴油在输油泵的作用下经低压油管被吸出，经油水分离器分离过滤和燃油滤清器再次滤清后送往喷油泵。喷油泵使低压柴油变为高压柴油，并将高压柴油经高压油管送至共轨管。共轨管经高压油管连接电控喷油器供油接头。ECU 根据转速传感器、喷油泵上压力传感器和轨压传感器检测电控喷油器的供油压力，通过控制喷油泵上的回油阀和共轨管上的限压阀使喷油器供油压力稳定在设定值附近。同时 ECU 根据设定的脉宽和频率，定时打开、关闭电控喷油器。电控喷油器的回油回到燃油箱。

四、电控柴油喷射系统的使用注意事项

高压共轨电控柴油喷射系统为了保证高压喷射，精确流量控制，其各组成部分的精度都非常高，偶件间隙控制相当严格，部分直线度在 $0.8\mu m$ 以下，偶件间隙在 $1.5 \sim 3.7\mu m$ 范围内，所以对柴油清洁度提出了很高的要求。传统的柴油滤清器只能过滤 $10\mu m$ 以上的颗粒，$3\mu m$ 的颗粒过滤效率很差。高压共轨电控柴油喷射系统要求滤清器提供 95% 的水分离效率和 98.6% 的 $3 \sim 5\mu m$ 的颗粒过滤效率。必须使用符合要求的滤清器，否则会造成喷油器、喷油泵损坏。

任务计划

通过查阅资料，分组讨论，制订检测维修计划。

工具及设备准备	电控柴油机 1 台		
操作流程	检 修 项 目	步　　骤	操 作 要 领

任务实施

观察图 5-38 所示电控共轨柴油机，识别各组成部分，把主要部分名称填写在空格中。

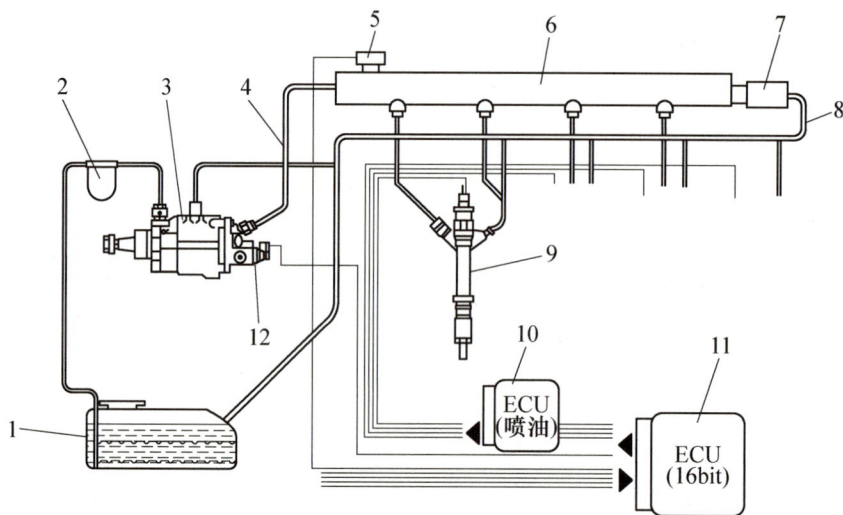

图 5-38　电控共轨柴油机

柴油机型号：＿＿＿＿＿＿＿＿＿

1. ＿＿＿＿＿＿　2. ＿＿＿＿＿＿　3. ＿＿＿＿＿＿　4. ＿＿＿＿＿＿　5. ＿＿＿＿＿＿

6. ＿＿＿＿＿＿　7. ＿＿＿＿＿＿　8. ＿＿＿＿＿＿　9. ＿＿＿＿＿＿　10. ＿＿＿＿＿＿

11. ＿＿＿＿＿＿　12. ＿＿＿＿＿＿

任务测评

按任务测评表进行任务测评。

任务测评表

评 价 项 目		评 价 标 准	配　分	得　分
专业知识	40分	能描述电控柴油喷射系统的组成	15	
		能描述电控柴油喷射系统的特点	15	
		能描述电控柴油喷射系统的使用注意事项	10	
任务完成情况	40分	任务完成的情况	10	
		任务完成的质量	20	
		在小组完成任务过程中所起的作用	10	
职业素养	20分	能安全、规范地操作	10	
		能与小组成员团结协作	5	
		能积极整理、清洁工位	5	
综合评议				

任务八　柴油机燃料供给系统故障诊断与排除

任务目标

1. 知识目标

熟悉柴油机燃料供给系统故障发生的原因和排除故障的步骤。

2. 技能目标

能排除简单柴油机燃料供给系统的故障。

3. 思政目标

能安全、规范地操作；能与小组成员团结协作；能积极整理、清洁工位，具有劳动意识。

任务计划

通过查阅资料，分组讨论，制订检测维修计划。

工具及设备准备	柴油机1台，常用拆装工具，工具车、零件车、棉丝		
操作流程	检修项目	步　　骤	操 作 要 领

任务实施

一、柴油机低压油路不畅故障排除

1. 故障现象描述

松开柴油滤清器放气螺钉（转子泵柴油机）或喷油泵放气螺钉（柱塞泵柴油机），用手油泵泵油，放气螺钉处排出泡沫油或不排油。

2. 故障原因分析

1）油箱缺油。

2）输油泵失效。

3）油路或滤清器堵塞。

4）低压油路密封不良（漏气）。

3. 故障诊断步骤

（1）柱塞泵低压油路　燃油箱——→输油泵——→滤清器——→喷油泵

辅助方法：用手油泵泵油试验。

（2）转子泵低压油路　燃油箱——→膜片式输油泵——→滤清器——→ 叶片式输油泵 ↓ 断油电磁阀 ↓ 转子分配泵

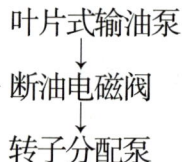

辅助方法：用手油泵（在滤清器上）泵油试验。

二、柴油机不能起动故障排除

1. 故障现象描述

柴油机不能起动。

2. 故障原因分析

1）油箱盖通气孔堵塞。

2）油箱内无燃油或油箱开关未打开。

3）油管破裂、堵塞，油管接口松动、密封失效。

4）燃油滤清器堵塞，输油泵进油管、接口管接螺栓内滤网堵塞。

5）输油泵损坏。

6）燃油牌号不对。

7）燃油系统内空气未排尽。

8）燃油中有水。

9）喷油泵发生故障。

10）喷油器故障。

11）涡流燃烧形式柴油机镶块上的起动喷孔堵塞。

12）供油提前角不正确。

3. 故障诊断步骤

诊断流程图如图 5-39 所示。

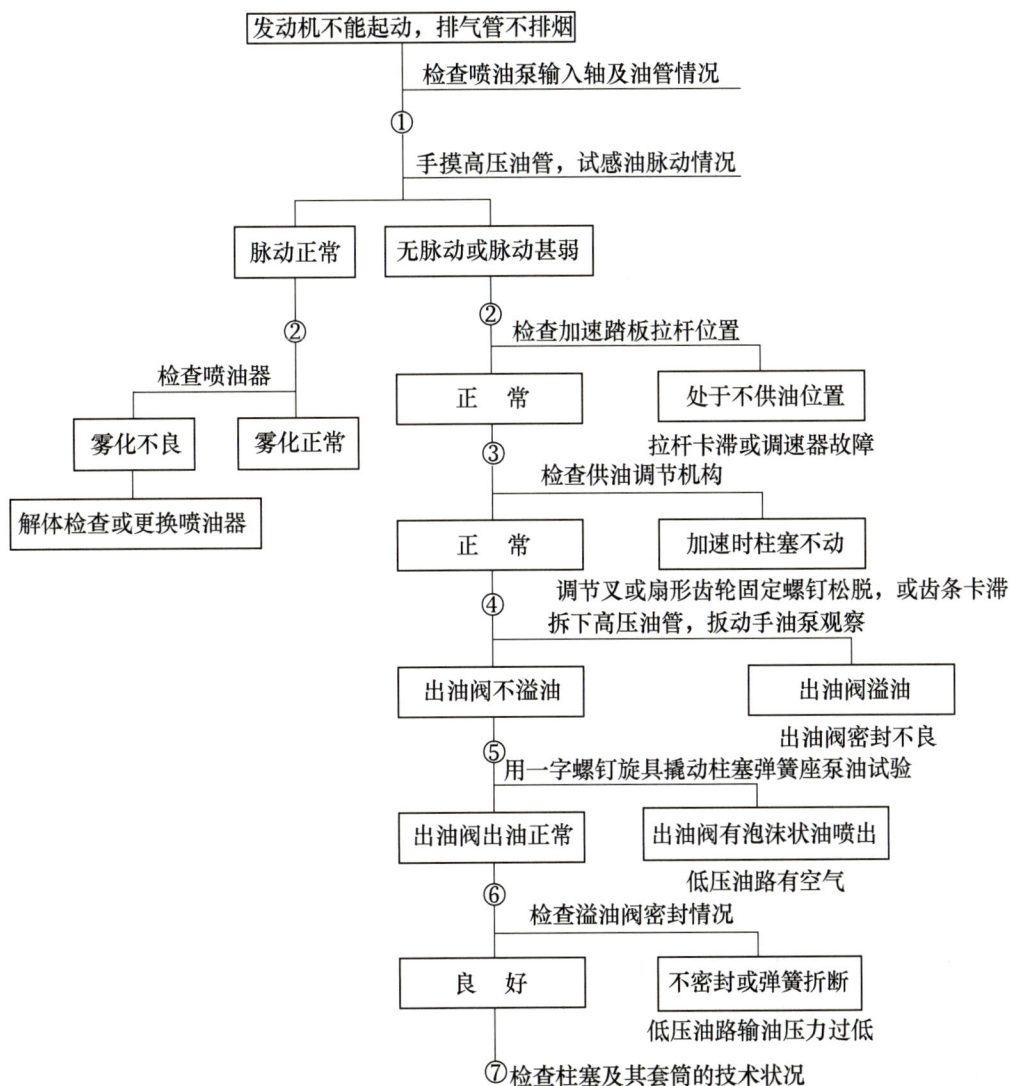

```
            发动机不能起动，排气管不排烟
            检查喷油泵输入轴及油管情况
          ①
            手摸高压油管，试感油脉动情况

     脉动正常          无脉动或脉动甚弱
          ②                  ②  检查加速踏板拉杆位置

   检查喷油器              正　常          处于不供油位置
                           ③        拉杆卡滞或调速器故障
 雾化不良   雾化正常         检查供油调节机构
                           正　常          加速时柱塞不动
解体检查或更换喷油器         ④    调节叉或扇形齿轮固定螺钉松脱，或齿条卡滞
                              拆下高压油管，扳动手油泵观察
                        出油阀不溢油          出油阀溢油
                                        出油阀密封不良
                           ⑤  用一字螺钉旋具撬动柱塞弹簧座泵油试验
                        出油阀出油正常      出油阀有泡沫状油喷出
                                        低压油路有空气
                           ⑥  检查溢油阀密封情况
                        良　好          不密封或弹簧折断
                                    低压油路输油压力过低
                           ⑦ 检查柱塞及其套筒的技术状况
```

图 5-39　诊断流程图

三、柴油机功率不足故障排除

1. 故障现象描述

柴油机在标定工况转速、大负荷或满负荷运行时，不断冒黑烟，转速不稳定。

2. 故障原因分析及诊断

1）低压油路不畅。

2）调速器故障。

3）进气不足，排气不尽。

4）燃油喷油量减少。

5）喷油雾化不良。

6）供油提前角不准确。

7）压缩力不足。

8）装配工艺中，各运动件配合间隙过小，阻力增大。

3. 柴油机功率不足诊断思路

1）首先应观察柴油机能否达到标定功率转速，标定最高转速是以厂铭牌标明的转速，必要时可调整喷油泵上的最高限速螺钉。当在标定转速时，空载和一般负荷的情况下，烟色正常，而在满负荷时转速不稳，黑烟不断，有可能调速弹簧变弱，这时可先将喷油泵调速器拆下，用对比方法检查弹簧的强弱。弹簧过弱必须更换新件。另外，燃油供给不畅，也有以上现象发生，如喷油泵上的单向回油阀内的弹簧断、钢珠不密封，使燃油不能充分供给柱塞。

2）当柴油机发生功率不足时，根据柴油机出现的故障特征来分析故障原因。通常柴油机功率不足常出现排气烟色不正常、声音异响等现象，因此可根据这些故障特征诊断功率不足的原因。

3）当柴油机上主要运动接合件的配合间隙过小时，会造成运转中的柴油机运动件阻力增大而降低功率输出。这方面出现故障的主要部位如下：

① 活塞与气缸套的配合。

② 连杆瓦与曲轴曲柄销。

③ 主轴瓦与曲轴主轴颈。

④ 凸轮轴与凸轮轴衬套。

⑤ 惰轮轴与惰轮轴衬套。

当这些零部件的配合间隙过小、摩擦力变大、润滑性能恶化导致这些摩擦副咬合后，直接损耗功率。因此在修复这类故障时，应根据柴油机的型号及其这些部件的配合尺寸进行调整（各配合零件的数据及调整方法见维修手册），有些功率不足的故障表现特征不冒烟只是转速逐渐降低，这种故障主要是在供油量不足的情况下发生，可以对燃油系统供油不足原因进行分析排查，例如：低压管路不畅，柴油滤清器堵塞，输油泵进油管滤网脏堵，燃油箱出现真空度，输油泵供油量不足，油管老化破损，接头松动不密封。高压油路及调速部分的主要故障有柱塞磨损，调速器故障使油量调整出现误差。对于高压油路出现的故障必须由专业人员修复，并在专业油泵试验台上进行校验。

四、柴油机飞车故障排除

1. 故障现象描述

柴油机起动后或是在运转中，转速突然增高，直至超过额定最高转速，而调速机构不能正常控制转速或停机，这种现象称为发动机转速剧增，俗称"飞车"。

2. 故障原因分析

1）调速器失去作用，加速踏板拉杆卡死在最高转速。

2）调速器滑盘轴套卡在最大供油量位置。

3）喷油泵柱塞调节臂从拨叉中脱出并滑向最大供油方向。

4）油浴式空气滤清器油盘内机油过多而吸入。

5）机油过多，大量超过上刻线。

3. 故障诊断步骤

1）当发动机发生转速剧增（飞车）时，要采取应急措施制止"飞车"。首先拉动停车手柄，如无反应，应用衣服裹住空气滤清器或堵住进气口，一方面松开喷油器上的高压油管，另一方面可打开减压。

2）停机后，应先查看油标尺上的油面线是否超过上刻线很多。若机油正常，再打开油浴式的空滤器，检查机油是否加过多，如是干式空滤器，或以上两种情况无异常，则表明喷油泵有故障，可检查一下喷油泵上的停机手柄是否阻滞，是否能拉到停机位置。将停机手柄拉到停机位置，卸去喷油泵上的高压油管，转动喷油泵（点动发动机），观察喷油泵出油口是否有燃油喷出，如有油喷出，表明有以下 4 种情况：

① 调速器滑动盘轴套卡在超高速位置。

② 调速拉杆卡死在大油量位置。

③ 柱塞调节臂从拨叉中脱出在大油量位置，可拆下调速器盖进行检查，查明原因。机体表面的毛刺、机体变形都会影响正常调速。

④ 喷油泵内应加机油，缺油后，泵内零件加速磨损或出现卡死故障。

📊 任务测评

按任务测评表进行任务测评。

任务测评表

评 价 项 目		评 价 标 准	配　　分	得　　分
专业知识	40 分	能描述发动机不能起动的原因	15	
		能描述柴油机低压油路不畅的原因	15	
		能描述柴油机飞车的原因	10	

（续）

评 价 项 目		评 价 标 准	配　分	得　分
任务完成情况	40分	任务完成的情况	10	
		任务完成的质量	20	
		在小组完成任务过程中所起的作用	10	
职业素养	20分	能安全、规范地操作	10	
		能与小组成员团结协作	5	
		能积极整理、清洁工位	5	
综合评议				

项 目 回 顾

　　本项目介绍了柴油机燃料供给系统的组成和功用、各组成零件的结构和装配关系，及其各零部件的检测和修理方法，要求学生能正确、熟练地运用工具和量具进行拆装和测量。在拆装和检修的过程当中，规范操作流程，培养学生安全意识；小组合作探究，培养学生团队协作能力；准确检测数据，培养学生精益求精的工匠精神；整理清洁工位，培养学生环保意识和劳动精神。

项 目 练 习

一、判断题

1. 柴油发动机曲轴转两周，喷油器向各气缸内喷油一次。　　　　　　　　（　　）

2. 柴油机输油泵的供油量可以自动调整。　　　　　　　　　　　　　　　（　　）

3. 柴油机输油泵的作用是给喷油器提供高压柴油。　　　　　　　　　　　（　　）

4. 柴油机手油泵的活塞与泵体，经过选配、研磨，达到高精度配合，无互换性。（　　）

5. 喷油泵中柱塞和柱塞套、出油阀和阀座都是精密偶件。　　　　　　　　（　　）

6. 提高喷油器调压弹簧的预紧度可以减小喷油的开启压力。　　　　　　　（　　）

7. 喷油器针阀和针阀体组成喷油器偶件，在维修中可以互换。　　　　　　（　　）

8. 进行喷油器密封实验时，喷油器允许有微量的滴油现象。　　　　　　　（　　）

9. 柴油机达到额定转速后调速器减少供油量，目的是防止发动机飞车。　　（　　）

10. 电控喷油泵主要由叶片式输油泵、分配泵、调速器和供油提前角自动调节器等组成。

（　　）

二、选择题

1. 柴油机混合气是在（ ）内完成的。

    A. 进气管   B. 燃烧室   C. 化油器   D. 喷油器

2. 喷油器工作间隙泄漏的极少量柴油经（ ）流回燃油箱。

    A. 回油管   B. 高压油管   C. 低压油管   D. 喷油管

3. 调整柴油机喷油泵各缸供油时间，应从第 1 缸为基准，根据喷油泵的（ ）调整其余各缸。

    A. 喷油顺序   B. 间隔角

    C. 喷油顺序和间隔角   D. 点火顺序和间隔角

4. 喷油泵的泵油量取决于柱塞的有效行程，而改变有效行程可采用（ ）。

    A. 改变喷油泵凸轮轴与曲轴的相对角位移

    B. 改变滚轮挺柱体的高度

    C. 改变柱塞斜槽与柱塞套筒油孔的相对角位移

    D. 改变出油阀弹簧弹力

5. 针阀和针阀体是柴油机喷油器的重要组成部分，两者合称（ ）。

    A. 柱塞偶件   B. 针阀偶件   C. 密封偶件   D. 承压偶件

6. 柴油机喷油器实验器用油应为沉淀后的（ ）。

    A. 0 号轻柴油   B. 煤油   C. 液压油   D. 机械油

7. 旋进喷油器端部的调压螺钉，喷油器喷油开启压力（ ）。

    A. 不变   B. 升高   C. 降低   D. 忽高忽低

8. 两速式调速器的（ ）转速由人工控制。

    A. 怠速   B. 低速   C. 中间   D. 高速

9. 柴油发动机达到额定转速时，调速器将控制油量调节机构开始（ ）。

    A. 自动增油   B. 自动减油   C. 自动减速   D. 停止供油

10. 下列特点不属于废气涡轮增压系统的是（ ）。

    A. 降低油耗   B. 提高功率   C. 减少排放污染   D. 没有噪声

三、思考题

1. 柴油机燃料供给系统由哪几部分组成？各部分的功用是什么？

2. 柴油机可燃混合气的形成与汽油机可燃混合气的形成有什么区别？

3. 输油泵是怎样工作的？

4. 机械柱塞式喷油泵是怎样工作的？怎样调整供油量？

5. 什么是供油提前角？机械柱塞式喷油泵用什么方式调整供油提前角？

6. 喷油器是怎样工作的？检查调试内容有哪些？

7. 电控柴油喷射系统主要由哪些零部件组成？它是如何工作的？

8. 柴油发动机废气涡轮增压有什么作用？由哪几部分组成？

四、技能点

1. 检查调整喷油器。

2. 正确拆装柴油机输油泵。

3. 正确从柴油机上拆装喷油器。

4. 正确检查调整柴油机喷油正时。

5. 正确从柴油机上拆装柴油滤清器。

6. 正确拆装喷油泵。

项目六　冷却系统维修

项目描述

一辆日产轿车在行车过程中出现冒黑烟、加速无力、怠速不稳和油耗增加等现象，进厂经检测后确定需进行发动机大修，已完成了曲柄连杆机构、配气机构、燃油供给系统的维修，要对冷却系统进行维修。

项目分析

作为一名修理工，如何完成冷却系统的维修呢？首先识别冷却系统的结构与组成，按照维修手册的要求，对散热器、水泵、风扇和节温器等各部分进行拆解、检测和维修，恢复其技术状态。

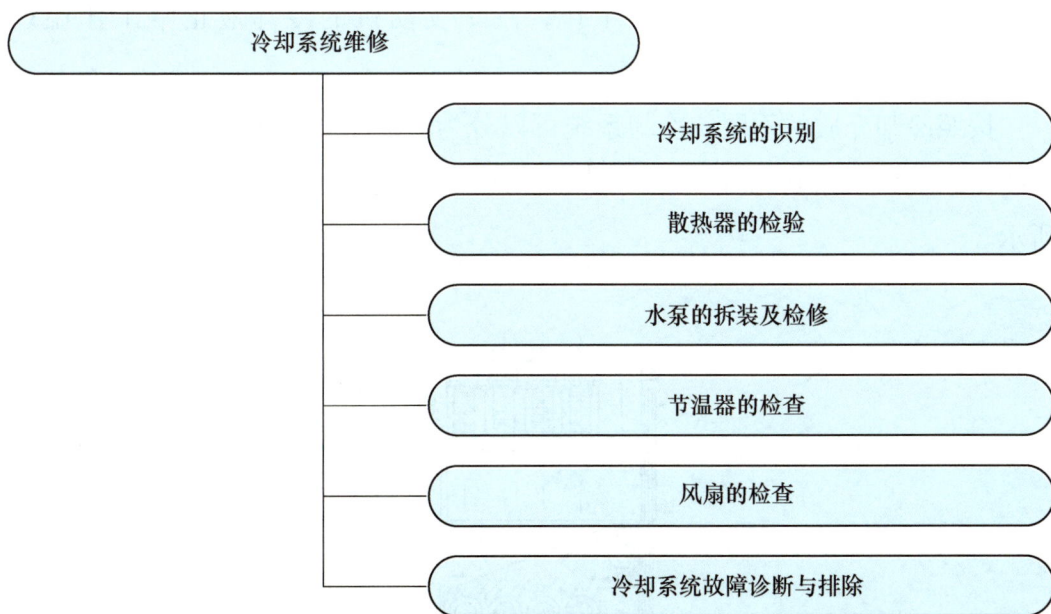

```
冷却系统维修
    ├── 冷却系统的识别
    ├── 散热器的检验
    ├── 水泵的拆装及检修
    ├── 节温器的检查
    ├── 风扇的检查
    └── 冷却系统故障诊断与排除
```

任务一　冷却系统的识别

任务目标

1. 知识目标

掌握冷却系统的组成、作用和类型。

2. 技能目标

能指认冷却系统各个零部件。

3. 思政目标

能安全、规范地操作；能与小组成员团结协作；能积极整理、清洁工位，具有劳动意识。

任务准备

一、冷却系统的作用及类型

冷却系统的作用是：把发动机受热零部件吸收的部分热量及时散发出去，保证发动机在最适宜的温度状态下工作，汽车发动机的冷却液正常工作温度为 80 ~ 90℃。

按照冷却介质的不同，冷却系统可以分为风冷式（图 6-1）和水冷式两种，水冷式冷却系统分为强制循环水冷式冷却系统和蒸发水冷式冷却系统，如图 6-2、图 6-3 所示。

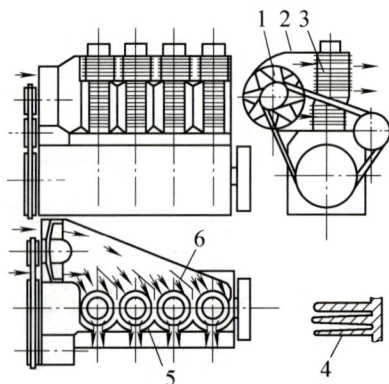

图 6-1　风冷式冷却系统

1—风扇　2—导流罩　3、4—散热片　5—气缸导流罩　6—分流板

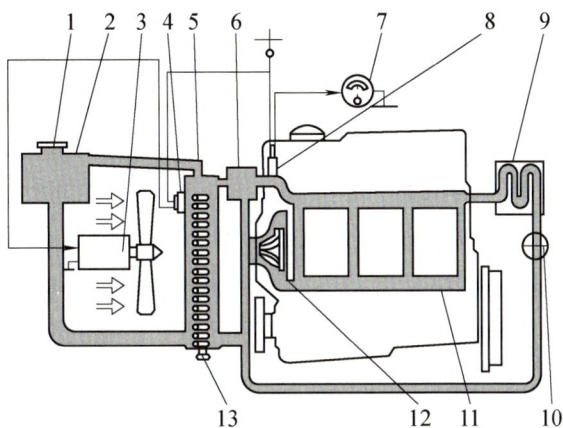

图 6-2 强制循环水冷式冷却系统

1—散热器盖　2—膨胀箱　3—风扇　4—温控开关　5—散热器
6—节温器　7—冷却液温度表　8—温度传感器　9—暖气水箱
10—暖气阀门　11—水套　12—水泵　13—放水开关

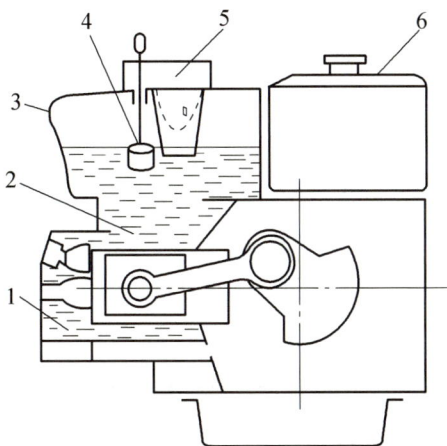

图 6-3 蒸发水冷式冷却系统

1—水套　2—冷却液　3—散热器　4—浮子　5—加水口　6—燃油箱

二、强制循环水冷式冷却系统的工作过程

强制循环水冷式冷却系统由百叶窗、散热器、风扇、水泵、冷却水套（在缸体、缸盖内直接铸出）、水管、节温器、冷却液温度传感器和控制冷却强度的装置等组成，如图 6-4 所示。

发动机工作时，冷却液在水泵中加压后进入缸体水套，冷却液吸热而升温，然后流入缸盖水套，吸热后经节温器流入散热器，在散热器中冷却液散热而降温，最后返回水泵，如此循环不止。

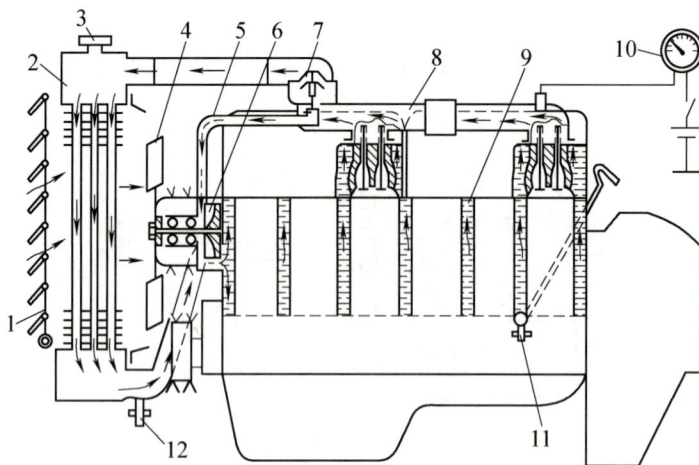

图 6-4　强制循环水冷式冷却系统示意图

1—百叶窗　2—散热器　3—散热器盖　4—风扇　5—小循环水管　6—水泵

7—节温器　8—出水管　9—水套　10—冷却液温度表和传感器

11—水套放水开关　12—散热器放水开关

任务计划

通过查阅资料，分组讨论，制订检测维修计划。

工具及设备准备	SR20 发动机		
操作流程	检修项目	步　骤	操作要领

任务实施

1. 观察冷却系统，记录冷却系统主要组成。

零件名称	安装位置	功　用

2. 观看视频，记录冷却液流动路线。

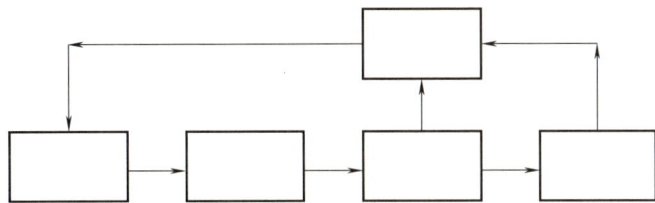

任务测评

按任务测评表进行任务测评。

任务测评表

评价项目		评价标准	配　分	得　分
专业知识	40分	能描述冷却系统的组成	15	
		能描述冷却系统的功用	15	
		能描述冷却系统的类型	10	
任务完成情况	40分	任务完成的情况	10	
		任务完成的质量	20	
		在小组完成任务过程中所起的作用	10	
职业素养	20分	能安全、规范地操作	10	
		能与小组成员团结协作	5	
		能积极整理、清洁工位	5	
综合评议				

任务二　散热器的检验

任务目标

1. 知识目标

掌握散热器的作用和构造。

2. 技能目标

能检验散热器的密封性。

3. 思政目标

能安全、规范地操作；能与小组成员团结协作；能积极整理、清洁工位，具有劳动意识。

任务准备

一、散热器的构造

散热器俗称为水箱，安装在发动机前的车架横梁上。其作用是增大散热面积，加速冷却液的冷却。散热器由散热器盖、上储水室、散热器芯、下储水室和进水管、出水管等组成，如图6-5所示。

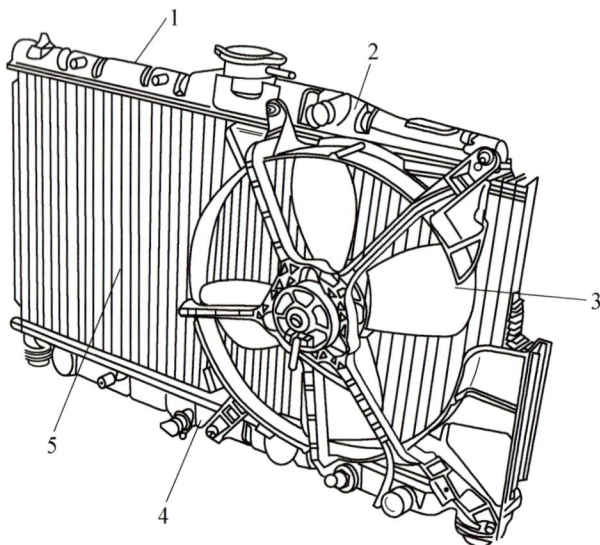

图6-5　散热器的构造

1—散热器　2—上储水室　3—电动冷却风扇　4—下储水室　5—散热器芯

散热器芯由许多冷却管和散热片组成，采用散热片不但可以增加散热面积，还可以增大散热器的刚度和强度。散热器芯的结构形式多样，常用的有管片式和管带式两种，如图6-6所示。

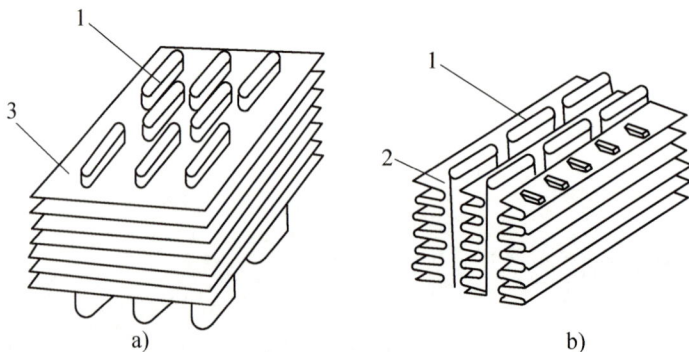

图6-6　散热器芯示意图

a）管片式　b）管带式

1—冷却水管　2—散热带　3—散热片

二、散热器盖

现代发动机常采用具有空气-蒸气阀的散热器盖，它能自动调节冷却系统内压力，减少冷却液的损失，提高冷却效果。散热器盖主要由加水口盖、蒸气阀、空气阀以及蒸气阀弹簧和空气阀弹簧组成，如图6-7所示。

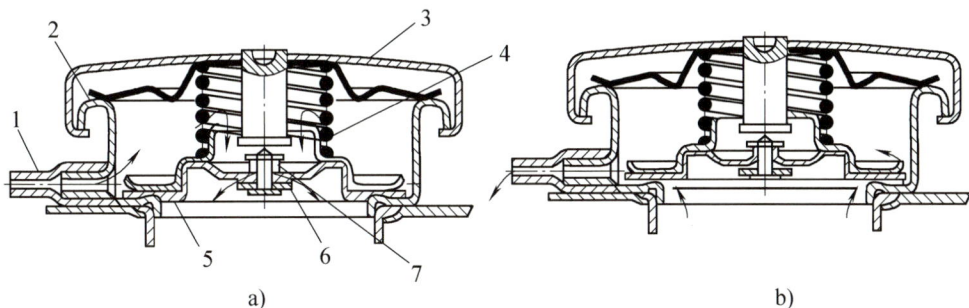

a)　　　　　　　　　　　　　　　　b)

图6-7　散热器盖的结构及原理图

a）空气阀开启　b）蒸气阀开启

1—泄水口　2—阀座　3—加水口盖　4—蒸气阀弹簧　5—蒸气阀　6—空气阀　7—空气阀弹簧

散热器盖上有蒸气阀和空气阀，当散热器内压力高时，蒸气阀打开；当散热器内压力低时，空气阀打开。这样能更好调节冷却系统内的压力。

三、膨胀水箱

膨胀水箱又称为副储水箱。现在加注冷却液的汽车发动机，为了给冷却液提供热胀冷缩的空间、减少冷却液的损失、消除冷却液中的气泡，都装有膨胀水箱。

膨胀水箱的安装位置通常高于散热器，用半透明材料（如塑料）制成，可以直接观察到液面高度，无须打开散热器盖。膨胀水箱内部印有两条液面高度标记线，膨胀水箱内的液面高度应位于这两条刻线之间，如图6-8所示。

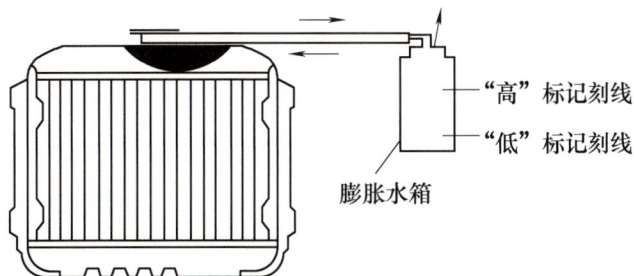

"高"标记刻线

"低"标记刻线

膨胀水箱

图6-8　膨胀水箱

任务计划

通过查阅资料，分组讨论，制订检测维修计划。

工具及设备准备	SR20 发动机散热器，散热器检漏仪		
操作流程	检 修 项 目	步　　骤	操 作 要 领

🔧 任务实施

一、散热器密封性的检验

散热器的密封性检验可用气压表、气泵就车进行，其方法如下：

1）封闭散热器进、出水口，将散热器加水至加水口下方 10~20mm 处。

2）用气泵向散热器内加压至 200kPa，在 5min 内压力表压力应不下降。

3）检查散热器有无渗漏现象。如果有渗漏，应进行修复或更换，如图 6-9 所示。

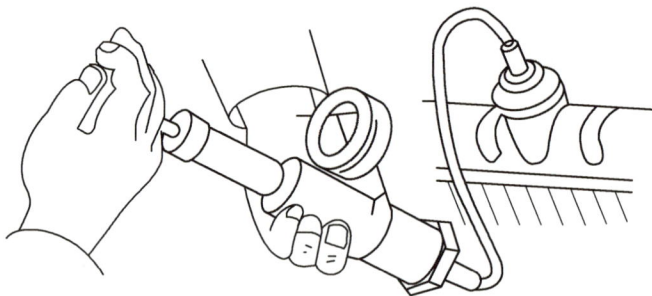

图 6-9　散热器就车检查

二、散热器盖密封性的检验

散热器盖可用手动气泵检查：使用手动气泵给散热器盖加压，使压力上升到超过 120kPa 时，压力表读数突然下降，说明蒸气阀打开；压力低于 20kPa 时，空气阀应打开。如不符以上要求，应更换散热器盖。EQ6100 发动机蒸气阀开启压力为 125kPa。

三、散热器散热效果的检验

用红外温度仪检测散热器上部和下部温度差，差值一般大于 10℃，否则说明散热器散热效果不好。

📊 任务测评

按任务测评表进行任务测评。

任务测评表

评价项目		评价标准	配　分	得　分
专业知识	40分	能描述散热器的作用	15	
		能描述散热器的构造	15	
		能描述散热器盖的构造	10	
任务完成情况	40分	任务完成的情况	10	
		任务完成的质量	20	
		在小组完成任务过程中所起的作用	10	
职业素养	20分	能安全、规范地操作	10	
		能与小组成员团结协作	5	
		能积极整理、清洁工位	5	
综合评议				

任务三　水泵的拆装及检修

任务目标

1. 知识目标

掌握水泵的作用和组成。

2. 技能目标

能拆装水泵；会检修水泵。

3. 思政目标

能安全、规范地操作；能与小组成员团结协作；能积极整理、清洁工位，具有劳动意识。

任务准备

一、水泵的作用

水泵的作用是给冷却液加压，强制冷却液在冷却系统中进行循环流动，保证冷却可靠。

水泵按驱动方式可分为机械水泵和电动水泵。目前汽车上一般采用电动水泵并用电控智能节温器取代传统的节温器。在相同的配置和冷却要求下，电动水泵的能量消耗仅为机械水泵的16%，整个冷却系统的能量消耗可降低约2/3。

二、机械水泵

机械水泵由壳体、叶轮、泵盖板、水泵轴、支承轴承和水封等组成，如图6-10所示。

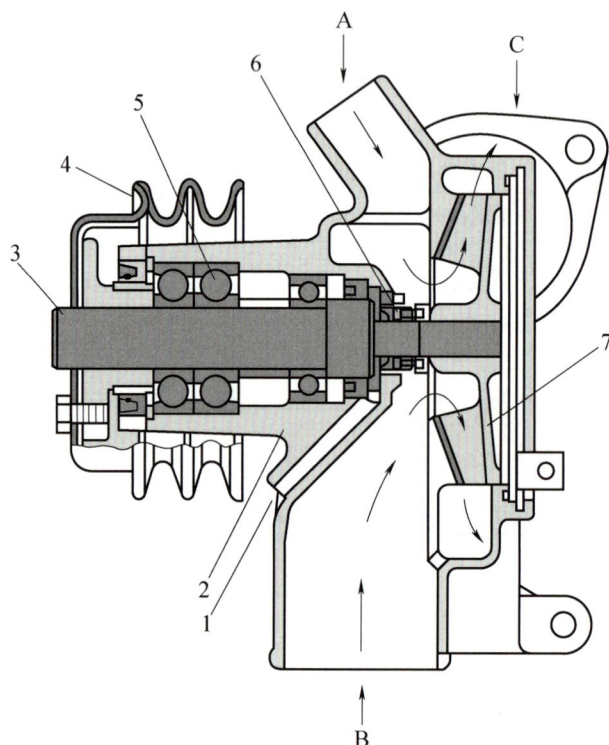

图6-10　水泵的结构

1—泄水孔　2—壳体　3—水泵轴　4—带轮　5—支承轴承　6—水封　7—叶轮
A—小循环进水口　B—大循环进水口　C—出水口

机械水泵轴通过两个轴承支承在壳体上，轴承间有隔套定位，通过V带传动。水封装在叶轮的左面，水封通常由密封垫圈、水封皮碗和弹簧等组成，水泵轴上装有抛水圈，以防水封渗漏时浸湿轴承，渗出的水被抛水圈从泄水孔甩出，可避免破坏轴承润滑。泵盖上有出水孔，泵壳上有大循环进水口，用橡胶管与散热器出水管相连。泵壳上面有小循环进水口，与气缸盖上的出水管相连，当冷却液温度低于76℃时，部分冷却液由此直接进入水泵。

三、电动水泵

电动水泵的泵体部分和机械水泵一样都是叶轮式，只是电动水泵的驱动由带轮变成了直流电机，发动机ECU根据冷却液温度传感器的信号以及空调系统对暖风的需求自动控制水泵的转速。水泵的流量不是由发动机的转速决定，而是由散热量决定。水泵的工作不受制于发动机，当涡轮增压发动机熄火后还能继续提供冷却。

任务计划

通过查阅资料，分组讨论，制订检测维修计划。

工具及设备准备	SR20 发动机水泵、拆装工具		
操作流程	检 修 项 目	步　　骤	操 作 要 领

任务实施

一、水泵的拆装

1. 水泵的拆卸

1）把发动机安放在维修工作台上，排放冷却液。

2）拆下同步带上、中防护罩，将曲轴调整到 1 缸上止点位置。

3）拆卸驱动 V 带，拆卸风扇电动机。

4）拆下凸轮轴上的同步带，但不必拆下曲轴 V 带轮。保持同步带在曲轴同步带轮上的位置。

5）旋下螺栓，拆下同步带后防护罩，旋下水泵，将其拉出，如图 6-11 所示。

2. 水泵的安装

1）清洁 O 形密封圈表面，用冷却液浸湿新的 O 形密封圈。

2）安装水泵，罩壳上的凸耳朝下。

3）安装同步带后防护罩。拧紧水泵螺栓至 15N·m。

4）安装同步带（调整配气相位），安装驱动 V 带，调整各带松紧度。

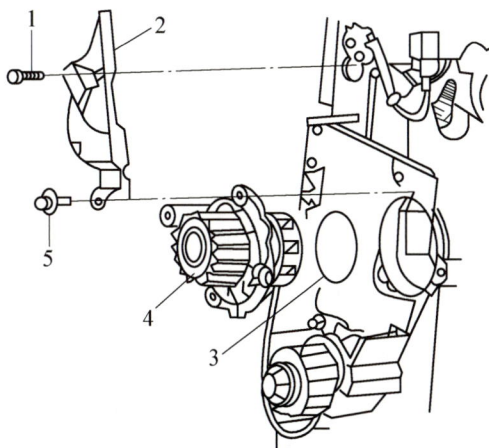

图 6-11　拆卸水泵

1、5—螺栓　2—同步带后防护罩
3—O 形密封圈　4—水泵

5）加注冷却液。拆卸后，各密封圈及密封垫应全部换用新件。

水泵装配时，各密封部件应加密封胶。装配后，用手转动带轮，应灵活无卡滞现象；用手摇动带轮，泵轴应无明显松旷；检查泄水孔应通畅；工作时应无漏水现象。

二、水泵的检修

水泵常见的故障是：带轮与泵轴配合松旷，水封损坏、漏水，泵壳或叶轮破裂等。

停机后，用手扳动风扇叶片，查看带轮与水泵轴配合是否有明显松旷。如果有，表明带轮与水泵轴或带轮与锥形套配合松旷。检查风扇带轮轮毂的螺栓，如果松旷应拧紧；若带轮仍松旷，则可能是水泵轴松旷，应分解水泵，检查轴承。水泵轴轴颈及其轴承磨损严重，使水泵轴的摆动量超过 0.10mm 时，应更换新件。

当水泵漏水时，应检查水泵衬垫、水泵壳的泄水孔。当水泵衬垫漏水时，应先检查水泵紧固螺栓是否松动，如果松动应拧紧；如果仍漏水，应更换衬垫。当水泵壳的泄水孔漏水时，应分解水泵，检查水封，如果损坏应更换。更换水封总成后，应进行漏水实验：堵住水泵进、出水口，将水注满叶轮室，转动泵轴，各处应不漏水。水封动环与静环接触面磨损起槽、表面剥落或破裂导致漏水时，应更换水封总成。

若泵壳出现裂纹，可焊修或更换新件；若水泵叶轮出现破损，应更换新件。

任务拓展

【水泵的工作原理】

叶轮旋转时，水泵中的水被叶轮带动一起旋转，在离心力的作用下，水被甩向叶轮边缘，经外壳上与叶轮成切线方向的出水管压送到发动机水套内。同时，叶轮中心处的压力降低，散热器下部的水便经进水管被吸入水泵。如此连续作用，使冷却液在系统内不断地循环。由于故障导致水泵停止工作时，冷却液仍然能从叶片之间流过，进行自然循环，如图 6-12 所示。

图 6-12　水泵的工作原理图

1、4—出水管　2—叶轮　3—进水管

作用：对冷却液加压，使之在冷却系统中循环流动。

压水：当叶轮旋转时，由于离心力的作用，冷却液被甩向叶轮边缘，在蜗形壳体内将动能转变为压能，经外壳上与叶轮呈切线方向的出水管被压送到发动机水套内。

吸水：压水的同时，叶轮中心处压力降低，散热器中的水便经进水管被吸进叶轮中心部分。

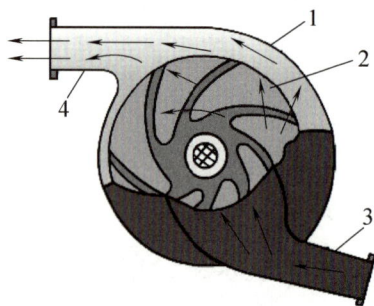

![图标] **任务测评**

按任务测评表进行任务测评。

任务测评表

评 价 项 目		评 价 标 准	配　　分	得　　分
专业知识	40分	能描述水泵的组成	15	
		能描述水泵的作用	10	
		能描述水泵的检修项目	15	
任务完成情况	40分	任务完成的情况	10	
		任务完成的质量	20	
		在小组完成任务过程中所起的作用	10	
职业素养	20分	能安全、规范地操作	10	
		能与小组成员团结协作	5	
		能积极整理、清洁工位	5	
综合评议				

任务四　节温器的检查

![图标] **任务目标**

1. 知识目标

掌握节温器的作用和类型。

2. 技能目标

能独立检查节温器的好坏。

3. 思政目标

能安全、规范地操作；能与小组成员团结协作；能积极整理、清洁工位，具有劳动意识。

![图标] **任务准备**

一、节温器的作用

节温器装在冷却液循环的通路中，可根据冷却液温度的高低改变水的循环流动路线，自动调节冷却系统的冷却强度。

节温器有蜡式和乙醚皱纹筒式两种，目前多数发动机采用蜡式节温器。

二、蜡式节温器

蜡式节温器在橡胶管和感温元件之间的空间里装有石蜡，为了提高导热性，石蜡中常掺有铜粉或铝粉，其结构如图 6-13 所示。

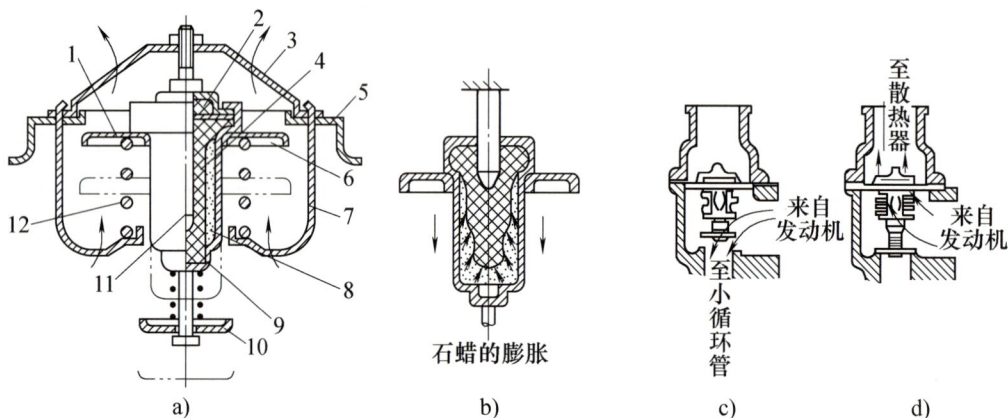

图 6-13　蜡式节温器的结构及工作原理图

1—主阀门　2—盖和密封垫　3—上支架　4—胶管　5—阀座　6—通气孔　7—下支架　8—石蜡
9—感应体　10—旁通阀　11—中心杆　12—弹簧

蜡式节温器通过热敏石蜡感受冷却液的温度，使石蜡熔化体积不同，来推动石蜡的中心杆进而控制阀门的开启大小，实现冷却液大、小循环的切换。机械式节温器上面的感温石蜡，由于表面受水垢的沉积影响，往往不能灵敏地感应温度，影响阀门及时开启。

任务计划

通过查阅资料，分组讨论，制订检测维修计划。

工具及设备准备	SR20 发动机节温器、温度计		
操作流程	检修项目	步　骤	操作要领

任务实施

节温器的检查（图6-14）

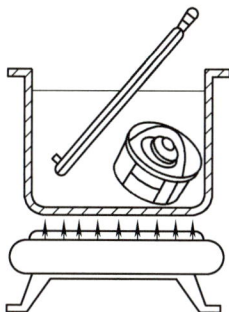

图6-14 节温器的检查

在水杯中加热节温器，观察节温器阀门开启温度和升程。节温器开始打开温度约为87℃，完全打开温度约为120℃，节温器最大升程约为8mm。如果不符合上述要求，应更换节温器。

记录节温器阀门的开启温度：＿＿＿＿＿＿＿＿＿，阀门全开温度：＿＿＿＿＿＿＿＿＿。

任务测评

按任务测评表进行任务测评。

任务测评表

评 价 项 目		评 价 标 准	配 分	得 分
专业知识	40分	能描述节温器的作用	15	
		能描述节温器的类型	10	
		能描述节温器的构造	15	
任务完成情况	40分	任务完成的情况	10	
		任务完成的质量	20	
		在小组完成任务过程中所起的作用	10	
职业素养	20分	能安全、规范地操作	10	
		能与小组成员团结协作	5	
		能积极整理、清洁工位	5	
综合评议				

任务五　风扇的检查

任务目标

1. 知识目标

掌握风扇的作用和类型。

2. 技能目标

会检查电动风扇的好坏。

3. 思政目标

能安全、规范地操作；能与小组成员团结协作；能积极整理、清洁工位，具有劳动意识。

任务准备

一、风扇的作用

风扇通常安装在散热器和发动机之间并与水泵同轴，其作用是旋转时对空气产生吸力，提高流经散热器的空气流速和流量，使流经散热器芯的冷却液加速冷却，吸收并带走发动机表面的热量，增强冷却系统对发动机的冷却作用。

二、风扇的构造

风扇的外径略小于散热器的宽度。风扇的扇风量、噪声及其所消耗的功率与风扇的直径、转速及叶片的数目、形状、安装角度等有关，叶片数目通常为 4~6 片。轿车发动机基本都采用轴流式冷却风扇，其叶片横断面多为弧形，为减少叶片旋转时产生的振动和噪声，叶片间的夹角一般不相等，如图 6-15 所示。

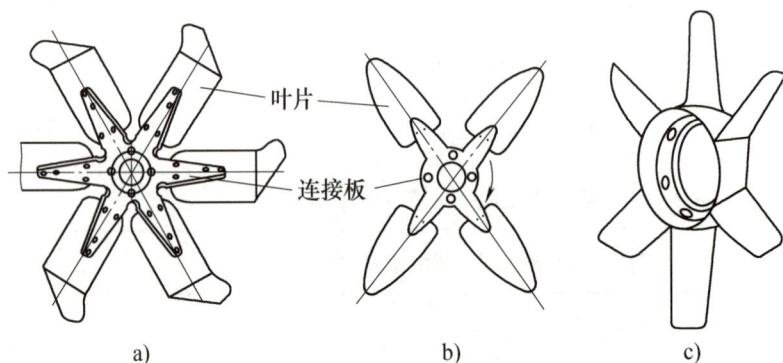

叶片

连接板

a)　　　　　　　　b)　　　　　　　　c)

图 6-15　风扇叶片

a）叶尖前弯的风扇　b）尖窄根宽的风扇　c）尼龙压铸整体风扇

三、风扇的类型

车用发动机风扇按驱动的动力可分为机械风扇和电动风扇。机械风扇装在水泵轴上，由曲轴前端带轮通过 V 带驱动，其速度取决于带轮的大小和曲轴的转速，这种风扇不需另外的驱动装置，如图 6-16 所示。其优点是结构简单，但发动机冷起动性差，机械损失大。电动风扇用蓄电池作为电源，采用传感器和电路系统来控制，由直流低压电动机驱动风扇运转，如图 6-17 所示。

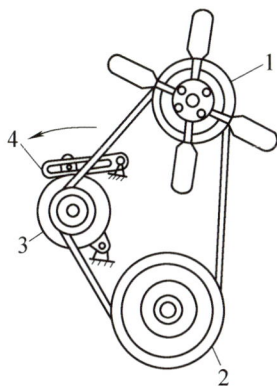

图 6-16　机械风扇
1—风扇及带轮　2—曲轴带轮
3—发电机　4—移动支架

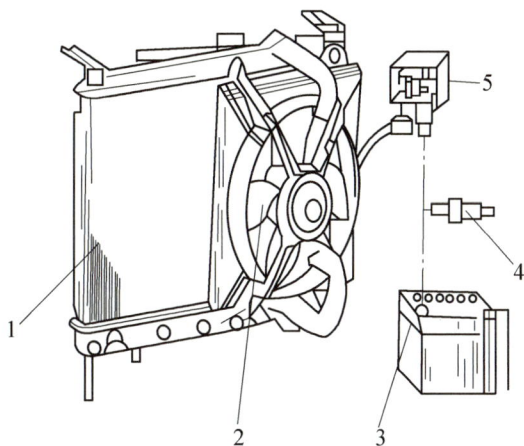

图 6-17　电动风扇
1—散热器　2—电动风扇　3—电源
4—温度传感器（开关）　5—继电器

四、风扇控制装置

1. 风扇控制装置的作用

风扇控制装置用以控制风扇的运转与转速，改变流经散热器芯部的空气流量，从而调节冷却强度，保证发动机在最有利的温度范围内工作，延长发动机的使用寿命；同时，可以减少风扇的功率消耗，减小发动机噪声。

2. 机械风扇控制装置

机械风扇控制的形式很多，目前采用的主要有硅油风扇离合器和电磁风扇离合器两种风扇控制装置。

（1）硅油风扇离合器　硅油风扇离合器是一种以硅油为介质，利用通过散热器芯、吹向风扇的气流的温度高低改变风扇转速的风扇控制装置。硅油风扇离合器安装在风扇与水泵之间，结构如图 6-18 所示。

（2）电磁风扇离合器　电磁风扇离合器是一种根据冷却液温度，通过冷却液温度感应开关和电路控制风扇运转的装置。

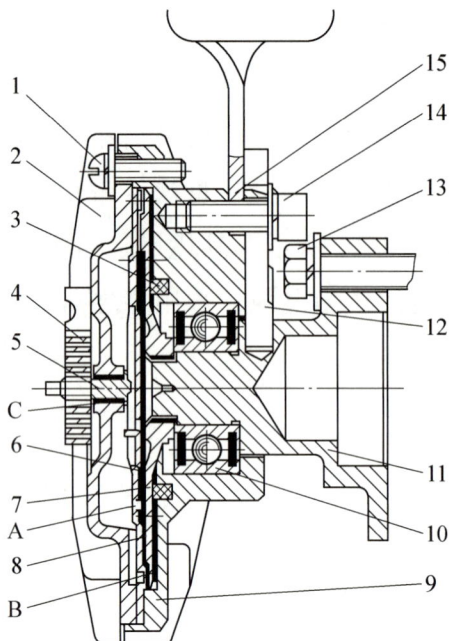

图 6-18　硅油风扇离合器的结构示意图

1—螺钉　2—前盖　3—密封毛毡圈　4—双金属感温器　5—阀片轴　6—阀片

7—主动板　8—从动板　　9—壳体　10—轴承　11—主动轴　12—锁止片

13—螺栓　14—内六角螺钉　15—风扇　A—进油孔　B—回油孔　C—漏油孔

任务计划

通过查阅资料，分组讨论，制订检测维修计划。

工具及设备准备	长城 491 台架、风扇组件、蓄电池		
操作流程	检 修 项 目	步　　骤	操 作 要 领

任务实施

电动风扇常见的故障是风扇电动机或温控开关故障。

检查风扇电动机应在冷却液温度低于83℃的状态下进行。将点火开关置于"ON"位置，风扇电动机应不工作。将温控开关线束插头拆下搭铁，风扇电动机应转动；接上温控开关线束插头时，风扇电动机应停止工作。否则，说明风扇电动机或其电路有故障。

检查风扇电动机也可以用其他方法。如图 6-19 所示，在电路中串联万用表检查风扇电动机的工作电流，如果风扇能够平稳运转且工作电流在 5~8A 范围内，说明风扇电动机良好。

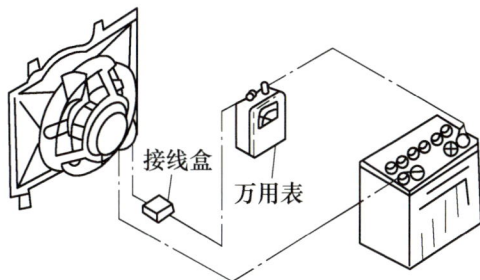

图 6-19 风扇电动机的检查

任务拓展

【电控风扇及百叶窗】

电控风扇：电控风扇与电动风扇都是由电动机驱动的，但在电控风扇系统中，由 ECU 根据冷却液温度和空调开关信号，通过风扇继电器来控制风扇电动机电路的通断，以实现对风扇工作状态的控制。

百叶窗的作用是调节散热器进风量，控制冷却强度。百叶窗安装在散热器前面，由许多活动挡板组成。驾驶人可以通过驾驶室里的拉杆来操纵百叶窗的开度，也可以由感温器根据冷却液温度的高低自动调节。冬天环境温度较低或冷却液温度过低时，可以减小百叶窗的开度，使发动机迅速达到正常温度；夏天环境温度较高或冷却液温度过高时，可以增大百叶窗的开度，以利于散热。

任务测评

按任务测评表进行任务测评。

任务测评表

评价项目		评价标准	配 分	得 分
专业知识	40 分	能描述风扇的作用	15	
		能描述风扇的类型	10	
		能描述风扇的构造	15	
任务完成情况	40 分	任务完成的情况	10	
		任务完成的质量	20	
		在小组完成任务过程中所起的作用	10	
职业素养	20 分	能安全、规范地操作	10	
		能与小组成员团结协作	5	
		能积极整理、清洁工位	5	
综合评议				

任务六　冷却系统故障诊断与排除

任务目标

1. 知识目标

理解冷却系统故障的原因。

2. 技能目标

能排除冷却系统的简单故障。

3. 思政目标

能安全、规范地操作；能与小组成员团结协作；能积极整理、清洁工位，具有劳动意识。

任务计划

通过查阅资料，分组讨论，制订检测维修计划。

工具及设备准备	SR20 发动机		
操作流程	检 修 项 目	步　　骤	操 作 要 领

任务实施

一、冷却系统冷却液温度过高

1. 故障现象

① 冷却液温度表指针指示值在 373K（100℃）以上，散热器上储水箱有开锅现象。

② 发动机产生爆燃，不易熄火。

③ 活塞膨胀，发动机熄火后，不易起动。

2. 故障原因、诊断和排除

① 冷却液不足。检查散热器或膨胀水箱中冷却液的量是否充足，如果不足，加冷

却液或疏通膨胀水箱的通气孔。

②冷却液温度表指示值过高。观察散热器冷却液温度是否过热或开锅，如果冷却液温度正常，即为感应塞或冷却液温度表故障，应先更换感应塞；若冷却液温度表的指示值还高，则是冷却液温度表已坏。

③风扇不转。检查风扇传动带是否过松打滑，若打滑，应进行调整。松开电机支架紧固螺栓，向外扳动电机，同时拧紧紧固螺栓。风扇传动带松紧度的检查方法是用拇指按压两轮距中点处，带的下沉量为 10～15mm 为宜。

④节温器故障。若发动机温度过高，而散热器的温度并不高，或散热器上储水箱温度高，下储水箱却温度较低时，可能是节温器的阀门没打开或阀门升程太小，应检查、更换节温器。

⑤水泵损坏。可将散热器盖打开，操纵加速踏板，突然变化发动机转速，从加水口观察冷却液液面有无变化，若无搅动现象，则为水泵工作不正常，应检查排除水泵故障。

⑥散热器性能下降。多为散热器内部被水垢或泥沙堵塞，或散热片之间被堵塞，应清洗、疏通散热器。

⑦散热器盖损坏。若冷却液的沸点温度未提高，发动机冷却后散热器内的真空度未形成，有膨胀水箱的箱内液面无变化，则为散热器盖损坏，应修复或更换。

⑧护风罩损坏或不起作用，百叶窗打不开等。

二、发动机冷却液消耗异常的故障与排除

1. 冷却液消耗异常的故障现象
冷却液消耗过快。

2. 分析与诊断
1）散热器及冷却系统各胶管连接处渗漏。

2）节温器盖松动或密封圈损坏。

3）气缸体或气缸盖破裂。

4）气缸垫损坏或缸盖螺栓松动。

3. 故障排除
1）直观检查机体、水泵、散热器及各胶管连接处有无冷却液渗出，必要时可以对冷却系统进行加压检查，若出现渗漏，应查明原因予以排除。

2）发动机行驶无力，且排气管冒白烟，表明气缸垫损坏或缸盖螺栓松动，应拆检、更换气缸垫并按规定重新紧固缸盖螺栓。

任务测评

按任务测评表进行任务测评。

任务测评表

评 价 项 目		评 价 标 准	配　　分	得　　分
专业知识	40分	能描述冷却液温度过高的原因	15	
		能描述冷却液消耗异常的原因	10	
		能描述发动机温度不正常的原因	15	
任务完成情况	40分	任务完成的情况	10	
		任务完成的质量	20	
		在小组完成任务过程中所起的作用	10	
职业素养	20分	能安全、规范地操作	10	
		能与小组成员团结协作	5	
		能积极整理、清洁工位	5	
综合评议				

项 目 回 顾

　　本项目介绍了发动机冷却系统的组成和功用、各组成零件的结构和装配关系，以及零部件的检测和修理方法，要求学生能正确、熟练地运用工具和量具进行拆装和测量。在拆装和检修的过程当中，规范操作流程，培养学生安全意识；小组合作探究，培养学生团队协作能力；准确检测数据，培养学生精益求精的工匠精神；整理清洁工位，培养学生环保意识和劳动精神。

项 目 练 习

一、判断题

1. 冷却系统的作用是将冷却液温度降到最低，避免机件受热膨胀变形。　　　　（　　）

2. 通常汽车发动机的冷却方式是既有水冷又有风冷。　　　　（　　）

3. 水泵的作用是将冷却液从散热器下部抽出加压后送入发动机水套。　　　　（　　）

4. 冷却系统工作中冷却液温度高时实现小循环，温度低时实现大循环。　　　　（　　）

5. 百叶窗能加大散热器的散热面积，加速空气的流动。　　　　（　　）

6. 发动机的风扇是产生吸力，提高空气流经散热器的速度。因此，风扇安装时应注意方向。　　　　（　　）

7. 硅油风扇离合器是利用硅油的黏性工作的。冷却液温度高时，风扇离合器处于接合状态，风扇转速升高。　　　　（　　）

8. 电动风扇是由温控开关控制的，因此，当冷却液温度很高时，即使发动机熄火，风扇仍可能转动。　　　　　　　　　　　　　　　　　　　　　　　　　　　（　　　）

9. 常用的冷却液添加剂只防止结冻，不起防止腐蚀损坏的作用。　　　　　（　　　）

10. 风扇方向装反会引起冷却液温度过高。　　　　　　　　　　　　　　（　　　）

二、思考题

1. 发动机为什么要保持适宜的温度？

2. 水冷却系统的组成及大小循环路线是怎样的？

3. 如何清除散热器水垢？

4. 如何就车检查水泵的工作情况？

5. 蜡式节温器的作用及工作原理是什么？

6. 发动机过热的原因有哪些？怎样诊断？

7. 发动机冷却液消耗过多的原因有哪些？怎样诊断？

8. 冷却系统维护的主要作业内容有哪些？

9. 怎样检查冷却系统的密封性？

10. 怎样检查电动风扇温控开关和节温器的性能？

三、技能点

1. 识别冷却系统的各组成部分，描述其功用。

2. 正确检测散热器。

3. 正确从发动机上拆装水泵。

4. 正确检测节温器。

5. 正确检测风扇及离合器。

6. 正确诊断、排除冷却系统的常见故障。

项目七　润滑系统维修

项目描述

项目描述

　　一辆日产轿车在行车过程中出现冒黑烟、加速无力、怠速不稳、油耗增加等现象，进厂经检测后确定需进行发动机大修，已完成了曲柄连杆机构、配气机构、燃油供给系统、冷却系统的维修，要对润滑系统进行维修。

项目分析

　　作为一名修理工，如何完成润滑系统的维修呢？首先识别润滑系统的结构与组成，按照维修手册的要求，对机油泵、机油滤清器等各部分进行拆解、检测、维修，恢复其技术状态。

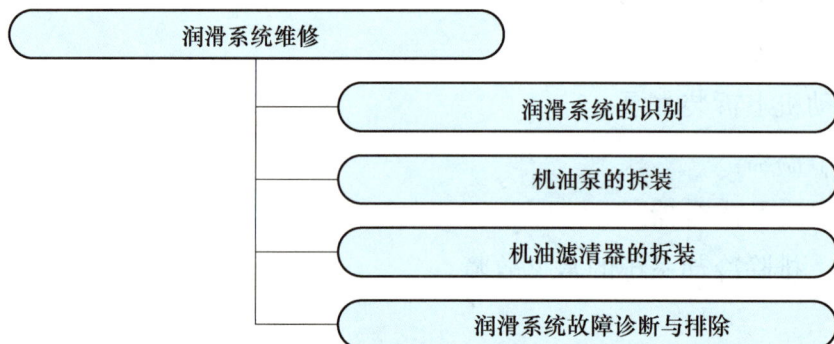

```
润滑系统维修
    ├── 润滑系统的识别
    ├── 机油泵的拆装
    ├── 机油滤清器的拆装
    └── 润滑系统故障诊断与排除
```

任务一 润滑系统的识别

任务目标

1. 知识目标

掌握润滑系统的作用、润滑方式及组成。

2. 技能目标

能指认润滑系统各个零部件，会画润滑油路。

3. 思政目标

能安全、规范地操作；能与小组成员团结协作；能积极整理、清洁工位，具有劳动意识。

任务准备

一、润滑系统的作用

1. 润滑

减小零件的摩擦、磨损和功率消耗。

2. 清洁

通过润滑油的流动将存在的磨料从零件表面冲洗下来，带回到油底壳。

3. 冷却

润滑油流经零件表面时可吸收其热量并将部分热量带回到油底壳散入大气中。

4. 密封

发动机气缸壁与活塞、活塞环与环槽之间间隙中的油膜，减少了气体的泄漏，起到了密封作用。

5. 防蚀

避免了零件与水、空气、燃气等的直接接触，起到了防止或减轻零件锈蚀和化学腐蚀的作用。

6. 减振

用润滑油膜把相互配合的金属零件隔开，减少了零件之间的撞击和振动，减小了发动机工作时的噪声。

7. 液压

发动机中液压挺柱和正时链条张紧器都是利用润滑油作为液压油来完成工作的。

二、润滑方式

根据发动机中各运动副工作条件的不同，发动机一般采用压力润滑和飞溅润滑两种润滑方式。

1. 压力润滑

在发动机中，对于某些承受载荷大、运动速度高的摩擦表面（如主轴承、连杆轴承表面等），是不断地将润滑油以一定压力送至两摩擦面之间的缝隙中，形成油膜来保证润滑的，这种润滑称为压力润滑。压力润滑工作可靠，润滑效果好，对摩擦表面有良好的清洗和冷却作用。

2. 飞溅润滑

飞溅润滑是利用发动机工作时某些运动零件（主要是连杆大端和曲轴曲柄）飞溅起来的机油进行润滑。

3. 定期润滑

对水泵、发电机、起动机的轴承定期加润滑脂。

任务计划

通过查阅资料，分组讨论，制订检测维修计划。

工具及设备准备	长城 491 台架 1 台		
操作流程	检 修 项 目	步　　骤	操 作 要 领

任务实施

一、观察润滑系统，记录润滑系统主要组成

零 件 名 称	安 装 位 置	功　　用

二、观看视频，记录润滑系统润滑油流动路线

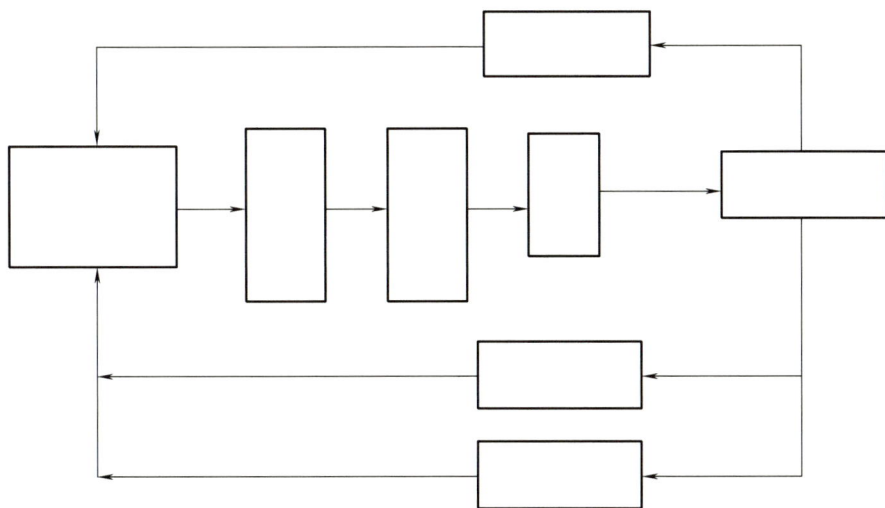

图7-1所示为桑塔纳轿车发动机润滑系统示意图。

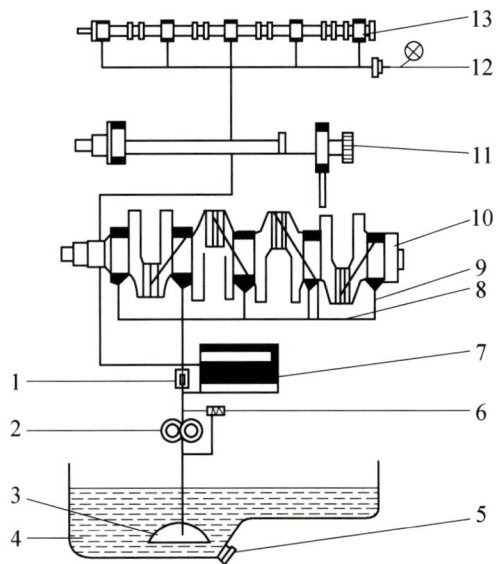

图7-1 桑塔纳轿车发动机润滑系统示意图

1—旁通阀 2—转子式机油泵 3—机油集滤器 4—油底壳 5—放油螺塞 6—限压阀

7—机油滤清器 8—气缸体主油道 9—气缸体分油道 10—曲轴 11—中间轴

12—气缸盖主油道端压力开关 13—凸轮轴

任务拓展

【货车润滑油路】

货车发动机润滑油路：机油→集滤器→机油泵→10%到细滤器→油底壳→90%到粗滤器→主油道→曲轴主轴承→连杆轴承→油底壳→凸轮轴轴承→摇臂轴→油底壳→正时齿轮→空压机。

细滤器并联在主油道上为分流式，粗滤器串联在主油道上为全流式。全流过滤式润滑系统如图 7-2 所示。

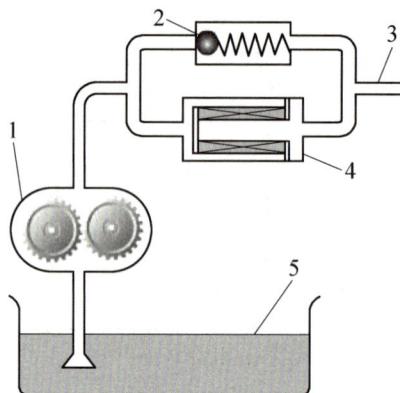

图 7-2　全流过滤式润滑系统

1—机油泵　2—旁通阀　3—主油道　4—滤清器　5—油底壳

任务测评

按任务测评表进行任务测评。

任务测评表

评 价 项 目		评 价 标 准	配　分	得　分
专业知识	40 分	能描述润滑系统的组成	15	
		能描述润滑系统的作用	10	
		能描述润滑方式	15	
任务完成情况	40 分	任务完成的情况	10	
		任务完成的质量	20	
		在小组完成任务过程中所起的作用	10	
职业素养	20 分	能安全、规范地操作	10	
		能与小组成员团结协作	5	
		能积极整理、清洁工位	5	
综合评议				

任务二　机油泵的拆装

任务目标

1. 知识目标

掌握三种类型机油泵的构造及工作原理。

2. 技能目标

能独立拆装机油泵；了解机油泵的检修。

3. 思政目标

能安全、规范地操作；能与小组成员团结协作；能积极整理、清洁工位，具有劳动意识。

任务准备

一、机油泵的构造

1. 外齿轮式机油泵

外齿轮式机油泵的结构简单，机械加工方便且工作可靠，使用寿命长，能产生较高的供油压力，如图7-3所示。

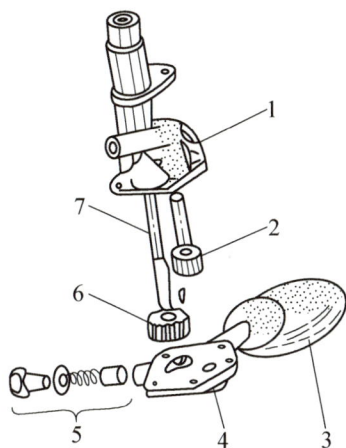

图7-3　外齿轮式机油泵的结构

1—泵体　2—从动齿轮　3—集滤器　4—泵盖　5—限压阀　6—主动齿轮　7—齿轮轴

2. 内齿轮式机油泵

内齿轮式机油泵的结构如图7-4所示，主要由主动齿轮、从动齿轮、限压阀、泵盖和泵壳组成。主动齿轮为一较小的外齿轮，一般直接由曲轴驱动；从动齿轮为一较大的内齿圈。

3. 转子式机油泵

转子式机油泵由壳体、内转子、外转子和泵盖等组成，如图7-5所示。

二、机油泵的工作原理

1. 外齿轮式机油泵的工作原理

（1）吸油　机油泵进油腔齿轮的轮齿脱开啮合，其容积增大，产生真空吸力，机

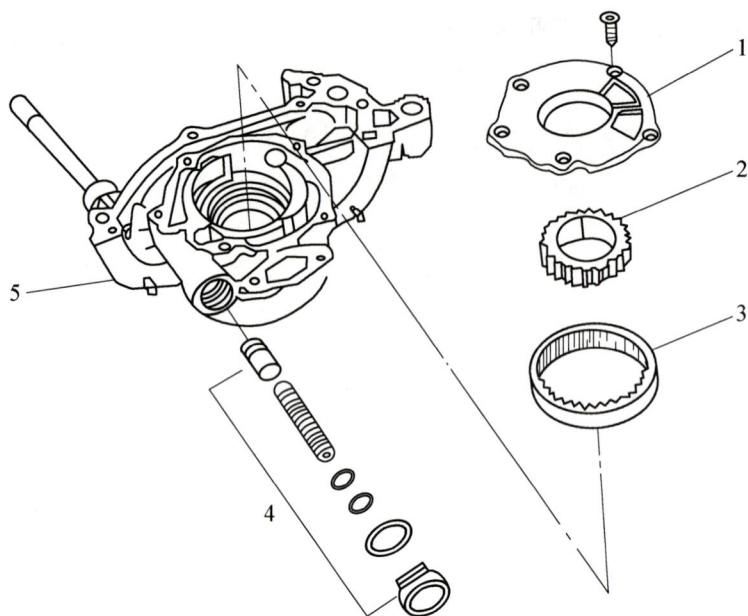

图 7-4　内齿轮式机油泵的结构

1—泵盖　2—主动齿轮　3—从动齿轮　4—限压阀　5—泵壳

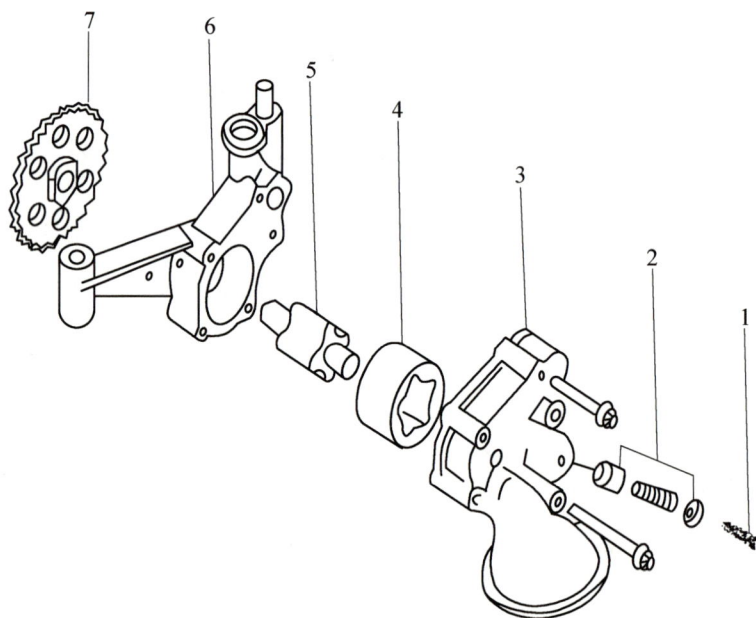

图 7-5　转子式机油泵的结构

1—开口销　2—限压阀　3—机油泵盖　4—外转子

5—内转子　6—机油泵壳　7—链轮

油便经进油口被吸入进油腔。

（2）压油　机油泵齿轮的轮齿将机油带入到出油腔，出油腔齿轮的轮齿进入啮合，其容积减小，油压增大，机油便经出油口被压送到发动机油道中，如图7-6所示。

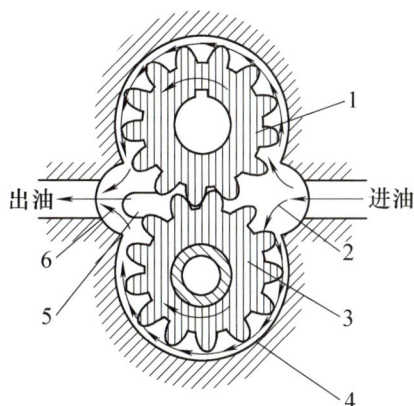

图7-6 外齿轮式机油泵的工作原理示意图

1—主动齿轮 2—进油口 3—从动齿轮 4—泵壳 5—卸油槽 6—出油口

外齿轮式机油泵工作原理

2. 内齿轮式机油泵的工作原理

内齿轮式机油泵的工作原理图如图7-7所示，类似外齿轮式机油泵的工作原理，不再赘述。一般用曲轴驱动，安装在曲轴的前端。

3. 转子式机油泵的工作原理

主动的内转子有4个凸齿，从动的外转子有5个内齿，外转子在泵壳内可自由转动，内外转子间有一定的偏心距。当内转子旋转时，带动外转子一起旋转，无论转子转到任何角度，内外转子每个齿的齿形轮廓上总有接触点，内外转子间便形成了四个工作腔。

由于内外转子的速比大于1，外转子总是慢于内转子，且由于偏心距的存在，使工作腔的容积不断变化。当某一工作腔从进油腔转过时，腔内容积增大，产生真空吸力，机油便经进油口被吸入。当该工作腔与出油腔连通时，腔内容积减小，油压升高，机油便经出油口压出去，如图7-8所示。

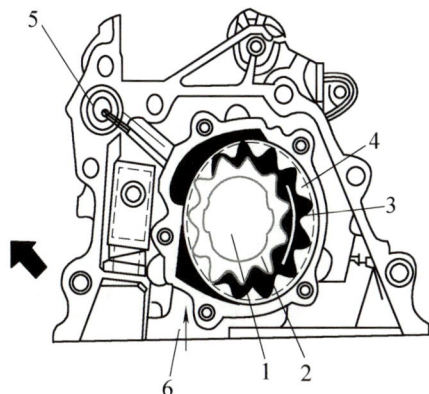

内齿轮式机油泵工作原理

图7-7 内齿轮式机油泵的工作原理图

1—油泵轴 2—主动齿轮 3—月牙块
4—从动齿轮 5—出油口 6—进油口

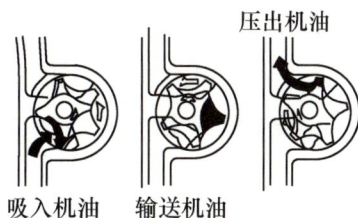

图7-8 转子式机油泵的工作原理图

压出机油 吸入机油 输送机油

笔记栏

三、限压阀

限压阀（见图7-9）安装在机油泵出油口处，与机油泵油道并联。限压阀的功用是防止润滑油路中的油压过高，当油压过高时，阀门开启，让润滑油泄回油底壳。

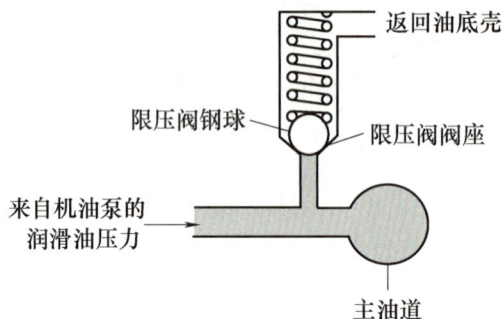

图7-9　限压阀

任务计划

通过查阅资料，分组讨论，制订检测维修计划。

工具及设备准备	外齿轮式机油泵、内齿轮式机油泵、转子式机油泵		
操作流程	检 修 项 目	步　　骤	操 作 要 领

任务实施

机油泵的拆装

以桑塔纳2000GLi型轿车AFE型发动机机油泵的拆装为例。

桑塔纳2000GLi型轿车AFE型发动机润滑系统零件及拧紧力矩如图7-10所示。

1）旋松分电器轴向限位卡板的紧固螺栓，拆下卡板。

2）拔出分电器总成。

3）旋松并拆下两个机油泵壳与发动机机体相连的长紧固螺栓，将机油泵及吸油部件一起拆下。

4）拧松并拆下吸油管组紧固螺栓，拆下吸油管组，检查并清洗滤网。

5）旋松并取下机油泵盖螺栓，取下机油泵盖组，检查泵盖上限压阀（旁通阀）。

6）分解主从动齿轮，再分解齿轮和齿轮轴。

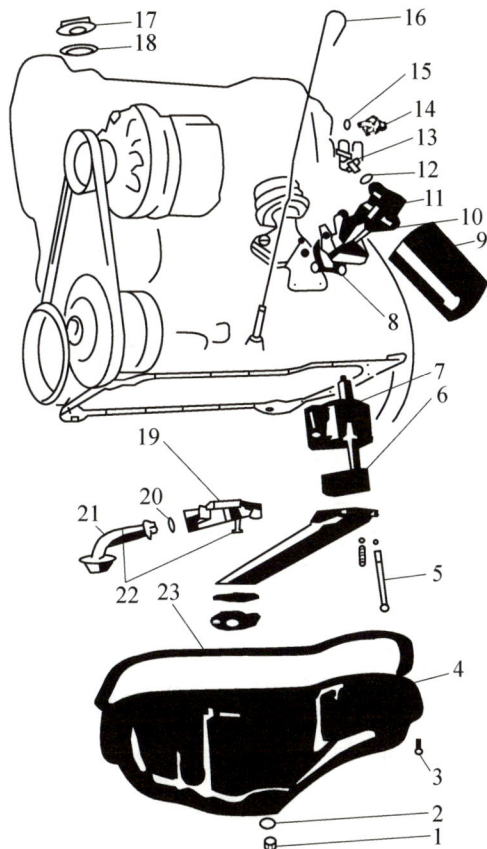

图 7-10　润滑系统零件分解图

1—放油螺栓（拧紧力矩 30N·m）　2—O 形密封圈　3—油底壳紧固螺栓（拧紧力矩 20N·m）

4—油底壳　5—机油泵盖长螺栓（拧紧力矩 20N·m）　6—机油泵齿轮　7—机油泵壳体

8—机油滤清器衬垫　9—机油滤清器体　10—机油滤清器盖紧固螺栓（拧紧力矩 25N·m）

11—机油滤清器盖　12—密封圈　13—0.18MPa 油压开关（拧紧力矩 25N·m）

14—0.031MPa 油压开关（拧紧力矩 25N·m）　15—密封圈　16—机油尺

17—加油口盖　18—橡胶密封垫圈　19—带限压阀的机油泵盖　20—O 形圈

21—机油集滤器　22—机油泵盖短螺栓（拧紧力矩 10N·m）　23—油底壳密封垫

　　7）机油泵的安装与拆卸顺序相反。但安装时应更换垫片，注意各螺栓的拧紧力矩。提示：装复机油泵后，用手转动机油泵齿轮，应转动自如，无卡阻现象。将机油灌入机油泵内，用拇指堵住油孔，转动泵轴应有油压出，并能感到压力。

任务拓展

【机油泵的检修】

1. 外齿轮式机油泵的检修

以桑塔纳 2000GLi 型轿车 AFE 型发动机为例。

1）检查齿轮啮合间隙。检查时，将机油泵盖拆下，在互成 120° 的 3 个位置处测量机油泵主、从动齿轮的啮合间隙。新机油泵齿轮啮合间隙为0.05mm，磨损极限值为0.20mm。

2）检查机油泵主、从动轮与机油泵盖接合面间的间隙。主、从动齿轮与机油泵接合面间隙的检查方法如图7-11所示，正常间隙应为0.05mm，磨损极限间隙值为0.15mm。

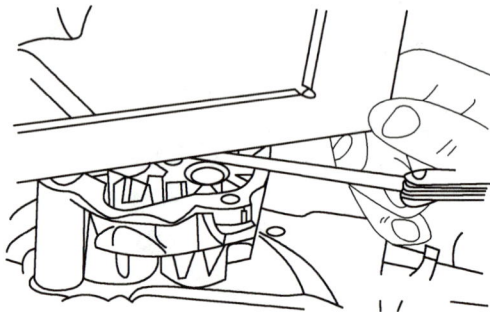

图7-11　主、从动齿轮与机油泵接合面间隙的检查方法

3）检查主动轴的弯曲度。将机油泵主动轴支承在V形架上，用百分表检查弯曲度。如果弯曲度超过0.03mm，则应对其进行校正或更换。

4）检查主动齿轮轴与机油泵壳体的配合间隙。主动齿轮轴与机油泵壳体配合间隙应为0.03～0.075mm，磨损极限值为0.20mm；否则应对轴孔进行修复或更换。

5）检查机油泵盖。机油泵盖如有磨损、翘曲或凹陷超过0.05mm时，应进行修复或更换。

6）检查限压阀。检查限压阀弹簧有无损伤，弹力是否减弱，必要时予以更换。检查限压阀配合是否良好，油道是否堵塞，滑动表面有无损伤，必要时更换限压阀。

2. 转子式机油泵的拆装

（1）转子式机油泵的拆卸

1）拆下油底壳。

2）旋下螺栓。

3）将链轮和机油泵一起拆下。

（2）机油泵的安装　将销钉插入机油泵上端，机油泵轴与链轮只有一个安装位置；安装机油泵，安装油底壳；用（22±3）N·m的力矩拧紧链轮与机油泵的紧固螺栓，用（16±1）N·m的力矩拧紧机油泵与气缸体的紧固螺栓。

3. 转子式机油泵的检修

1）用塞尺检查外转子与泵体之间的间隙，如图7-12所示。标准值为0.11～0.16mm，超过0.20mm，应换用新件。

图7-12　检查外转子与泵体间隙

1—塞尺　2—外转子　3—泵体

2）用塞尺检查内外转子齿顶端面间隙，如图 7-13 所示，标准值为 0.04 ~ 0.12mm，如超过 0.18mm，应换用新件。

3）用钢直尺和塞尺检查内转子轴向间隙，如图 7-14 所示。标准值为 0.03 ~ 0.09mm，使用极限为 0.15mm。如超过应换用新件。

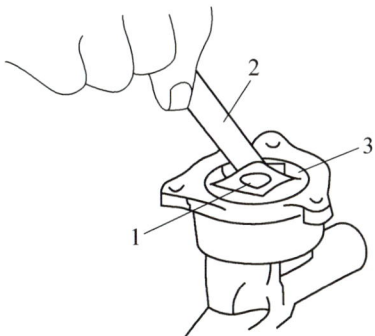

图 7-13　检查内外转子齿顶端面间隙

1—内转子　2—塞尺　3—外转子

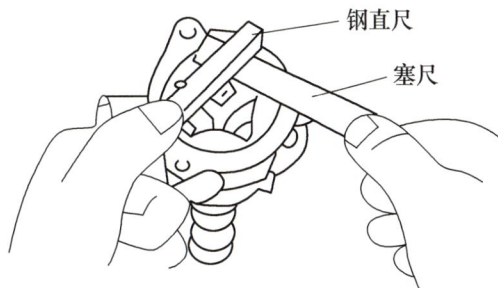

图 7-14　检查内转子轴向间隙

4）检查限压阀是否有刮伤。检查限压阀柱塞在阀孔内有无磨损，间隙是否增大而松旷，如有，应换用新件。弹簧弹力下降，应更换。

任务拓展

【变排量机油泵】

变排量机油泵采用叶片式结构，在发动机不工作时，机油泵的定子在回位弹簧的作用下保持与转子的偏心度最大，如图 7-15 所示，此时的排量最大。定子与油泵外壁间有两个油腔（A 和 B），这两个油腔就是调节油泵排量的关键因素。A 腔引入经过滤

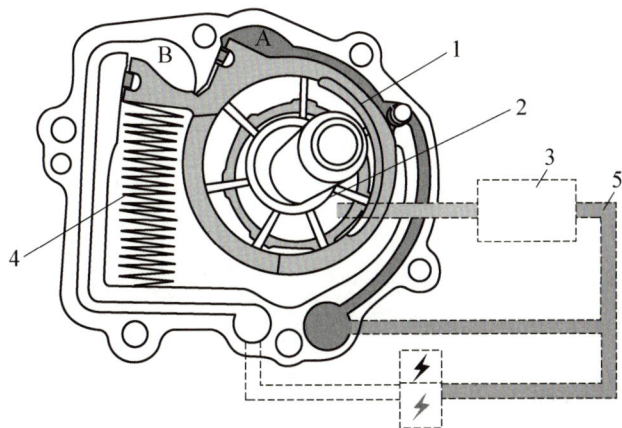

图 7-15　变排量机油泵

1—定子　2—转子　3—机油滤清器　4—回位弹簧　5—主油路

清器的主油路油压，而 B 腔的油压受到一个电磁阀控制。当发动机 ECU 将电磁阀通电打开时，主油路的油压就会作用在 B 腔，与 A 腔的压力一起将定子向逆时针方向推动。这样，定子与转子的偏心度就减小了，排量也随之变小。变排量机油泵是不允许分解维修的，如果出现故障需要更换总成。

任务测评

按任务测评表进行任务测评。

任务测评表

评价项目		评价标准	配分	得分
专业知识	40分	能描述机油泵的作用	15	
		能描述机油泵的类型	10	
		能描述机油泵的构造	15	
任务完成情况	40分	任务完成的情况	10	
		任务完成的质量	20	
		在小组完成任务过程中所起的作用	10	
职业素养	20分	能安全、规范地操作	10	
		能与小组成员团结协作	5	
		能积极整理、清洁工位	5	
综合评议				

任务三　机油滤清器的拆装

任务目标

1. 知识目标

知道机油滤清器的作用。

2. 技能目标

能熟练拆装机油滤清器。

3. 思政目标

能安全、规范地操作；能与小组成员团结协作；能积极整理、清洁工位，具有劳动意识。

任务准备

一、机油滤清器的作用

机油滤清器用于收集润滑系统循环油中的各种异物，如金属屑、机油中的胶质和落到机油中的积炭。

二、机油滤清器的种类

机油滤清器包括集滤器、机油粗滤器和机油细滤器3种。

1. 机油粗滤器

机油粗滤器一般采用纸质滤芯，用纸质滤芯过滤机油中的各种杂质。滤芯用微孔滤纸制成，为了增大过滤面积，微孔滤纸一般都折叠成扇形和波纹形，如图7-16所示。

2. 机油细滤器

机油细滤器常采用离心式过滤，机油从主油道经喷孔从细滤器转子内喷出，利用反作用力推动转子高速旋转，转子内机油中的杂质甩向转子壁使机油得以过滤。离心式机油细滤器如图7-17所示。

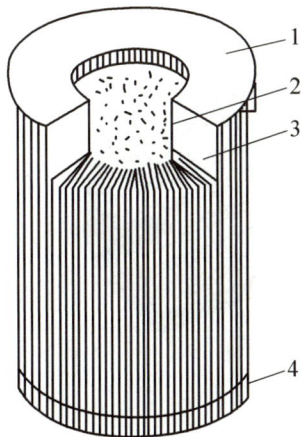

图7-16　纸质滤清器

1—上端盖　2—芯筒　3—微孔滤纸　4—下端盖

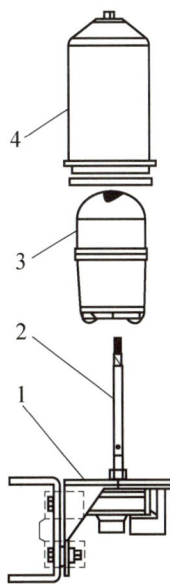

图7-17　离心式机油细滤器

1—底座　2—转子轴　3—转子　4—外壳

3. 集滤器

集滤器是具有金属网的滤清器，安装于机油泵进油口上，其作用是防止较大的机械杂质进入机油泵。

笔记栏

三、机油冷却器

机油冷却器由铝合金铸成的壳体、前盖、后盖和铜芯管组成，如图7-18所示。机油冷却器置于冷却液管路中，利用冷却液的温度来控制润滑油的温度。当机油温度高时，靠冷却液降温；发动机起动时，则从冷却液吸收热量使机油迅速提高温度。为了加强冷却，管外套装了散热片。冷却液在管外流动，机油在管内流动，两者进行热量交换。

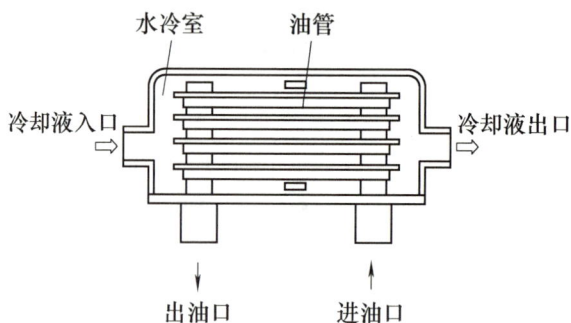

图 7-18　机油冷却器

四、旁通阀（图7-19）

旁通阀安装在机油滤清器的出口处，与主油道并联，功用是当机油滤清器发生严重堵塞，阻碍了机油的流通时，旁通阀自动开启，保证仍有足够的机油能流向发动机的润滑部位，保证重要零件的应急润滑。

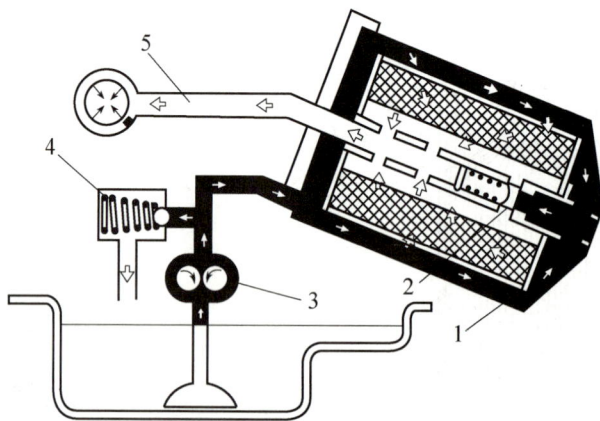

旁通阀工作原理

图 7-19　旁通阀

1—机油滤清器　2—旁通阀　3—机油泵　4—限压阀　5—主油道

任务计划

通过查阅资料，分组讨论，制订检测维修计划。

工具及设备准备	机油回收桶、套筒、接杆、抹布、举升机、扭力扳手等		
操作流程	检修项目	步骤	操作要领

笔记栏

任务实施

机油滤清器的拆装

1. 拆卸之前准备的工具

1）机油回收桶，如图 7-20 所示。

2）套筒，如图 7-21 所示。

图 7-20　机油回收桶

图 7-21　套筒

3）接杆。

4）抹布。

5）举升机。

6）扭力扳手。

2. 机油滤清器的拆卸

1）检查工具。

2）举升汽车。

3）趁热放出机油。

4）用机油滤清器扳手拆下机油滤清器。

5）需更换时，注意清洁机油滤清器的表面。

3. 机油滤清器的安装

1）安装新滤清器时，应在密封圈上涂上干净的机油。若不涂机油，安装时密封圈与接合面发生干摩擦，密封圈易翘曲和损坏，造成密封不良而漏油。

2）用手轻轻拧紧机油滤清器，直到感觉有阻力为止，再用专用工具重新拧紧机油滤清器 3/4 圈。

4. 安装时注意事项

1）注意正确使用举升机。

2）放机油时，必须放油桶对准出油口，防止溅到身上。

3）安装时，所有螺栓和螺母的紧固力矩应符合规定，所有自锁螺母必须更换新件。

4）装复时，各零件应清洁干净，确保无油污、残留物。

5）机油油位切勿超过最高（MAX）标记，否则可能损坏三元催化转化器。

6）安装前，配合面要先清洗干净，并使用合适的密封圈。

任务测评

按任务测评表进行任务测评。

任务测评表

评 价 项 目		评 价 标 准	配　分	得　分
专业知识	40分	能描述机油滤清器的作用	15	
		能描述机油滤清器的构造	10	
		能描述机油滤清器的拆装注意事项	15	
任务完成情况	40分	任务完成的情况	10	
		任务完成的质量	20	
		在小组完成任务过程中所起的作用	10	
职业素养	20分	能安全、规范地操作	10	
		能与小组成员团结协作	5	
		能积极整理、清洁工位	5	
综合评议				

任务四　润滑系统故障诊断与排除

任务目标

1. 知识目标

了解润滑系统故障的原因。

2. 技能目标

能排除润滑系统简单故障。

3. 思政目标

能安全、规范地操作；能与小组成员团结协作；能积极整理、清洁工位，具有劳动意识。

任务准备

一、油底壳

油底壳的作用是收集并保存循环后的机油。油底壳大多采用薄钢板冲压成形。在油底壳的下部布置了一个放油螺塞，该螺塞的作用是在更换机油时泄放机油。有些发动机为了防止共振并冷却机油，在油底壳上布置了许多散热肋片。

二、油尺

油尺用来检查油底壳油量和油面的高低。它是一片金属杆，下端制成扁平，并有刻线。机油油面必须处于上下刻线之间，如图 7-22 所示。

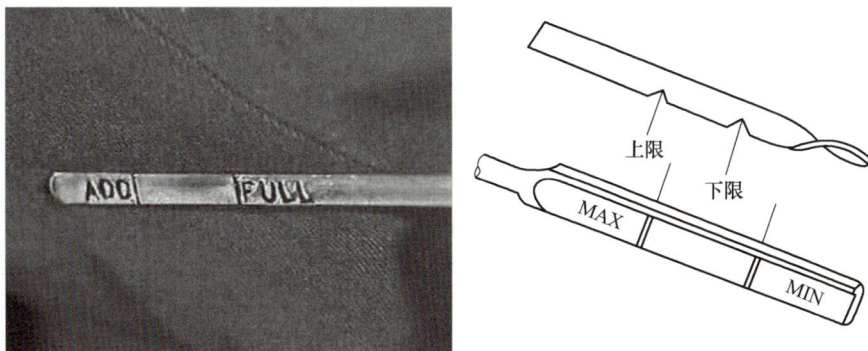

图 7-22 油尺标记

三、润滑油标识

机油标识主要包括机油的黏度和级别，国际上对机油黏度和质量级别的认定，采用 SAE 的机油黏度分类法和 API 的质量等级标准。

1. 机油的黏度

机油分为单黏度机油（如 SAE30）和多黏度机油（如 SAE5W-30），现在车辆大部分使用多黏度机油，因为这种机油内含多种特殊添加剂，使机油在低温环境下易于流动、不凝结，在高温环境下保持黏稠度、不分解。

机油标号中的 W 表示冬季（Winter），W 前的数字表示机油的低温流动性，数字越小，机油流动性越佳。发动机磨损主要集中在冷起动瞬间，良好的机油流动性，能将发动机磨损降到最低。W后的数字表示机油的高温黏度，数字越大，高温下保护性能越好。

此外，选择机油黏度还需考虑车的新旧程度，新车的发动机部件间隙很小，所以应选择黏度较小的机油，而发动机磨损严重的车辆应选择黏度较大的机油。

2. 机油的级别

API是最常见的机油国际认证规范标示，是American Petroleum Institute "美国石油工程学会" 的缩写。通过API测试认证的油品可以在机油瓶身标打上API的双环标志，它区分机油等级标准主要依据油品的低温流动性、高温清净性、扩散过滤性、氧化稳定性、耐磨耗性、防腐蚀及防锈性、触媒兼容性以及环保要求（这个部分后面会再提到）。机油分级使用两个字母组合表示。"S"开头系列代表汽油发动机用油，一般规格依次由SA至SN（按字母顺序，但其中没有SI），每递增一个字母，机油的性能都会优于前一种，机油中会有更多用来保护发动机的添加剂；字母越靠后，质量等级越高，国际品牌中机油级别多是SF级别以上的。"C"开头系列则代表柴油发动机用油。若"S"和"C"两个字母同时存在，则表示此机油为汽柴通用型。

四、油压开关

发动机润滑系统有两个油压开关，一个是设在油压输送路线末端的0.031MPa低压油压开关（棕色绝缘），另一个是设在机油滤清器上的0.18MPa高压油压开关（白色绝缘）。发动机点火后，油压指示灯亮；当油压超过0.031MPa时，该指示灯熄灭。发动机低速运转（怠速）时，如果油压又回到0.031MPa以下时，油压开关触点闭合，则指示灯就亮。当发动机转速大于2150r/min时，如果油压升到0.18MPa以上，油压开关触点闭合，警告灯闪亮，蜂鸣器同时报警。

检查油压开关功能（图7-23）的步骤如下：

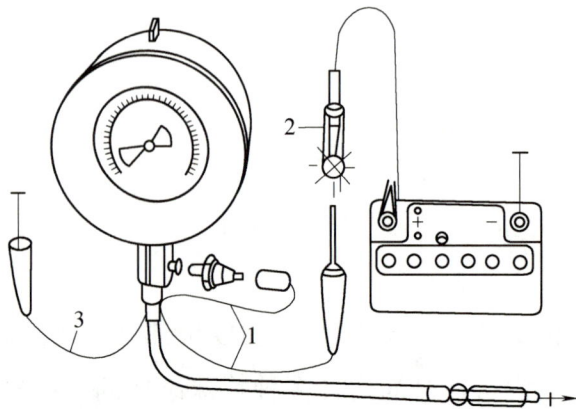

图 7-23　检查油压开关

1—电线（蓝色）　2—试灯　3—电线（棕色）

1）拆下一个油压开关，旋进测试器，插上电线（蓝色）。

2）将测试器代替油压开关，旋进气缸盖机油滤清器盖。

3）将试灯夹住电线和蓄电池正极。

4）电线（棕色）接搭铁线（−）。此时 0.031MPa 油压开关应使测试灯发亮，而 0.18 油压开关则相反。

任务计划

通过查阅资料，分组讨论，制订检测维修计划。

工具及设备准备	SR20 发动机		
操作流程	检 修 项 目	步　　骤	操 作 要 领

任务实施

一、机油压力过高的故障与排除

1. 机油压力过高的故障现象

机油压力过高的故障现象为高压油面压力警告灯亮。

2. 原因

1）机油黏度过高。

2）机油主油道堵塞。

3）缸体内堵塞。

4）机油滤清器阻塞。

5）机油限压阀调整不当。

6）新装发动机轴承过紧等。

3. 诊断与排除

1）抽出机油尺，检查机油黏度是否过高。过高应更换合适的机油。

2）卸下机油滤清器，检查滤芯是否过脏、堵塞，或旁通阀弹簧力过强而不能顶开，引起机油压力过高。

3）检查限压阀弹簧是否压得太紧，或弹簧弹力过强而不能打开。有些车型限压阀卡滞不能顶起，引起机油压力过高。

二、机油压力过低的故障与排除

1. 机油压力过低的故障现象

机油压力过低的故障现象为发动机运转过程中，机油压力指示灯亮。

2. 原因

1）机油量少。

2）机油黏度低。

3）机油压力传感器失效。

4）曲轴轴承、连杆轴承、凸轮轴轴承间隙过大。

5）机油泵工作不良。

6）汽油或冷却液进入油底壳。

7）限压阀失效。

3. 诊断与排除

1）检测机油油平面，如油平面过低应加注机油。

2）检查机油压力传感器及电路，如不良应检修或更换。

3）检查管路有无泄漏，如泄漏应视情修理。

4）检查曲轴的连杆轴承的配合间隙是否过大，如间隙过大应视情修理。

三、机油消耗过大的故障与排除

1. 机油消耗过大的故障现象

机油消耗过大的故障现象为发动机工作时，排气管冒蓝烟。油消耗量过大，发动机和油底壳接合面有渗漏。

2. 原因

1）活塞与气缸间隙过大，导致机油窜入燃烧室。

2）活塞环严重损伤，弹力不足使得间隙过大，导致机油窜入燃烧室。

3）油底壳漏油。

4）曲轴箱后半部密封不严或老化变硬而导致机油渗漏。

5）机油加注过多，液面过高。

6）发动机长时间高速工作。

7）机油黏度太低，密封不良，机油渗漏入燃烧室。

3. 诊断与排除

1）检查油封及衬垫有无漏油痕迹，进而检查螺栓是否松动，并紧固螺栓或更换衬垫、油封。

2）发动机高速运转时，排气管冒蓝烟，且加机油口也有大量或脉动烟雾冒出，表明活塞环及气缸磨损严重，应解体修理。仅是排气管冒蓝烟，可能是气门杆与导管磨损过量，应更换。

3）检查机油压力是否过高，如果机油压力过高，应检查机油限压阀是否卡滞，并适当调整。

4）检查曲轴箱通风管是否堵塞，并视情修复。

任务拓展

【机油标识】

1. CCMC

原本的欧洲油品认证规范组织 CCMC 在 1996 年正式改组为 ACEA。CCMC 为 Core-mittee Of Common Mar—ketAutomobi，eConstructors，亦即"欧洲共同市场汽车制造委员会"，由 CEC 负责开发燃料与润滑油性能的试验方法，再由 CCMC 进行分级。CCMC 所制订的规格从最低级 G1 起一直到最高级的 G4、G5。G 代表汽油发动机，PD 代表柴油发动机。值得注意的是 G4 所认证的油品局限于低温流动指数 10W、15W 与 20W，但是 W 后面的高温黏度指数则没有限制，而 G5 所认证的油品只包括 5W 与 10W。

2. ACEA

ACEA 为 Association des Constructeurs Europeens Automobiles，为原来的 CCMC 改组，于 1996 年 1 月 1 日正式称为 ACEA，分为 A1，A2，A3 三级。ACEA 的认证规范标准是由 BMW、F1AT、FORD、GM、MERCEDS-BENZ、PORSCHE、RENAULT、SCANA、VW、VOLVO 等车厂共同制订的，1996 年取代 CCMC，不过目前 ACEA 与 CCMC 的认证标示仍然并行使用，在许多油品的罐身上我们仍然可以看到这两种认证规范的出现。

车用机油的级别分类标准（API）

SA：适合老式发动机，没有效能要求。唯有制造厂特别建议时才可使用。

SB：适合老式发动机。唯有制造厂特别建议时才可使用。

SC：适合 1967 年前之发动机。

SD：适合 1971 年前之发动机。

SE：适合 1979 年前之发动机。

SF：1980 年以后汽油发动机制造厂商修护作业在发动机制造厂商推荐之修护作业程序下之 1980 年以后客车及部分货车汽油发动机作业典型。这种机油较 SE 级油料具有更佳之氧化稳定性及更佳之抗磨耗性，此油对发动机积垢锈蚀及腐蚀具有极大的保护作用。

SG：用于 1989 年以后车型之小客车、旅行车、小货车等汽油发动机之润滑，对发动机内沉积物之控制、抗氧化性及减少发动机之磨损较前等级为佳。可取代 SF 及以前等级之机油。

SH：适合 1996 年前之发动机。于特定的 c 等级公布之前仍有效。

SJ：API 于 1996 年开始使用，适合所有目前使用中的车用发动机。

SL：适合所有正在使用中的汽车发动机，SL 级并能提供较好的高温沉积物的控制和节省燃油的消耗，有些 SL 级也通过国际润滑油标准认证委员会的规格标准。

任务测评

按任务测评表进行任务测评。

任务测评表

评 价 项 目		评 价 标 准	配 分	得 分
专业知识	40 分	能描述油底壳的作用	15	
		能描述机油尺的作用	10	
		能描述机油的牌号	15	
任务完成情况	40 分	任务完成的情况	10	
		任务完成的质量	20	
		在小组完成任务过程中所起的作用	10	
职业素养	20 分	能安全、规范地操作	10	
		能与小组成员团结协作	5	
		能积极整理、清洁工位	5	
综合评议				

项 目 回 顾

本项目介绍了发动机润滑系统的组成和功用、各组成零件的结构和装配关系，以及零部件的检测和修理方法，要求学生能正确、熟练地运用工具和量具进行拆装和测量。在拆装和检修的过程当中，规范操作流程，培养学生安全意识；小组合作探究，培养学生团队协作能力；准确检测数据，培养学生精益求精的工匠精神；整理清洁工位，培养学生环保意识和劳动精神。

项 目 练 习

一、判断题

1. 润滑系统的作用是润滑、清洁、冷却、密封和防蚀。　　　　　　（　　　）

2. 细滤器进油限压阀的作用是当润滑油路中油压低于 100kPa 时，进油限压阀不开启，机油细滤器停止工作，保证主油道内的油压足够。　　　　　　　　　　　　　　　（　　）

3. 润滑系统中转子式机油泵的内、外转子是同心、不同向转动的，外转子快于内转子。

（　　）

4. 转子式机油泵的内转子凸齿数比外转子的凹齿数少一个。　　　　　　　　（　　）

5. 齿轮式机油泵泵体与泵盖之间的衬垫，既可以防止漏油，又可以用来调整齿轮的端面间隙。　　　　　　　　　　　　　　　　　　　　　　　　　　　　　　（　　）

6. 凸轮轴与曲轴正时齿轮的润滑是采用压力润滑方式。　　　　　　　　　　（　　）

二、选择题

1. 对负荷大、相对运动速度高（如主轴承、连杆轴承、凸轮轴轴承等）的零件，采用（　　）润滑。

　　A. 压力　　　　　　　B. 飞溅　　　　　　　C. 压力和飞溅　　　　　　D. 润滑脂

2. （　　）的作用是限制润滑系统内的最高油压，防止因压力过高而造成过分润滑及密封垫圈发生泄漏现象。

　　A. 旁通阀　　　　　　B. 限压阀　　　　　　C. 安全阀

3. 在发动机的润滑油路中（　　）滤清器与主油道串联，其上设有（　　）阀。若滤芯堵塞后，机油便经（　　）直接进入主油道。

　　A. 粗、旁通、旁通阀

　　B. 细、限压、细滤器

　　C. 粗、限压、粗滤器

4. 当滤清器滤芯被杂质严重堵塞时，滤清器中的（　　）开启，润滑油不通过滤芯，直接进入机体主油道，防止此时主油道缺油。

　　A. 止回阀　　　　B. 安全阀　　　　C. 旁通阀

5. 当发动机停机后，（　　）将滤清器的进油口关闭，防止润滑油从滤清器流回油底壳。

　　A. 旁通阀　　　　B. 安全阀　　　　C. 止回阀

6. 发动机润滑系统中，（　　）是存储润滑油的容器。

　　A. 机油泵　　　　B. 集滤器　　　　C. 油底壳

7. 活塞销是采用（　　）润滑方式来进行润滑的。

　　A. 飞溅　　　　　B. 压力　　　　　C. 压力和飞溅

8. 齿轮式机油泵的齿轮与泵体的径向间隙一般不超过（　　）mm，齿轮端面间隙不超过（　　）mm，间隙过大，润滑油压力降低，泵油量减少。

　　A. 0.2，0.2　　　　B. 0.3，0.25　　　　C. 0.4，0.35

三、思考题

1. 润滑系统主要由哪几部分组成？

2. 桑塔纳轿车发动机润滑系统油路是怎样的?

3. 齿轮式机油泵的结构及工作原理是怎样的?

4. 转子式机油泵的结构及工作原理是怎样的?

5. 如何进行油压开关的拆装与检修?

6. 如何进行机油滤清器的拆装与检修?

7. 润滑系统的维修内容及技术要求是什么?

四、技能点

1. 识别润滑系统的各组成部分,描述其功用。

2. 正确从发动机上拆装机油泵。

3. 正确检测机油泵。

4. 正确更换机油滤清器。

5. 正确诊断、排除润滑系统的常见故障。

项目八　发动机总装、磨合与验收

项目描述

一辆日产轿车在行车过程中出现冒黑烟、加速无力、怠速不稳、油耗增加等现象，进厂经检测后确定需进行发动机大修，经过发动机总成吊卸、拆解，各个机构和系统的检修已完成。

项目分析

作为一名修理工，发动机各个机构和系统检修完成后，要按技术要求和操作规范进行总装，然后按维修手册要求制订磨合规范并进行发动机磨合，磨合结束后，按发动机大修后技术检验标准进行发动机验收，最后装车完成发动机大修工作。

任务一　发动机总装

任务目标

1. 知识目标

熟悉发动机总装常用工具和设备；掌握发动机总装的方法和注意事项。

2. 技能目标

能根据维修手册制订发动机总装步骤；能正确总装发动机，并做好发动机总装中及总装后的检查和调整。

3. 思政目标

能安全、规范地操作；能与小组成员团结协作；能积极整理、清洁工位，具有劳动意识。

任务准备

1. 场所要求

装配应在专用车间或清洁场地进行。在装配过程中应防尘和保持较为稳定的室内温度。要做到工件不落地、工量具不落地和油渍不落地，并保持工作台、工件盘和工量具的清洁。

2. 待装零部件要求

1）准备装合的零、部件及总成都要经过检验及试验，必须保证质量合格。

2）易损零件、紧固锁止件应全部换新，如气缸垫及其他衬垫、开口销、自锁螺母、弹簧垫圈等，图8-1所示为发动机易损件大修包。

3）严格保持零件、润滑油道清洁。

4）不许互换的零件（如气门等），应做好装配标记，以防错装。全部零件清洁、清点后应分类摆放整齐，如图8-2所示。

5）装配时，应在零件的配合表面（过盈配合、过渡配合、动配合表面）和摩擦表面（如凸轮、齿轮、摇臂头部、螺纹等）上涂抹发动机用润滑油，做好预润滑，如图8-3所示。

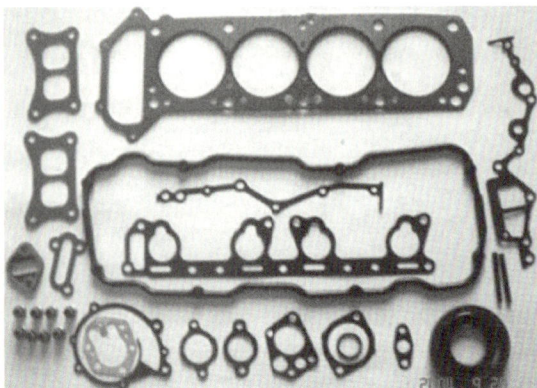

图8-1　发动机易损件大修包

图 8-2　发动机待装零件

图 8-3　发动机待装零件的预润滑

3. 作业要求

1）装配中所用的工量具应齐全、合格，尽量使用专用器具装配。

2）装配过程中不得直接用锤子击打零件，必要时应垫上铜棒等。

3）确保各密封部位的密封，防止漏水、漏油、漏气、漏电，重要密封部位应涂密封胶。安装橡胶自紧油封时，应在唇口和外圆涂抹润滑油后，再用压具压入油封承孔中。

4）各部位紧固螺栓、螺母应按规定紧固力矩、拧紧顺序和方法拧紧。对于主轴承盖螺栓、连杆螺栓、气缸盖螺栓、飞轮紧固螺栓等发动机上的重要的螺栓（或螺母），必须使用扭力扳手，按规定顺序，分次、均匀地将螺栓拧到规定力矩。

5）重要部位的间隙必须符合标准规定。

任务计划

通过查阅资料，分组讨论，制订检测维修计划。

工具及设备准备	SR20 发动机，拆装工具、活塞环安装工具、气缸盖螺栓扳手、机油壶，工具车、零件车、棉丝、工作台		
操作流程	检修项目	步　骤	操作要领

🔧 任务实施

一、安装前的清洗和准备

1）用金属清洗剂将气缸、缸体全部油道、活塞连杆组、曲轴及其轴颈内的油道清洗干净。清洗时，可采用超声波清洗机清洗或人工清洗的方法。清洗完成后，各主要油道要用高压空气吹干净。

2）将其余零部件及螺栓、螺母全部清洗干净，并按照分类、组装次序放置整齐；将所有垫片清洗干净，检查放好。

二、发动机的装配

完成上述准备工作后，进行发动机装配，做到边装配、边调整、边紧固。

1. 曲轴的安装

1）转动发动机翻转架，使曲轴箱面朝上，将曲轴上的主轴瓦按记号安放在轴承座上，并涂以机油。在第3道主轴承座两侧放好两片止动片，在曲轴主轴颈和连杆轴颈上涂以机油，将曲轴轻轻放入主轴承上，先轻轻转动一下，应转动灵活。

2）将5道主轴承按顺序和记号涂以机油，放入各主轴承座，并转动曲轴。

3）安装好主轴承螺栓，按由内向外的顺序分 2～3 次拧紧至 130N·m，边拧紧边转动曲轴，应灵活无卡滞。

4）安装曲轴后端盖。

5）装上正时齿轮室盖。

2. 活塞连杆组的装配

1）用活塞环安装钳装上油环和气环。先装油环，依次装两道气环，两道气环不能装错。环的开口应在圆周上按 90° 均匀错开，同时要避开活塞销座及侧压力较大的方向。从发动机前方看应为活塞左侧。活塞环装好后，在活塞环槽内应转动灵活，并涂以机油。

2）将气缸壁、连杆轴颈涂以机油，确认活塞、连杆及连杆轴承盖上的标记无误后用活塞环夹紧器夹紧活塞环，用木棒轻敲活塞顶部，将活塞推入气缸。另一人在曲轴箱一侧接住连杆大端套入连杆轴颈。

3）边转曲轴边推活塞，当活塞至下止点时，上好连杆轴承和螺栓，以 50N·m 的力矩分 2~3 次拧紧连杆螺栓。此时，转动曲轴应灵活无卡滞。其他缸依次类推。

4）将发动机翻转架转至发动机底部向上。装好机油集滤器及小油底挡油板。

5）安装大油底壳，应按照对角交叉的原则，将螺栓拧紧。

3. 气缸盖的安装

1）装好气缸垫，注意气缸垫上的螺孔、水孔、油孔应与气缸体上的相应孔对正，不得装反。

2）装气缸垫螺栓时，应涂以润滑油，应按从中间向两端对角对称顺序分 2~3 次均匀拧紧至 130N·m。

4. 配气机构的安装

1）将气门垫块牢固地放在气门导杆顶部，将摇臂放在气门垫块上，注意带槽的气门垫块要与摇臂的凸起部分相吻合。

2）将进、排气凸轮正确地放入凸轮轴轴承座上，放前需将轴承座处及凸轮上涂以润滑油，然后将轴承盖按记号和方向安装到凸轮轴的孔座上方，拧紧螺栓。

3）必须按正时记号装好链条。

① 先将曲轴齿轮上的正时记号和缸体正时标记向右方向错开约六个齿（面向发动机）。

② 将 1 缸进、排气凸轮转到外八字状态。

③ 将链条上的黄色链节对准曲轴齿轮记号，将两个黑色链节分别对准进、排气凸轮上的标记。

④ 将链条上涂以润滑油，按记号和顺序装好进、排气凸轮的轴承盖，将螺栓以 50N·m 的力矩分两次拧紧，转动曲轴，配气凸轮轴应转动灵活。

⑤ 安装链条张紧器，先将张紧器压缩用锁钩定位，装入并固定，使张紧器前端牢固顶住链条托链板。

5. 安装油底壳

1）安装大油底壳（注意带上正时齿轮室底部两个螺钉）。

2）装上机油集滤器。

3）安装小油底壳。

4）装好曲轴带轮。

6. 安装气门室罩盖

装上气门室罩盖橡胶垫圈，安装气门室罩盖，拧紧紧固螺栓。

7. 安装水泵及水管

安装水泵叶轮及泵盖，装上与水泵连接的水管，装入节温器，并紧固好节温器盖。

8. 安装机油滤清器底座

安装好机油滤清器底座，用专业工具拧紧机油滤清器。

9. 安装进气管及附件

装好进气歧管垫片，安装进气歧管和进气总管，装好节气门拉索、进气歧管支架等附件。

10. 安装排气管及附件

装好排气歧管垫片，安装排气歧管和排气总管，装好隔热板等附件。

11. 安装其他附件

安装发动机前端支架，安装发电机、助力泵、空调支架，安装曲轴箱通风系统的油气分离器等附件。

三、全面检查与调整

仔细检查各部分组装是否正确，是否有遗漏机件和螺钉，及时装好，并做好总装后发动机的检查与调整。

任务测评

按任务测评表进行任务测评。

任务测评表

评 价 项 目		评 价 标 准	配　　分	得　　分
专业知识	40分	能描述发动机总装时的场地要求	10	
		能描述发动机总装的零件要求	10	
		能描述发动机总装的作业要求	10	
		能说出发动机总装步骤	10	
任务完成情况	40分	任务完成的情况	15	
		任务完成的质量	15	
		在小组完成任务过程中所起的作用	10	
职业素养	20分	能安全、规范地操作	10	
		能与小组成员团结协作	5	
		能积极整理、清洁工位	5	
综合评议				

任务二 发动机磨合

任务目标

1. 知识目标

了解发动机磨合的重要意义；掌握发动机磨合的方法和磨合规范。

2. 技能目标

能根据维修手册制订发动机的磨合规范；能按磨合规范正确磨合发动机，并做好磨合中、磨合后的检查和调整。

3. 思政目标

能安全、规范地操作；能与小组成员团结协作；能积极整理、清洁工位，具有劳动意识。

任务准备

发动机总装完毕，需进行磨合及磨合过程中的调试、检验和维护才能交车出厂。出厂后，发动机还要经过一段"汽车磨合"期，才能投入正常工作。

磨合过程实质上就是发动机组装后，通过零件配合表面间的摩擦运动，来改善零件摩擦表面几何形状和表面物理机械性能的运转过程，磨合可以起到如下的作用：扩大配合表面的实际接触面积、增大配合间隙、降低配合表面的表面粗糙度值。

发动机的磨合过程分为两个阶段，如图8-4所示。

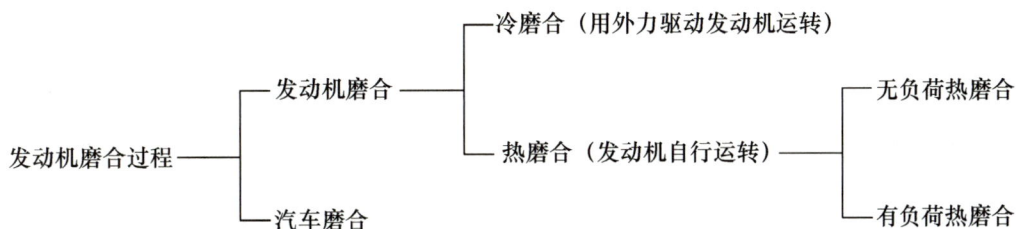

图8-4 发动机磨合过程

1. 发动机磨合

第一阶段是出厂前进行的磨合（包括冷磨合与热磨合），一般称为发动机磨合。

（1）冷磨合 冷磨合是在发动机组装完成后，放在专用小车上，然后连接冷磨机由电动机带动进行运转冷磨，使配合机件得到初步磨合。

冷磨合的目的是对气缸与活塞、曲轴与轴承、凸轮轴与轴承等配合副进行磨合。

冷磨合的注意事项如下：

1）冷磨合时冷却液一般不要循环，温度最好控制在70℃左右，若温度超过90℃时应及时使用风扇冷却。

2）注意观察发动机工作是否正常。

3）冷磨合结束后，将发动机分解、清洗、检查（重点检查活塞、活塞环、气缸内壁的接触情况，各轴承与轴颈的磨损是否正常）。

4）将全部零件清洗检查之后，按技术要求重新装复。

（2）热磨合　热磨合是将冷磨后的发动机装上全部附件后起动，以自身的动力运转，除进行磨合外，主要是对发动机的工作进行检查调整。

1）无负荷热磨合的目的：除进一步磨合外，检查发动机的工作状态，同时对发动机的油路、电路进行必要的检查和调整，排除故障。

无负荷热磨合的注意事项如下：

① 调整供给系统、点火系统，使发动机达到最佳的工作状态。

② 检查润滑系统、冷却系统的工作状态。

③ 检查发动机有无异响。

④ 检查有无漏水、漏油、漏气、漏电等现象。

2）有负荷热磨合的目的：进一步改善摩擦副工作表面的微观不平度，检验新修发动机的功率恢复情况。

有负荷热磨合的注意事项：

① 在热磨合过程中，必须进行发动机的检查调整和发动机性能试验，及时排除故障，使发动机符合大修竣工的技术条件。

② 热磨合结束后，必须清洗润滑系统，更换机油，更换机油滤清器滤芯，加装限速装置。

③ 随着发动机配件质量的提高和零件修复工作量的减少，发动机冷磨合在实际修理工作中的应用日趋减少，当前许多轿车发动机在装配后可直接进行热磨合。

2. 汽车磨合

第二阶段是发动机装车出厂后，在汽车运行过程中进行的磨合，一般称为汽车磨合，这个阶段是由驾驶人进行的磨合。

发动机磨合的规范包括转速、负荷、润滑和时间。

需要说明的是，在现代发动机维修过程中，由于零件加工精度和装配质量的提高，可以省略冷磨合过程，直接进行无负荷热磨合，基本上不进行有负荷热磨合。但是，在进行无负荷热磨合的过程中，要控制磨合的转速，要注意监测发动机的运转状况，如发现异常，立即停止磨合，排除故障后再进行磨合。

任务计划

通过查阅资料，分组讨论，制订检测维修计划。

工具及设备准备	SR20 发动机，常用工具、火花塞拆装扳手，工具车、零件车、棉丝、机油		
操作流程	检修项目	步骤	操作要领

任务实施

1. 发动机冷磨合

用电动机带动发动机运转进行发动机冷磨合。

（1）发动机无压缩冷磨合　拆下全部火花塞，磨合 30min，转速从 600r/min 逐渐增加到 1200r/min。

（2）发动机有压缩冷磨合　装上全部火花塞，磨合 30min，转速从 600r/min 逐渐增加到 1200r/min。

2. 发动机无负荷热磨合

冷磨合结束后，放出全部机油，清洗油底壳，再加入清洁的机油，起动发动机，转速由怠速逐渐增加到额定转速，磨合时间 30min。

3. 发动机有负荷热磨合

无负荷热磨合结束后，检查发动机的技术状态，起动发动机，在额定转速下，负荷由小到大逐渐增加，直至全负荷，磨合时间 90min。

任务测评

按任务测评表进行任务测评。

任务测评表

评价项目		评价标准	配　分	得　分
专业知识	40分	能描述发动机磨合的作用	10	
		能描述发动机磨合种类	10	
		能描述发动机磨合规范	10	
		能说出发动机磨合注意事项	10	
任务完成情况	40分	任务完成的情况	15	
		任务完成的质量	15	
		在小组完成任务过程中所起的作用	10	

（续）

评 价 项 目		评 价 标 准	配　　分	得　　分
职业素养	20分	能安全、规范地操作	10	
		能与小组成员团结协作	5	
		能积极整理、清洁工位	5	
综合评议				

任务三　发动机验收

任务目标

1. 知识目标

熟悉发动机验收的内容；掌握发动机验收的一般要求。

2. 技能目标

能根据验收内容对发动机进行验收；能对验收过程存在的问题进行解决和处理。

3. 思政目标

能安全、规范地操作；能与小组成员团结协作；能积极整理、清洁工位，具有劳动意识。

任务准备

发动机大修磨合后应进行技术验收，合格后才能出厂。

1. 发动机验收一般技术要求

1）加注的机油量、牌号以及润滑脂符合原厂规定。

2）急加速时无突爆声，不回火、消声器无放炮声，工作中无异响。

3）机油压力和冷却液温度正常。

4）气缸压力符合原厂规定，各缸压力差，汽油机应不超过各缸平均压力的8%，柴油机不超过10%。

5）四冲程汽油机转速为500～600r/min时，以海平面为准，进气歧管真空度应在57.2～70.5kPa范围内，其波动范围，六缸机不超过3.5kPa，四缸机不超过5kPa。

2. 发动机验收的主要使用性能

1）发动机在正常工作温度下，5s内能起动。柴油机在5℃，汽油机在−5℃环境下，起动顺利。

2）配气相位差不大于2°30′。

3）加速灵敏，速度过渡圆滑，怠速稳定，各工况工作平稳。

4）最大功率和最大转矩不低于原厂规定的90%。

5）最低燃料消耗率不得高于原厂规定。

6）发动机排放限值应符合《机动车运行安全技术条件》的规定。

7）电控燃油系统的设置应正确无误。

3. 验收方法

1）起动发动机，判定其冷怠速无异常后，检查充电是否正常，机油压力是否正常，待冷却液温度正常后，确定加速是否平稳正常。

2）确定无漏水、漏油、漏气、漏电现象。

3）确定发动机声音正常。

4）确定冷却液温度正常。

5）确定点火状况良好。

6）确定排放是否合格，按要求进行检测。正常运转和急加速无黑烟、白烟和蓝烟。

任务计划

通过查阅资料，分组讨论，制订检测维修计划。

工具及设备准备	SR20发动机，常用工具、气缸压力表、真空表、尾气分析仪，工具车、零件车、棉丝		
操作流程	检修项目	步骤	操作要领

任务实施

对修后的发动机进行技术验收，并记录验收结果。

1. 装备与装配

验收结果：_____

2. 起动性能

验收结果：_____

3. 进气歧管真空度

验收结果：_____

4. 气缸压力

验收结果：_____

5. 运转情况

验收结果：_____

6. 冷却液

验收结果：_____

7. 机油

验收结果：_____

8. 动力性

验收结果：_____

9. 燃油消耗率

验收结果：_____

10. 排放性能

验收结果：_____

任务测评

按任务测评表进行任务测评。

任务测评表

评 价 项 目		评 价 标 准	配　分	得　分
专业知识	40分	能描述发动机验收技术要求	10	
		能描述发动机验收方法	10	
		能描述发动机主要使用性能	10	
		能描述发动机验收重要性	10	
任务完成情况	40分	任务完成的情况	15	
		任务完成的质量	15	
		在小组完成任务过程中所起的作用	10	
职业素养	20分	能安全、规范地操作	10	
		能与小组成员团结协作	5	
		能积极整理、清洁工位	5	
综合评议				

项 目 回 顾

本项目介绍了发动机总装的方法和注意事项、发动机磨合的方法和规范、发动机验收的内容和一般要求，要求学生能正确、熟练地运用工具和设备进行操作。在操作过程中，规范操作流程，培养学生安全意识；小组合作探究，培养学生团队协作能力；准确检测数据，培养学生精益求精的工匠精神；整理清洁工位，培养学生环保意识和劳动精神。

项 目 练 习

一、思考题

1. 如何保证发动机总装质量？

2. 发动机总装的一般程序是什么？

3. 哪些因素影响发动机的磨合？

4. 简述发动机总成大修验收的技术要求。

二、技能点

1. 能正确装配发动机。

2. 能制订发动机磨合规范。

3. 对大修后的发动机进行验收。

参 考 文 献

［1］龙纪文. 汽车发动机检修［M］. 北京：中国劳动社会保障出版社，2006.

［2］陈家瑞. 汽车构造［M］. 北京：人民交通出版社，2007.

［3］刘炽平. 汽车发动机机械系统检修一体化项目教程［M］. 上海：上海交通大学出版社，2012.

［4］孔超. 汽车发动机构造与维修［M］. 北京：北京理工大学出版社，2020.

［5］北京中车行高新技术有限公司职业教育培训评价组织. 汽车专业领域职业技能等级证书汽车运用与维修职业技能考核培训方案准则［M］. 北京：高等教育出版社，2019.

［6］史文库. 汽车构造［M］. 北京：人民交通出版社，2016.